MASHLE

MAGIC AND MUSCLES

HAJIME KOMOTO

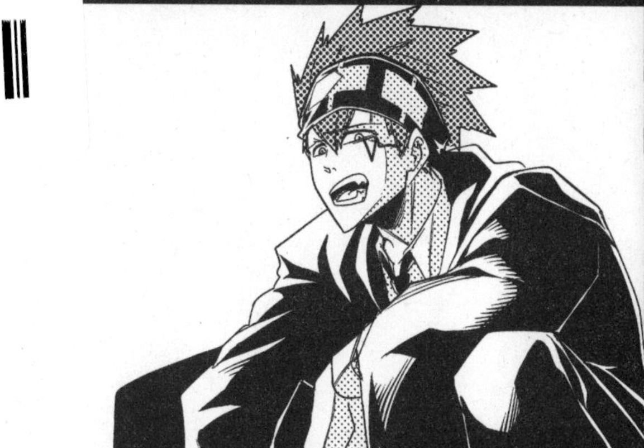

3

Mash Burnedead und der maskierte Magier

CHARAKTERE

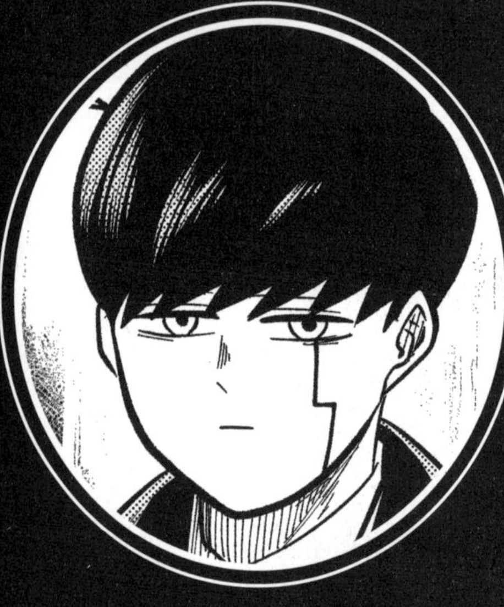

Mash Burnedead

Ein ungewöhnlicher und muskulöser Junge, der zwar nicht zaubern kann, sich aber jeglicher Magie stellt. Sein Weltbild ist sehr unkonventionell, er schätzt seine Familie und Freunde und liebt Windbeutel. Außerdem hat er Schwierigkeiten, zu erkennen, ob eine Tür aufgezogen oder aufgedrückt werden muss.

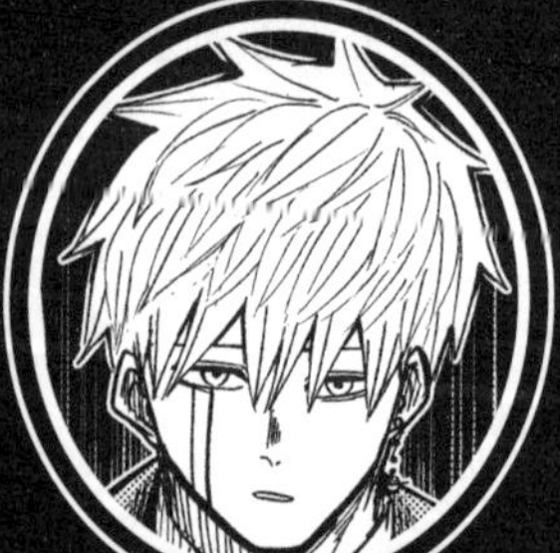

Lance Crown

Ein gut aussehender Junge, der bei der Aufnahmeprüfung die höchste Punktzahl erreicht hat. Er hat zwei Male und besitzt außergewöhnliche Zauberkräfte.

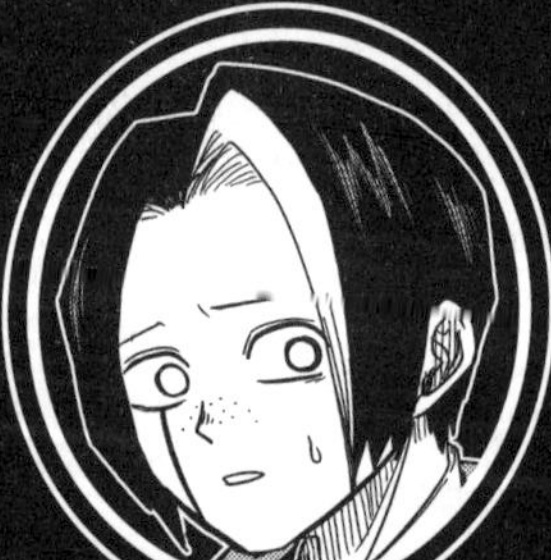

Finn Ames

Mashs lustiger Zimmergenosse und sein allererster Freund

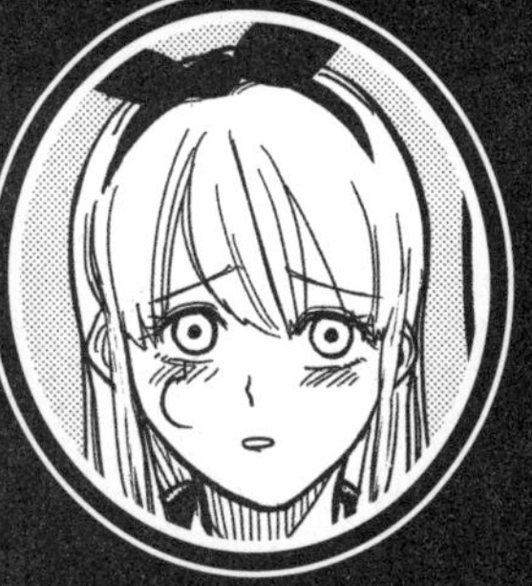

Lemon Irvine
Hat sich bei der Aufnahmeprüfung in Mash verliebt

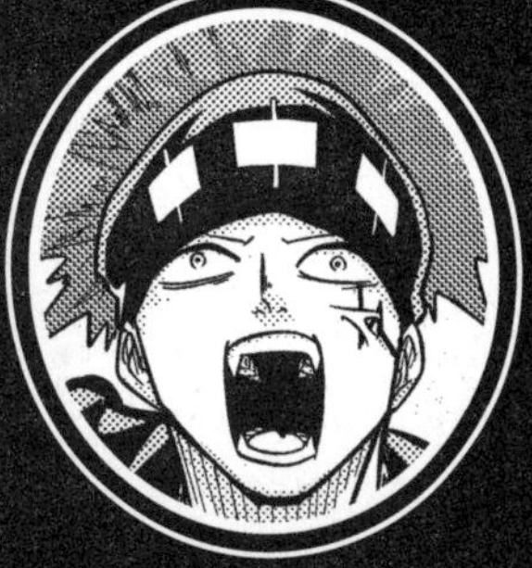

Dot Barrett
Ein direkter und aufbrausender Typ. Er kommt nicht gut bei Mädchen an und hasst gut aussehende Kerle.

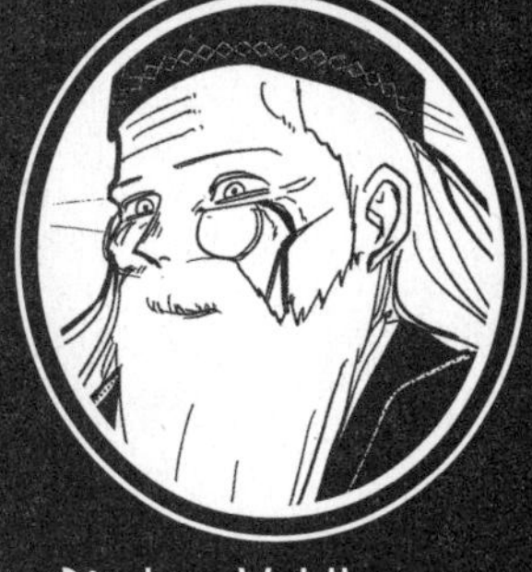

Direktor Wahlberg
Schulleiter der Easton-Magieschule. Erwartet viel von Mash.

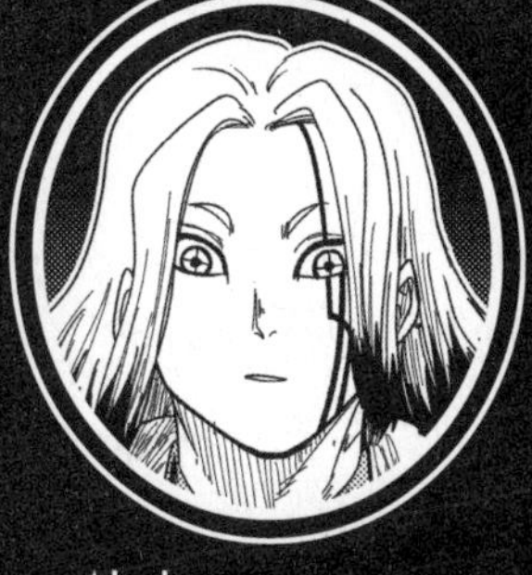

Abel
Anführer von Langs elitärer Magiergruppe Magia Lupus. Er nennt seine Puppe »Mutter«.

STORY

In dieser Welt bestimmt Magie über alles! Tief im Wald lebt ein Junge namens Mash. Hartes Training hat ihm einen stahlharten Körper beschert, aber er hat ein Geheimnis: Er kann keine Magie anwenden! In der magischen Welt ist das ein Grund zur Vernichtung. Um sein Geheimnis zu wahren, geht Mash in die Magieschule mit dem Ziel, sich den Titel »Gottesseher« zu verdienen – jemand, der von den Göttern auserwählt wird. Zum Glück hilft ihm seine außergewöhnliche Stärke dabei, seinen Mangel vor der Welt zu verbergen und die Münzen zu sammeln, die er braucht, um sein Ziel zu erreichen.

Eines Tages werden Mash und Dot im Gemeinschaftsunterricht von dem Lang-Schüler Silva angegriffen. Dieser setzt hinterhältige Mittel ein und verprügelt Dot. Der wütende Mash lässt seine Fäuste für die Gerechtigkeit sprechen. Doch Silva ist nur eine Spielfigur von Abel, dem Anführer von Langs siebenköpfiger Elitegruppe Magia Lupus. Nach dem Unterricht platzt Mash versehentlich in deren Versteck. Er schafft es, Abel auszutricksen und zu entkommen. Aber der Kampf um die Münzen hat gerade erst begonnen…

Inhalt

18. Kapitel Mash Burnedead und die Magiewaage

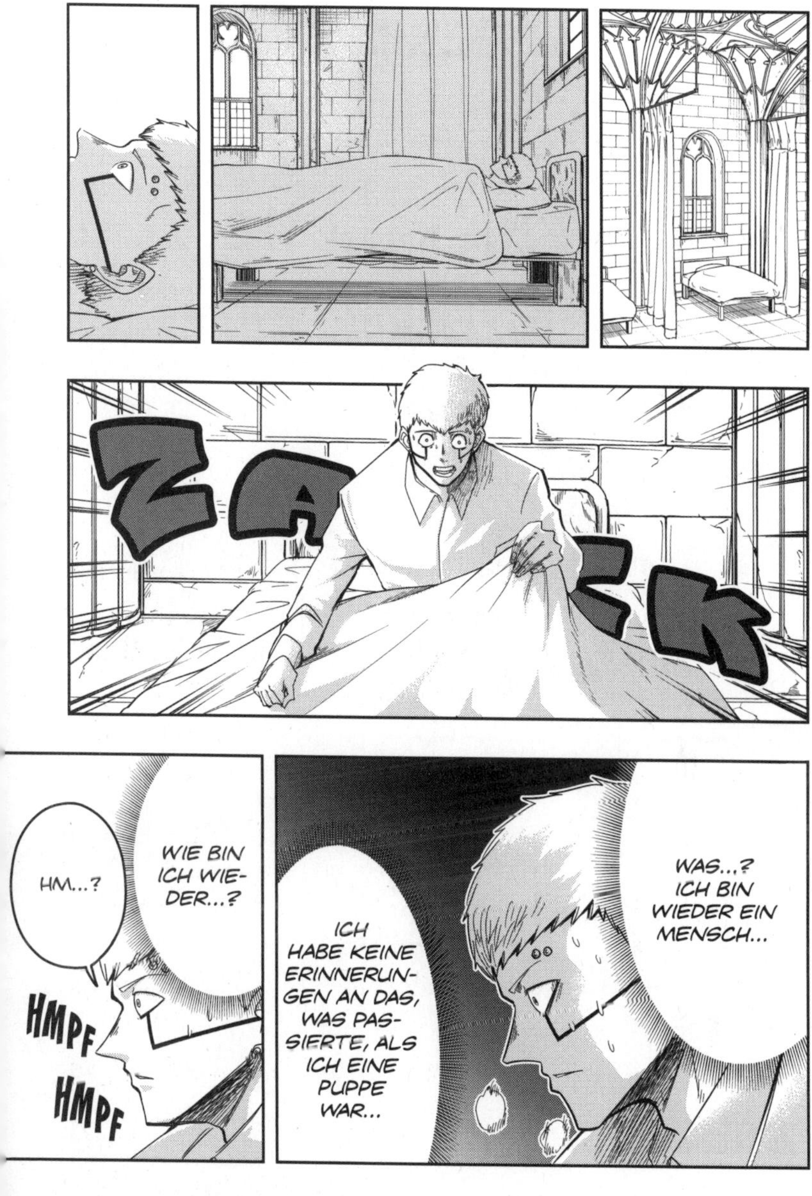

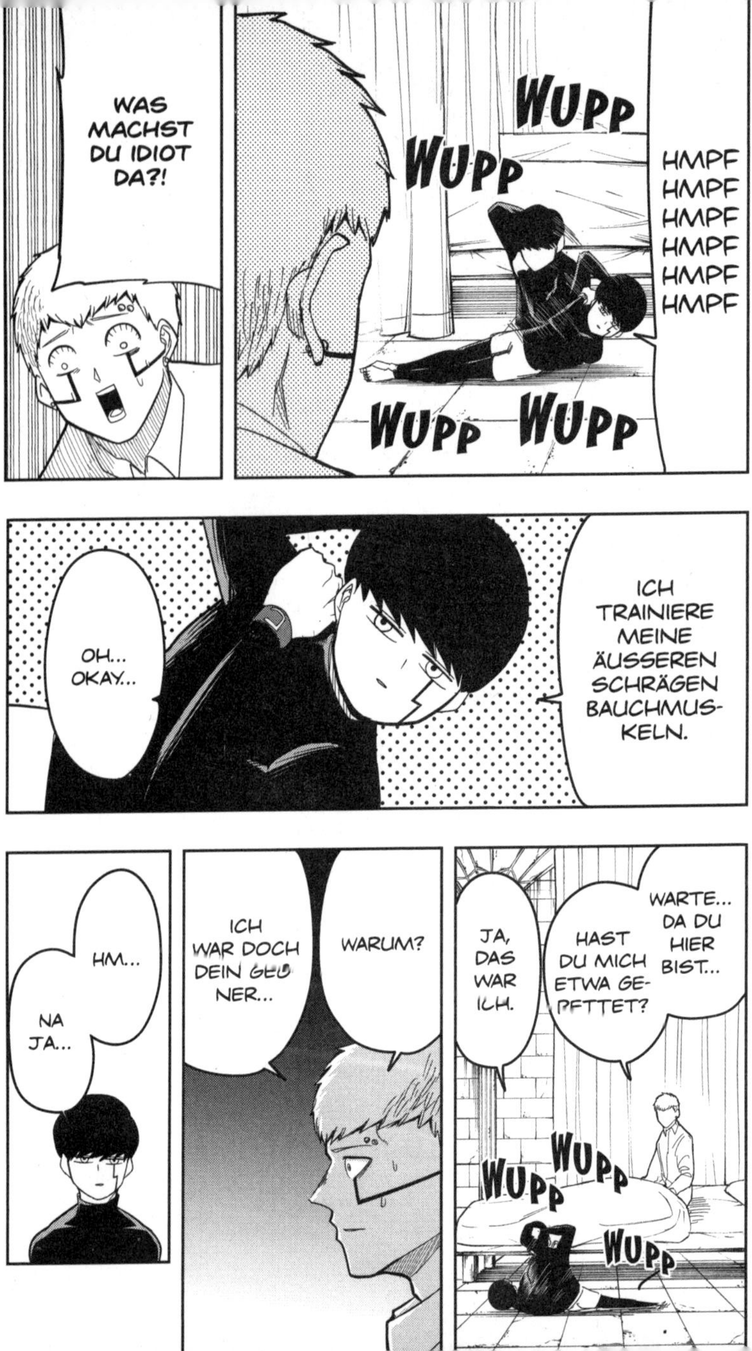
WUPP
WUPP
HMPF HMPF HMPF HMPF HMPF HMPF
WUPP
WUPP
WAS MACHST DU IDIOT DA?!
ICH TRAINIERE MEINE ÄUSSEREN SCHRÄGEN BAUCHMUS-KELN.
OH... OKAY...
WARTE... DA DU HIER BIST...
HAST DU MICH ETWA GE-PFTTET?
JA, DAS WAR ICH.
WUPP
WUPP
WUPP
WARUM?
ICH WAR DOCH DEIN GEG-NER...
HM...
NA JA...

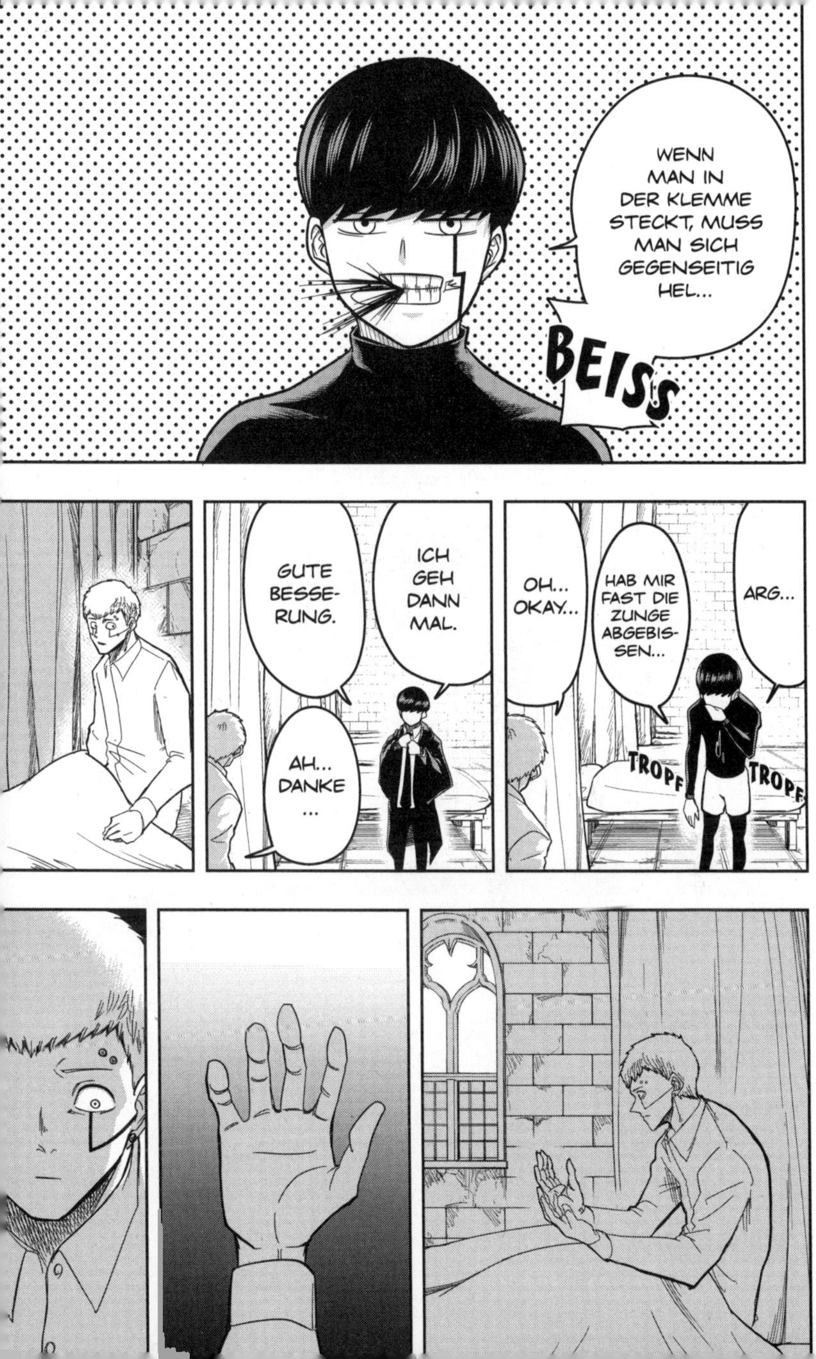
WENN MAN IN DER KLEMME STECKT, MUSS MAN SICH GEGENSEITIG HEL...
BEISS
ARG...
HAB MIR FAST DIE ZUNGE ABGEBIS-SEN...
TROPF
TROPF
OH... OKAY...
ICH GEH DANN MAL.
GUTE BESSE-RUNG.
AH... DANKE ...

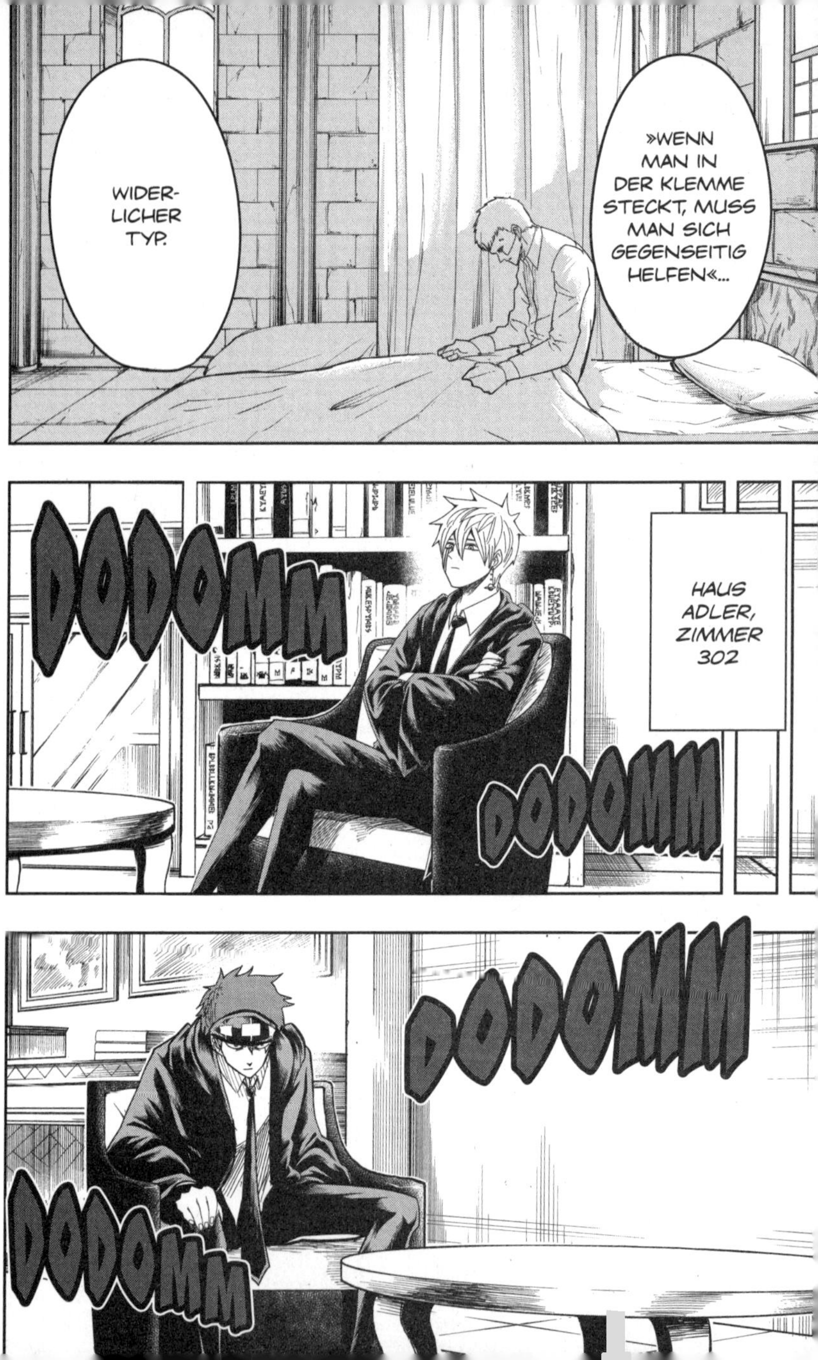
»WENN MAN IN DER KLEMME STECKT, MUSS MAN SICH GEGENSEITIG HELFEN«...
WIDER-LICHER TYP.
HAUS ADLER, ZIMMER 302
DODOMM
DODOMM
DODOMM
DODOMM

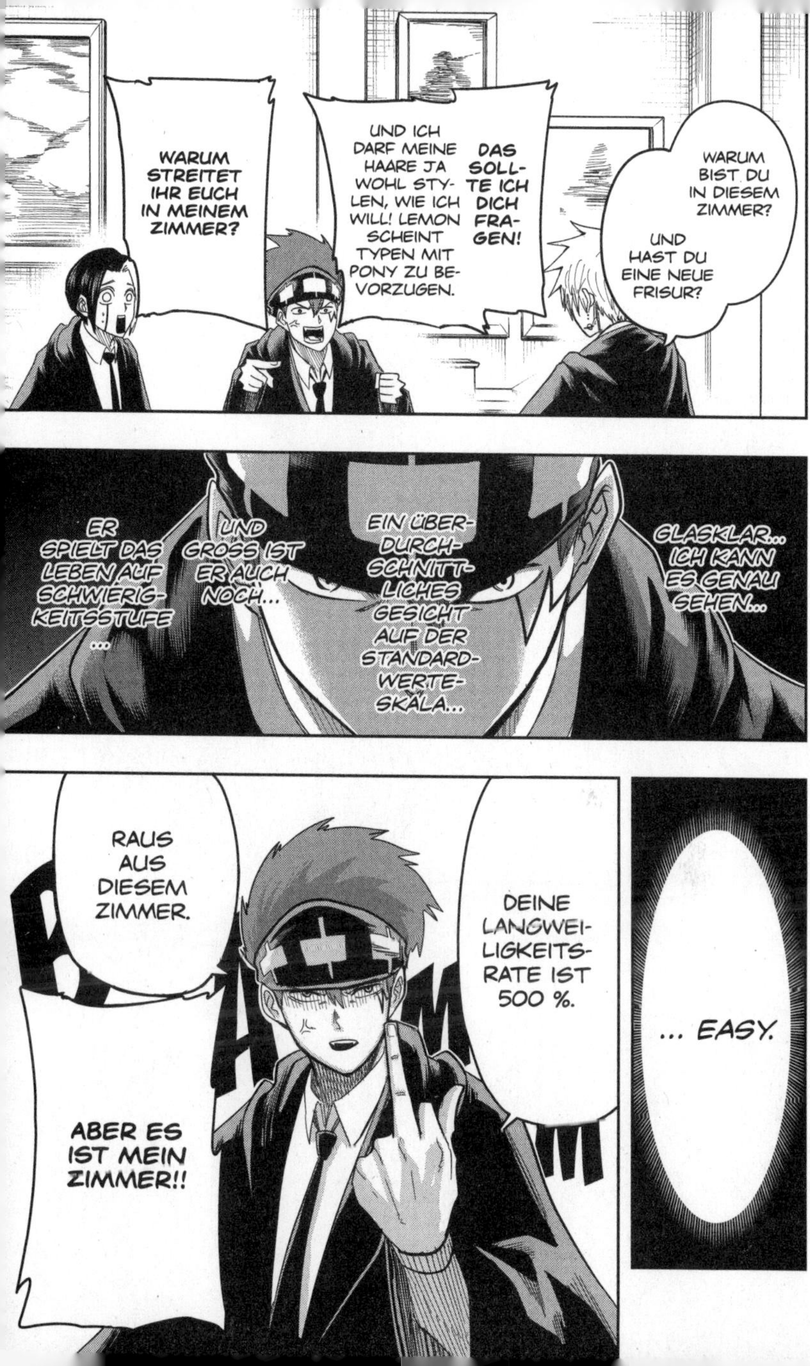

WARUM BIST DU IN DIESEM ZIMMER?
UND HAST DU EINE NEUE FRISUR?
DAS SOLLTE ICH DICH FRAGEN!
UND ICH DARF MEINE HAARE JA WOHL STYLEN, WIE ICH WILL! LEMON SCHEINT TYPEN MIT PONY ZU BEVORZUGEN.
WARUM STREITET IHR EUCH IN MEINEM ZIMMER?
GLASKLAR... ICH KANN ES GENAU SEHEN...
EIN ÜBERDURCHSCHNITTLICHES GESICHT AUF DER STANDARDWERTESKALA...
UND GROSS IST ER AUCH NOCH...
ER SPIELT DAS LEBEN AUF SCHWIERIGKEITSSTUFE ...
... EASY.
DEINE LANGWEILIGKEITSRATE IST 500 %.
RAUS AUS DIESEM ZIMMER.
ABER ES IST MEIN ZIMMER!!

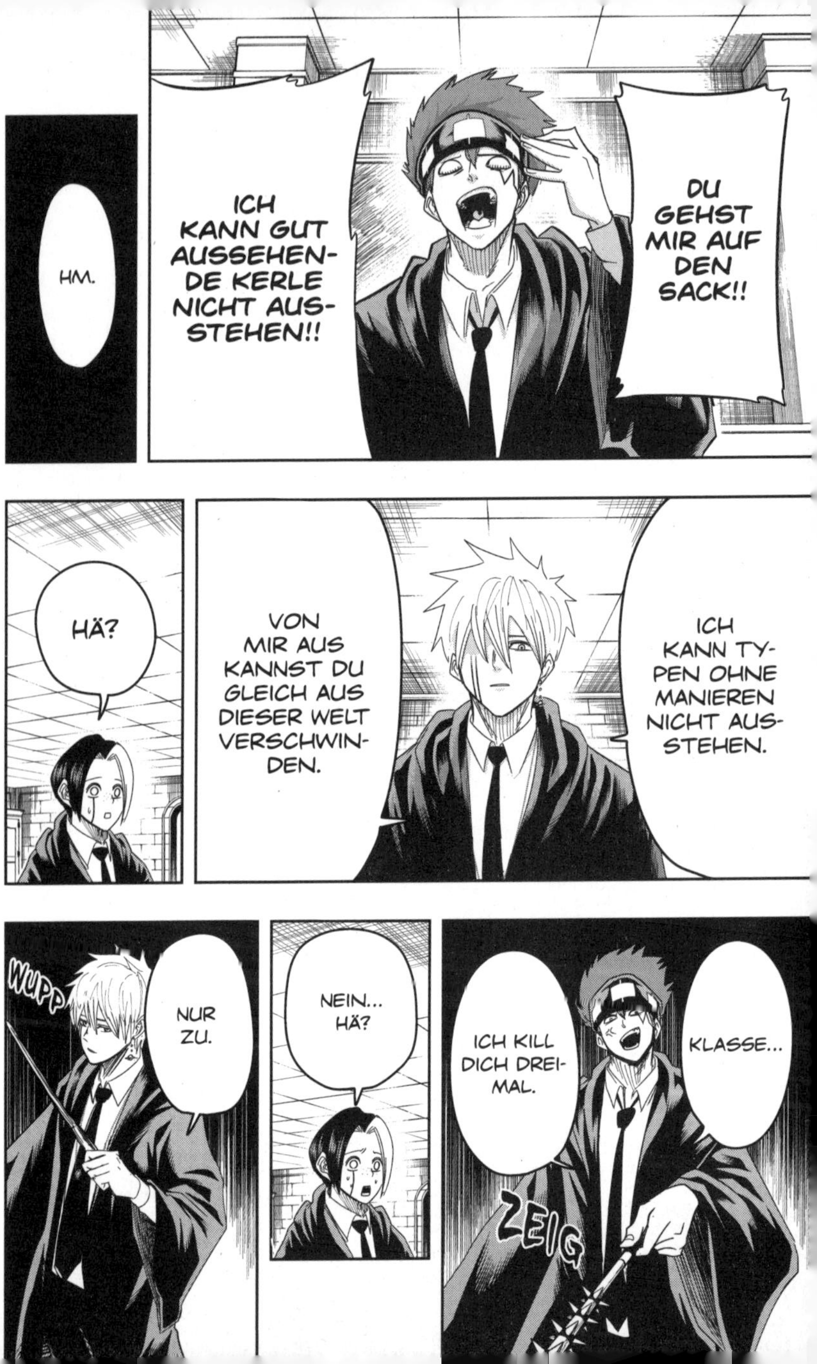
DU GEHST MIR AUF DEN SACK!!
ICH KANN GUT AUSSEHENDE KERLE NICHT AUSSTEHEN!!
HM.
ICH KANN TYPEN OHNE MANIEREN NICHT AUSSTEHEN.
VON MIR AUS KANNST DU GLEICH AUS DIESER WELT VERSCHWINDEN.
HÄ?
KLASSE...
ICH KILL DICH DREIMAL.
ZEIG
NEIN... HÄ?
NUR ZU.
WUPP

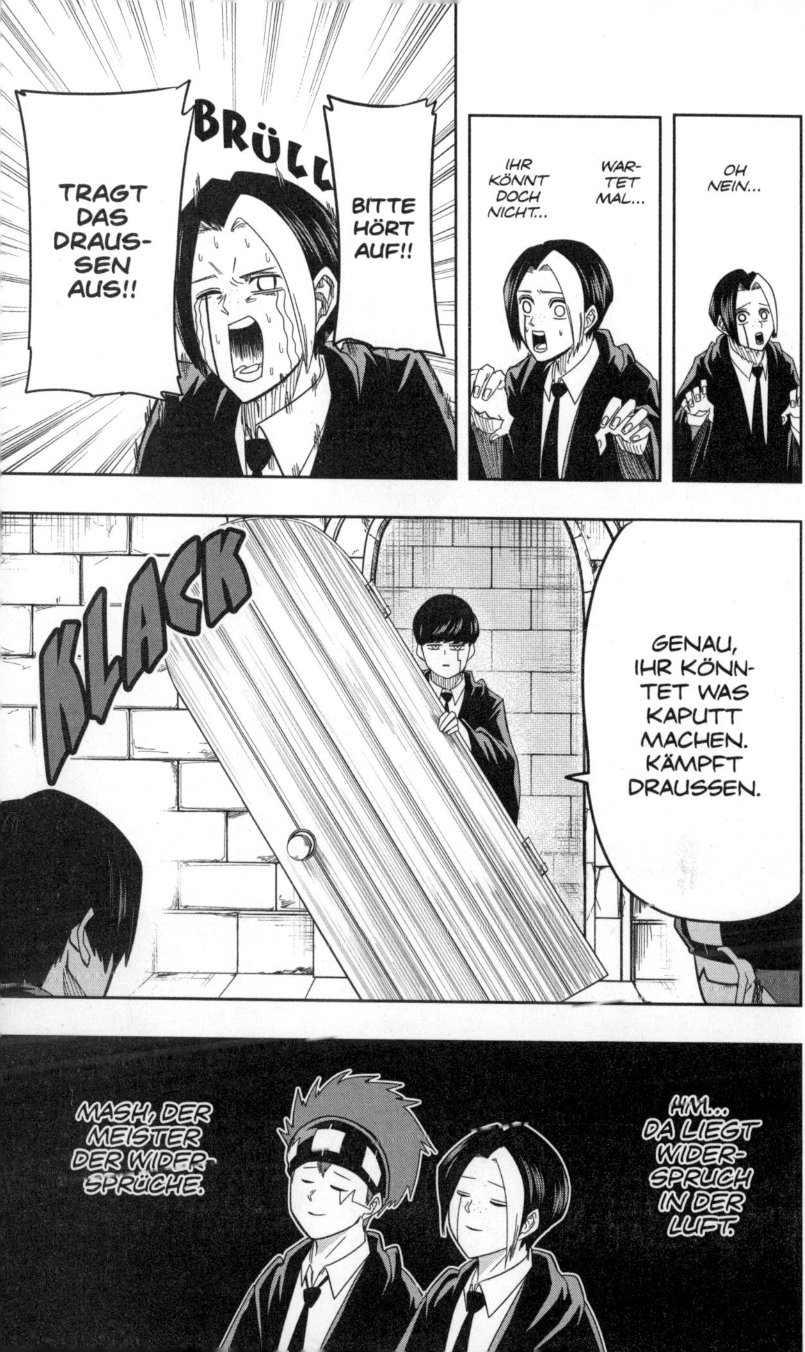
OH NEIN...
WARTET MAL...
IHR KÖNNT DOCH NICHT...
BITTE HÖRT AUF!!
BRÜLL
TRAGT DAS DRAUS-SEN AUS!!
GENAU, IHR KÖNNT-TET WAS KAPUTT MACHEN. KÄMPFT DRAUSSEN.
KLACK
HM... DA LIEGT WIDER-SPRUCH IN DER LUFT.
MASH, DER MEISTER DER WIDER-SPRÜCHE.

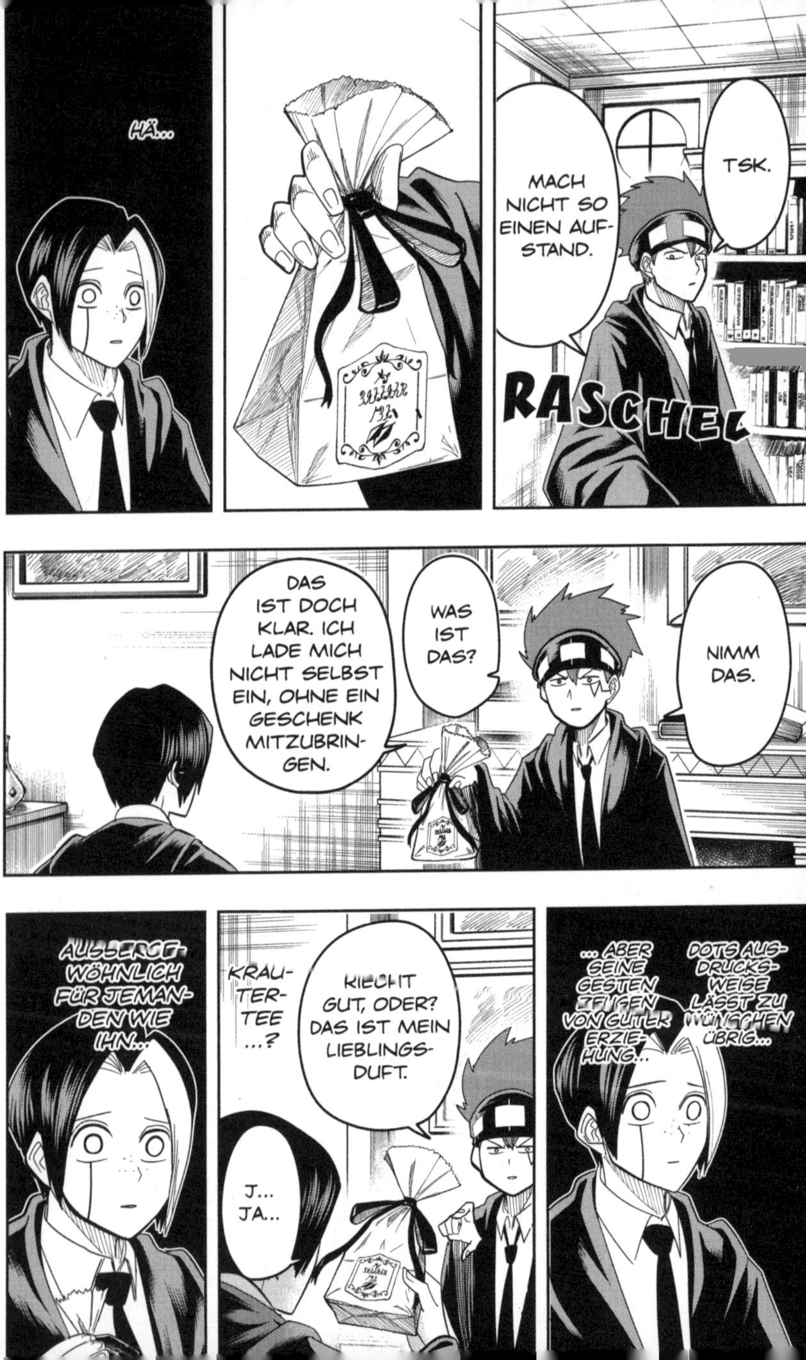
HÄ...
TSK.
MACH NICHT SO EINEN AUFSTAND.
RASCHEL
NIMM DAS.
WAS IST DAS?
DAS IST DOCH KLAR. ICH LADE MICH NICHT SELBST EIN, OHNE EIN GESCHENK MITZUBRINGEN.
DOTS AUSDRUCKSWEISE LÄSST ZU WÜNSCHEN ÜBRIG...
... ABER SEINE GESTEN ZEUGEN VON GUTER ERZIEHUNG...
RIECHT GUT, ODER? DAS IST MEIN LIEBLINGSDUFT.
KRAUTERTEE ...?
J... JA...
AUSSERGEWÖHNLICH FÜR JEMANDEN WIE IHN...

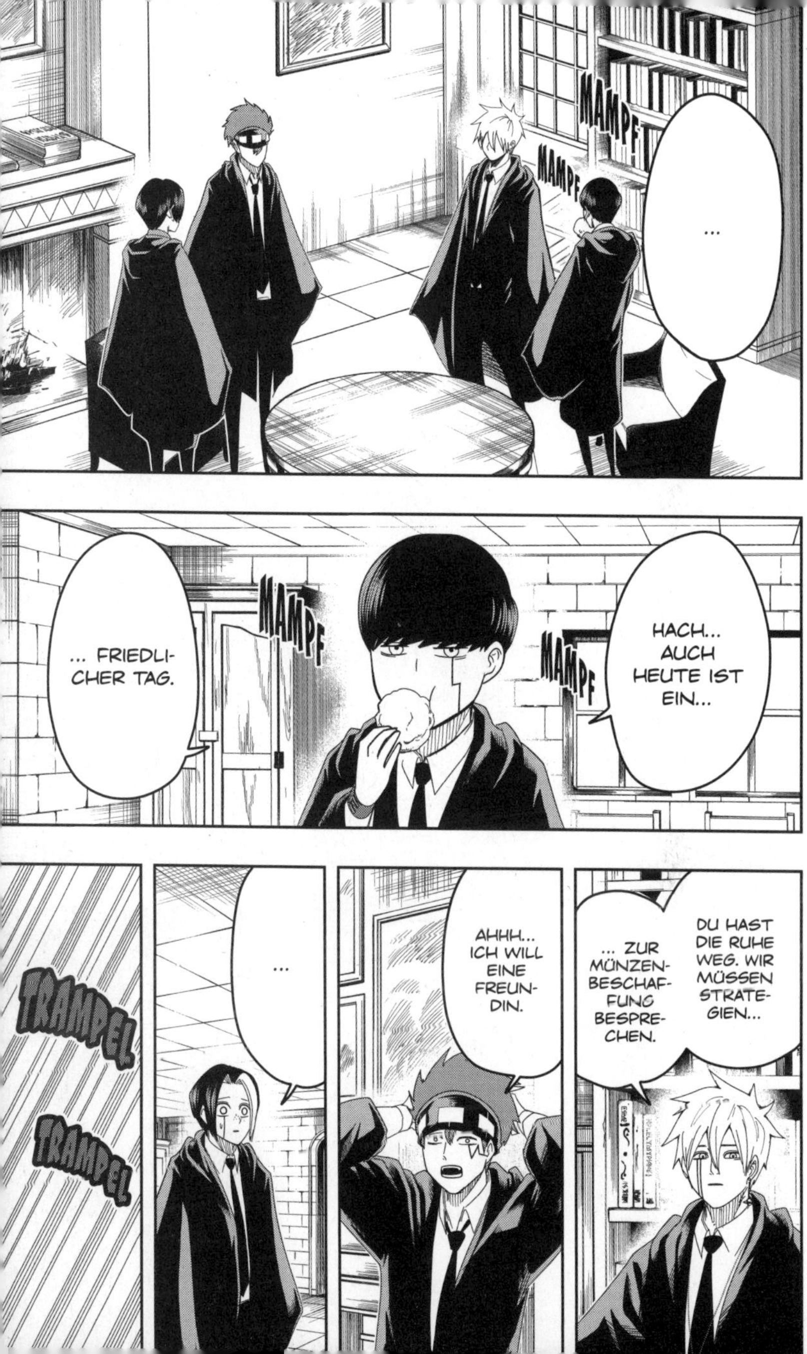
MAMPF
MAMPF
...
HACH... AUCH HEUTE IST EIN...
MAMPF
MAMPF
... FRIEDLICHER TAG.
DU HAST DIE RUHE WEG. WIR MÜSSEN STRATEGIEN...
... ZUR MÜNZENBESCHAFFUNG BESPRECHEN.
AHHH... ICH WILL EINE FREUNDIN.
...
TRAMPEL
TRAMPEL

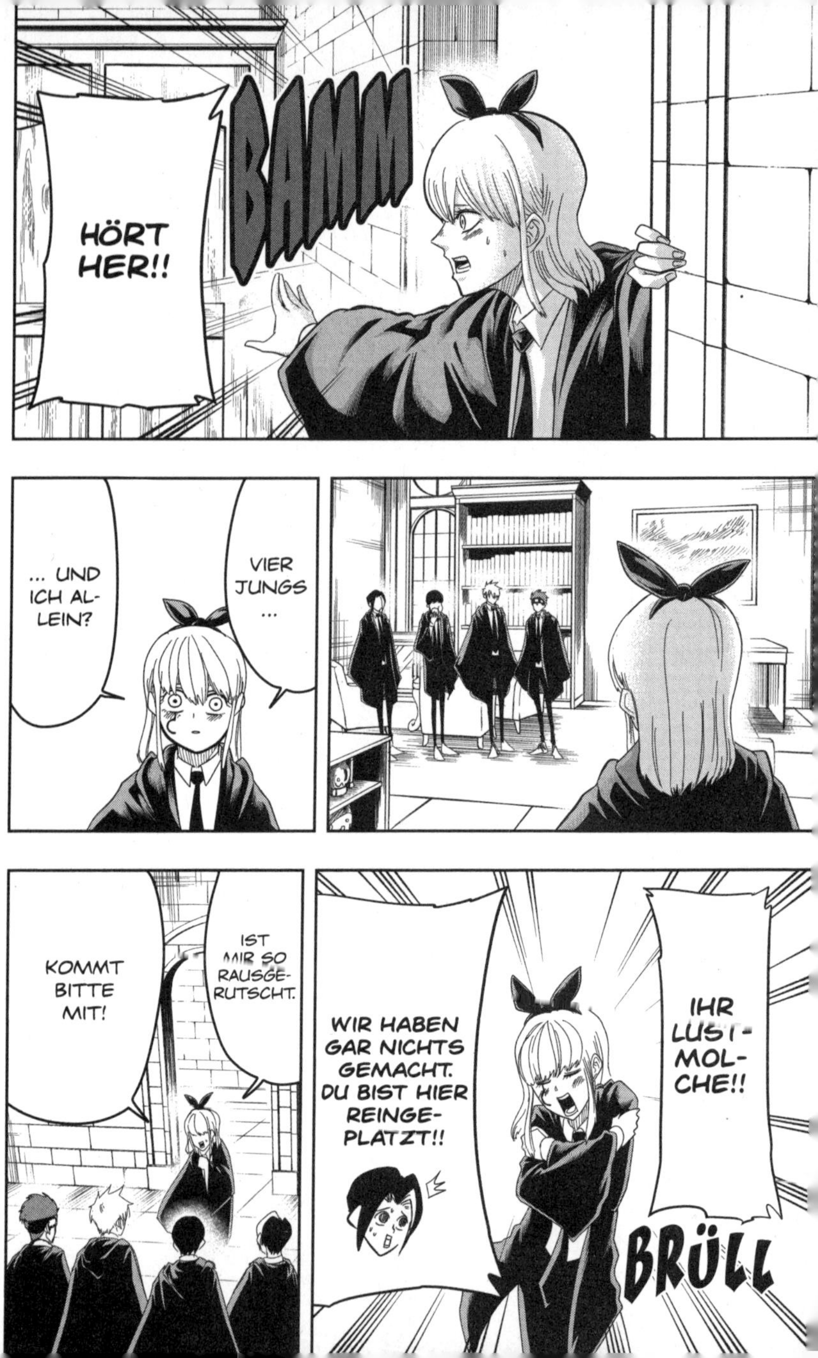
BAMM
HÖRT HER!!
VIER JUNGS ...
... UND ICH AL-LEIN?
IHR LUST-MOLCHE!!
BRÜLL
WIR HABEN GAR NICHTS GEMACHT. DU BIST HIER REINGE-PLATZT!!
IST MIR SO RAUSGE-RUTSCHT.
KOMMT BITTE MIT!

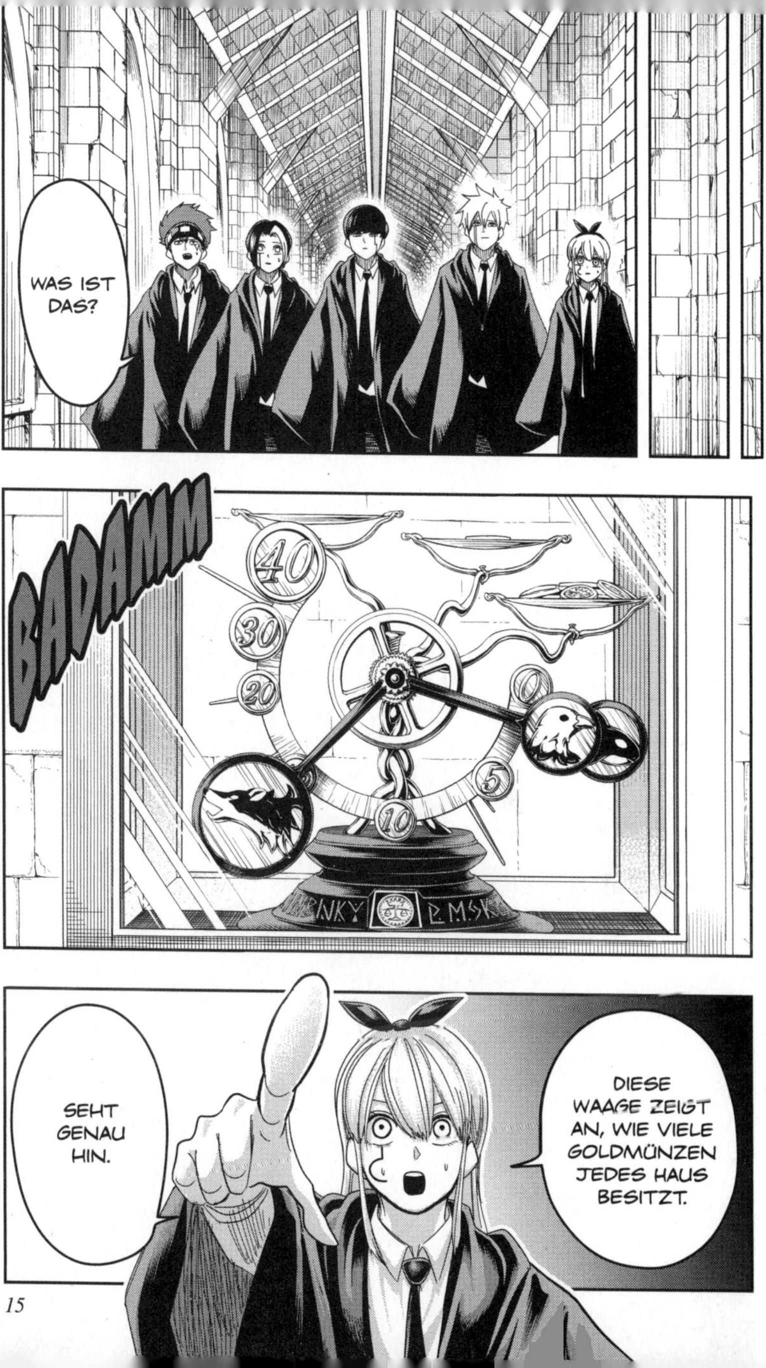

WAS IST DAS?
BADAMM
DIESE WAAGE ZEIGT AN, WIE VIELE GOLDMÜNZEN JEDES HAUS BESITZT.
SEHT GENAU HIN.

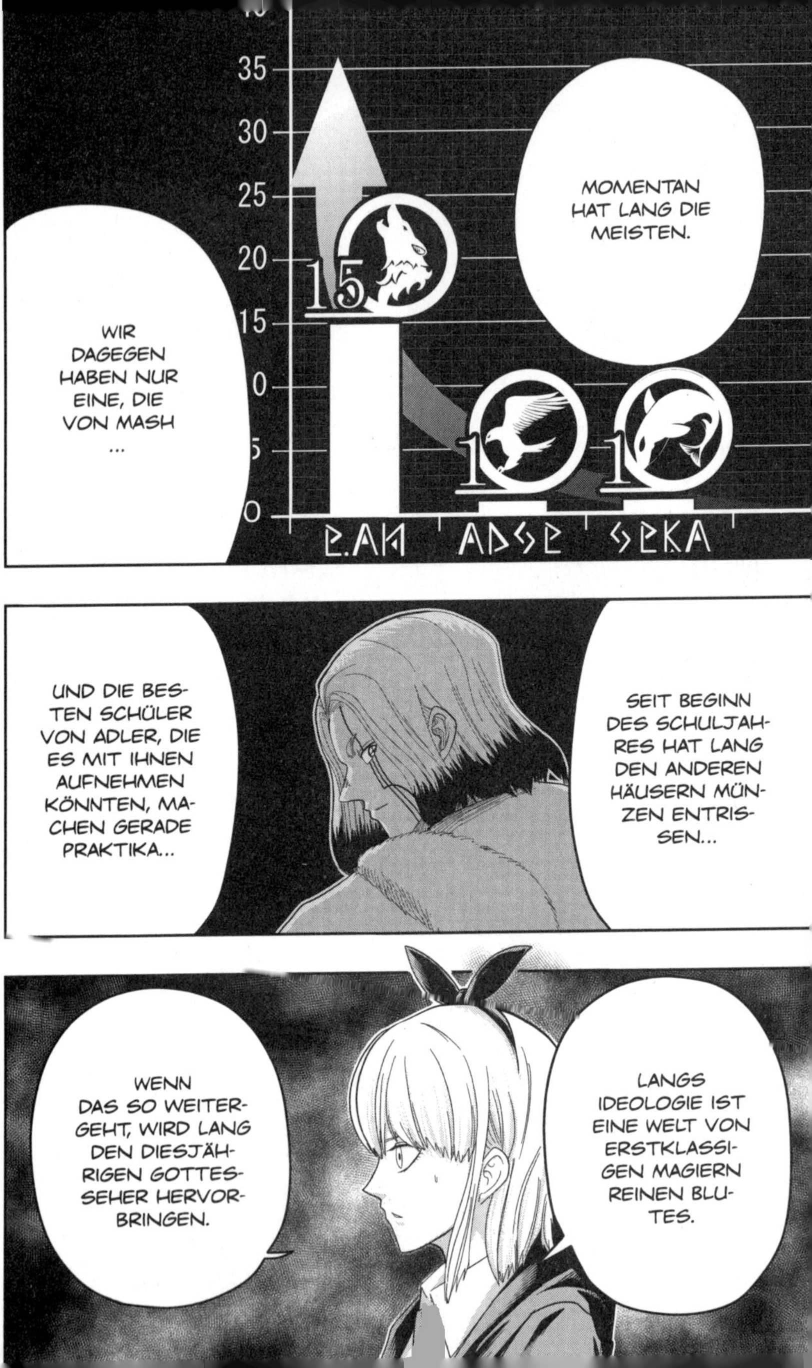
35
30
25
20
15
0
15
1
1
MOMENTAN HAT LANG DIE MEISTEN.
WIR DAGEGEN HABEN NUR EINE, DIE VON MASH ...
SEIT BEGINN DES SCHULJAHRES HAT LANG DEN ANDEREN HÄUSERN MÜNZEN ENTRISSEN...
UND DIE BESTEN SCHÜLER VON ADLER, DIE ES MIT IHNEN AUFNEHMEN KÖNNTEN, MACHEN GERADE PRAKTIKA...
LANGS IDEOLOGIE IST EINE WELT VON ERSTKLASSIGEN MAGIERN REINEN BLUTES.
WENN DAS SO WEITERGEHT, WIRD LANG DEN DIESJÄHRIGEN GOTTESSEHER HERVORBRINGEN.

ORCA KÜMMERT SICH EHER UMS FOR-SCHEN...
DAS HEISST...
... ES LIEGT AN UNS ADLERN, LANG AUFZU-HALTEN.
LEMON ERKLÄRT ES SO, DASS ES EINFACH ZU VER-STEHEN IST.
TRIEF
SIE IST ECHT LIEB. UND SOOO SÜSS...
MASH, STRENG DICH BITTE AN!
OKAY.
ARRRGH!
...
VER-STEHE...

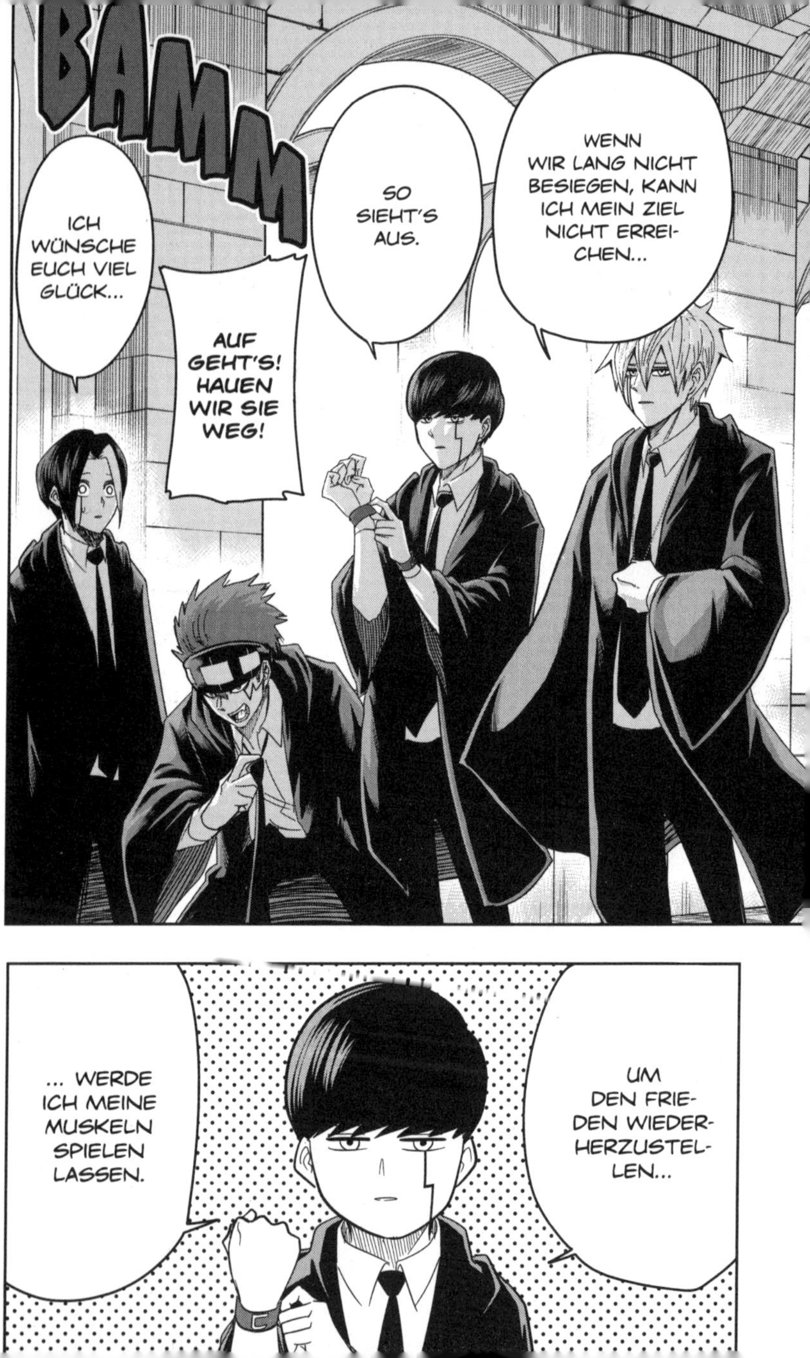
WENN WIR LANG NICHT BESIEGEN, KANN ICH MEIN ZIEL NICHT ERREICHEN...
SO SIEHT'S AUS.
BAMMM
AUF GEHT'S! HAUEN WIR SIE WEG!
ICH WÜNSCHE EUCH VIEL GLÜCK...
UM DEN FRIE-DEN WIEDER-HERZUSTEL-LEN...
... WERDE ICH MEINE MUSKELN SPIELEN LASSEN.

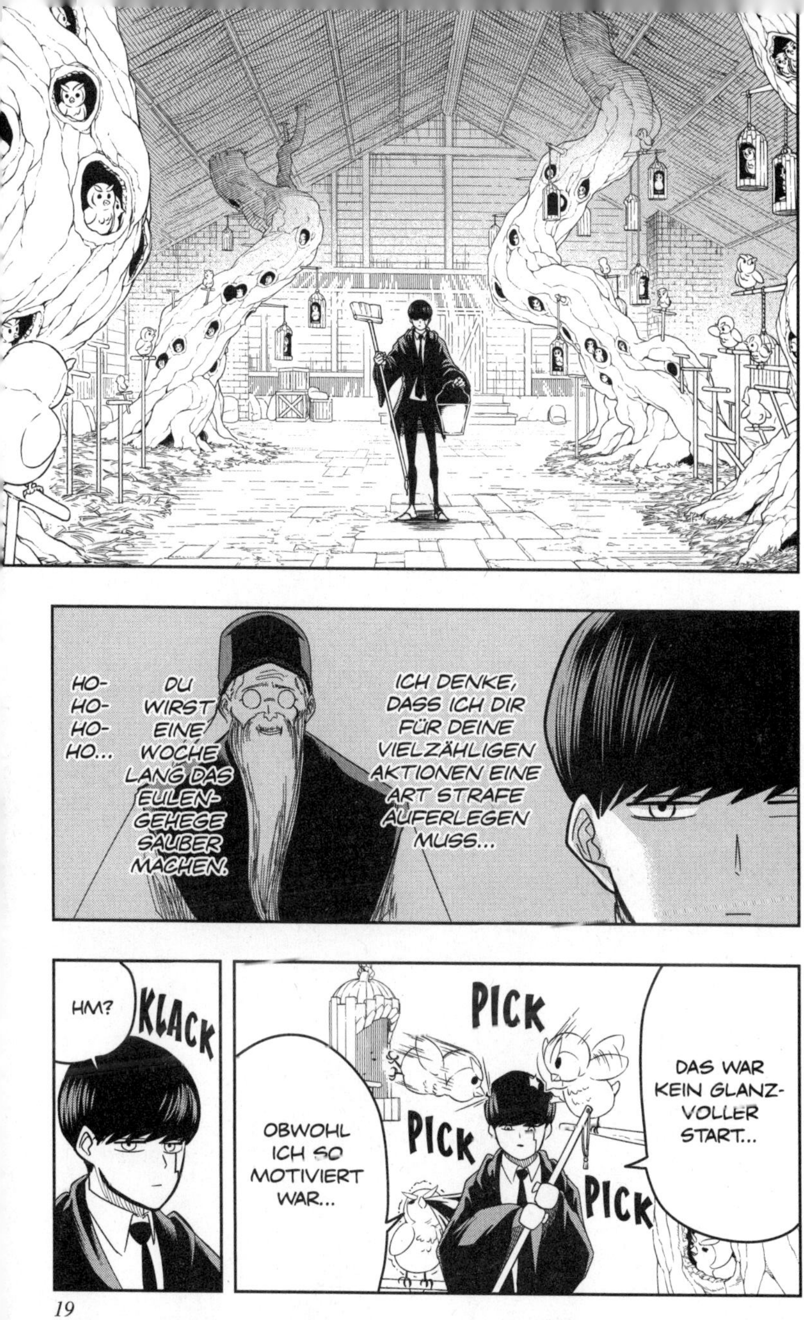
ICH DENKE, DASS ICH DIR FÜR DEINE VIELZÄHLIGEN AKTIONEN EINE ART STRAFE AUFERLEGEN MUSS...
DU WIRST EINE WOCHE LANG DAS EULEN-GEHEGE SAUBER MACHEN.
HO-HO-HO-HO...
DAS WAR KEIN GLANZ-VOLLER START...
PICK
PICK
PICK
OBWOHL ICH SO MOTIVIERT WAR...
KLACK
HM?

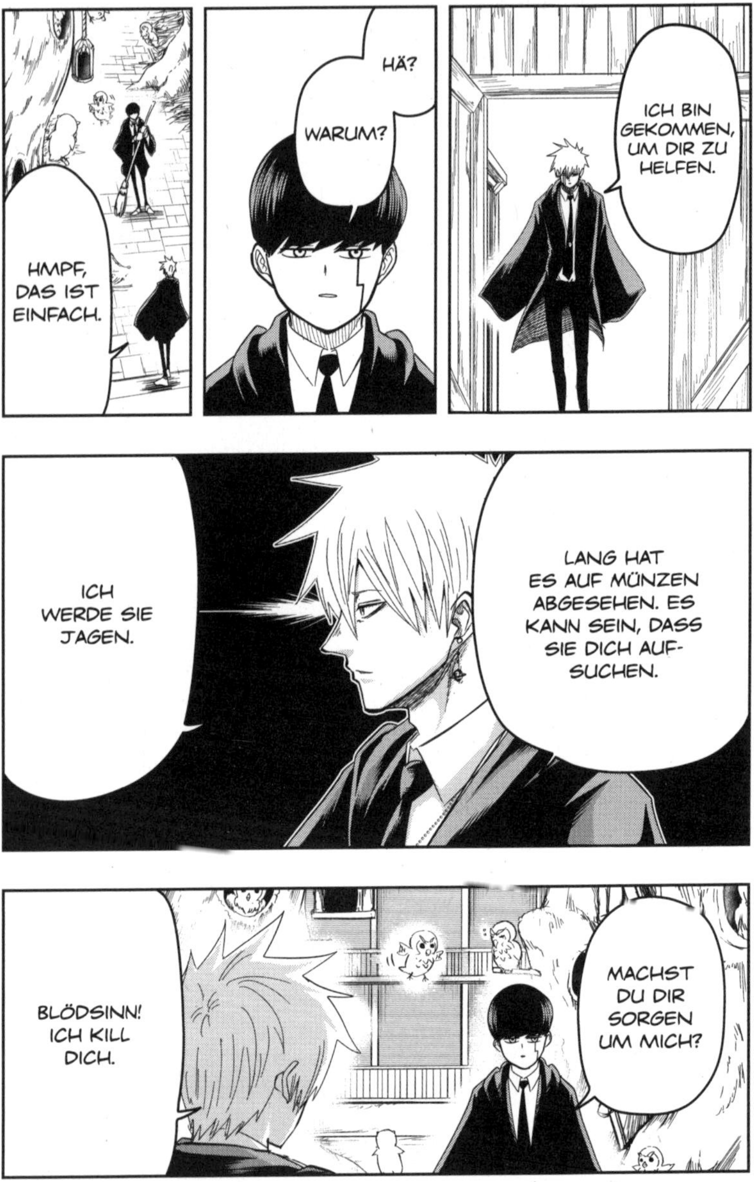
ICH BIN GEKOMMEN, UM DIR ZU HELFEN.
HÄ?
WARUM?
HMPF, DAS IST EINFACH.
LANG HAT ES AUF MÜNZEN ABGESEHEN. ES KANN SEIN, DASS SIE DICH AUF-SUCHEN.
ICH WERDE SIE JAGEN.
MACHST DU DIR SORGEN UM MICH?
BLÖDSINN! ICH KILL DICH.

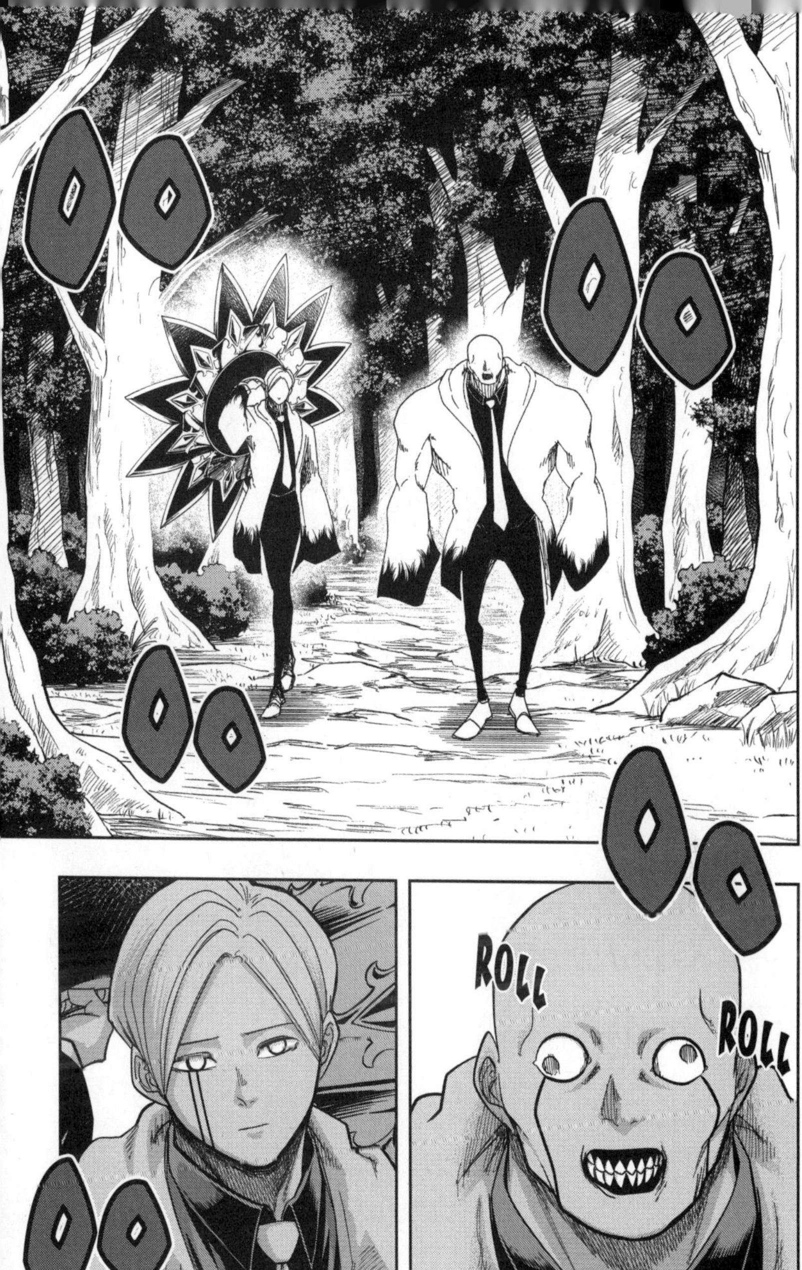
ROLL
ROLL

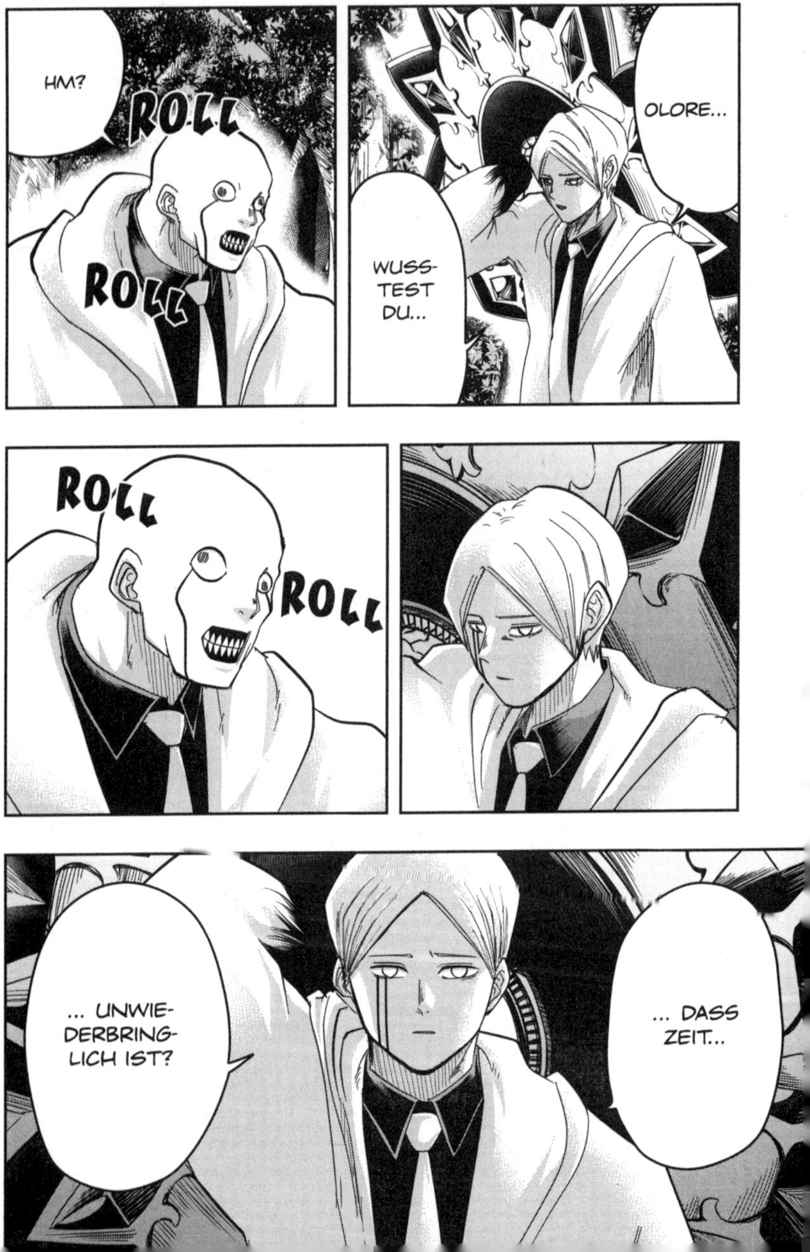
OLORE...
WUSS-TEST DU...
HM?
ROLL
ROLL
ROLL
ROLL
... DASS ZEIT...
... UNWIE-DERBRING-LICH IST?

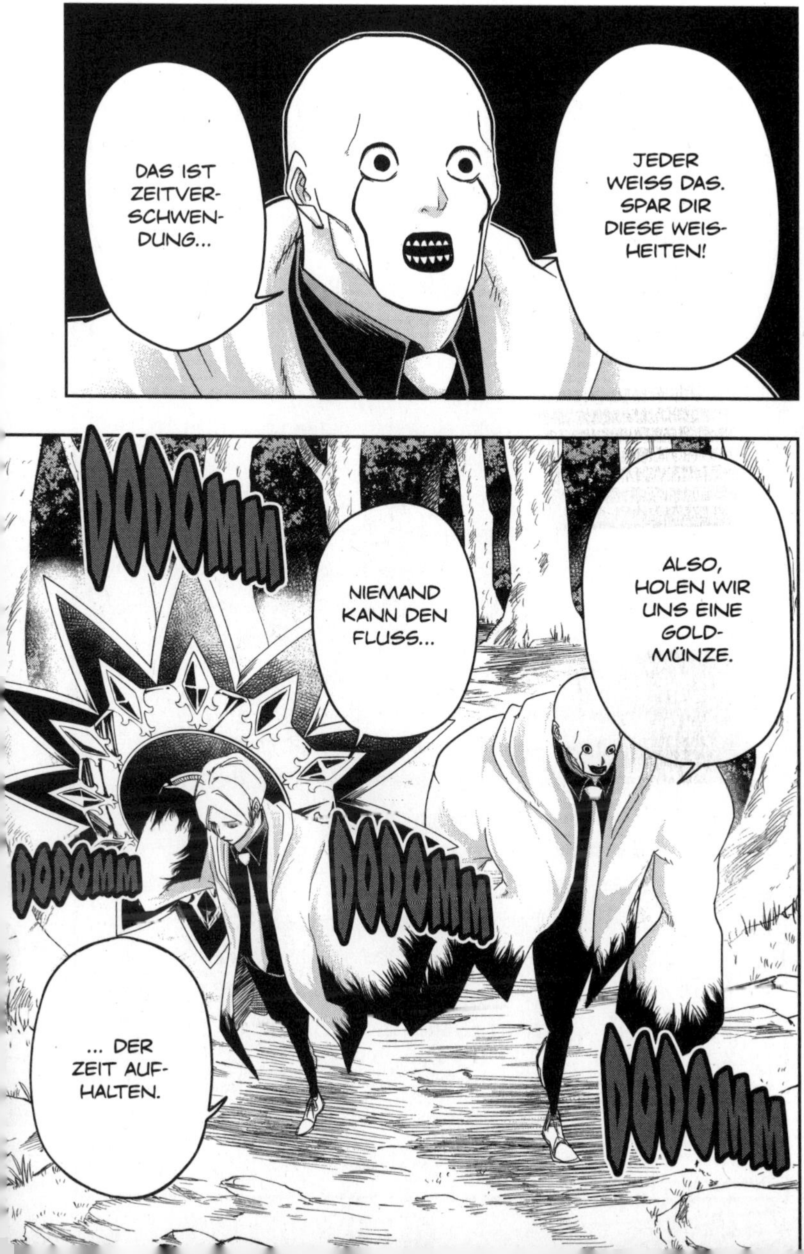
JEDER WEISS DAS. SPAR DIR DIESE WEIS-HEITEN!
DAS IST ZEITVER-SCHWEN-DUNG...
DODOMM
ALSO, HOLEN WIR UNS EINE GOLD-MÜNZE.
NIEMAND KANN DEN FLUSS...
DODOMM
DODOMM
DODOMM
... DER ZEIT AUF-HALTEN.

An alle, die diesen Band gekauft haben:
Vielen Dank!
(Es tut mir leid, wenn ihr
ihn versehentlich gekauft habt. Sorry!)

Ich weiß gar nicht, wie ich meine Dankbarkeit darüber zum Ausdruck bringen soll, dass es in dieser Zeit niedriger Buchverkäufe einen Band 3 gibt. Ich danke euch, den Leserinnen und Lesern, und den guten Leuten bei Shueisha. Außerdem all den fleißigen Erwachsenen, die geholfen haben dieses Buch zu machen, und den Buchhändlerinnen und Buchhändlern. Allen in der Druckerei. Meinen Assistenten. Meiner Mama und meinem Papa. Und denen, die die Snacks gemacht haben, die ich während der Arbeit gegessen habe… Ich bin einfach so dankbar für alle auf dieser Erde!!
Wirklich, ich danke euch allen sehr.
Mein Klassenlehrer in der Mittelschule sagte mal: »Du wirst ein NEET werden!« Also schätze ich diese Chance, für ein großes Unternehmen zu arbeiten, und werde weiterhin mein Bestes geben!
PS: Vielen Dank für die Fanbriefe! Sie muntern mich immer auf! Ihr habt sogar Geschenke geschickt! Dass ich so viel Amazake bekommen habe, muss bedeuten, dass ihr euch um meine Gesundheit sorgt. Aber keine Sorge, ich werde mich nicht überarbeiten!
(Ich will es auch gar nicht!)

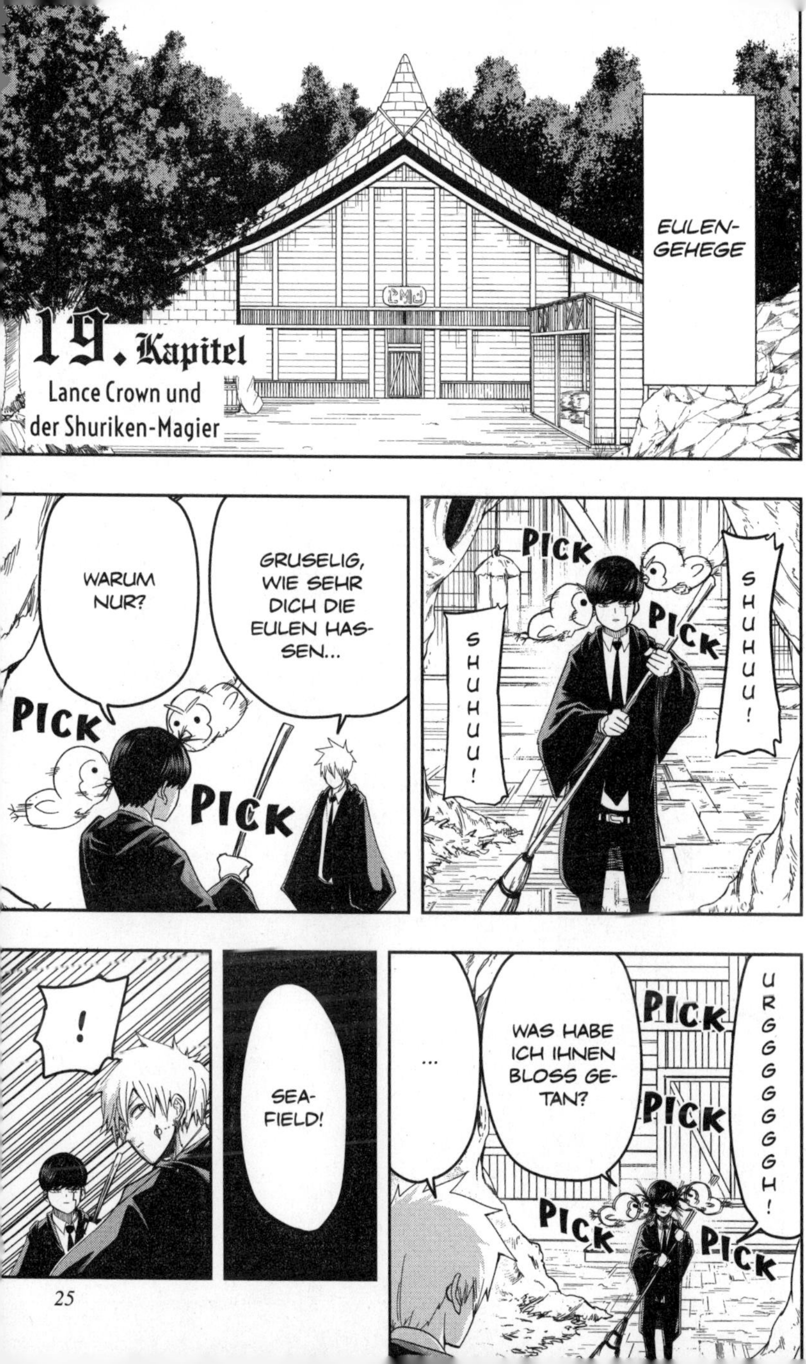
EULEN-
GEHEGE
19. Kapitel
Lance Crown und
der Shuriken-Magier
SHUHUU!
PICK
PICK
SHUHUU!
GRUSELIG, WIE SEHR DICH DIE EULEN HASSEN...
WARUM NUR?
PICK
PICK
URGGGGGGGH!
PICK
PICK
PICK
PICK
WAS HABE ICH IHNEN BLOSS GETAN?
...
SEA-FIELD!
!

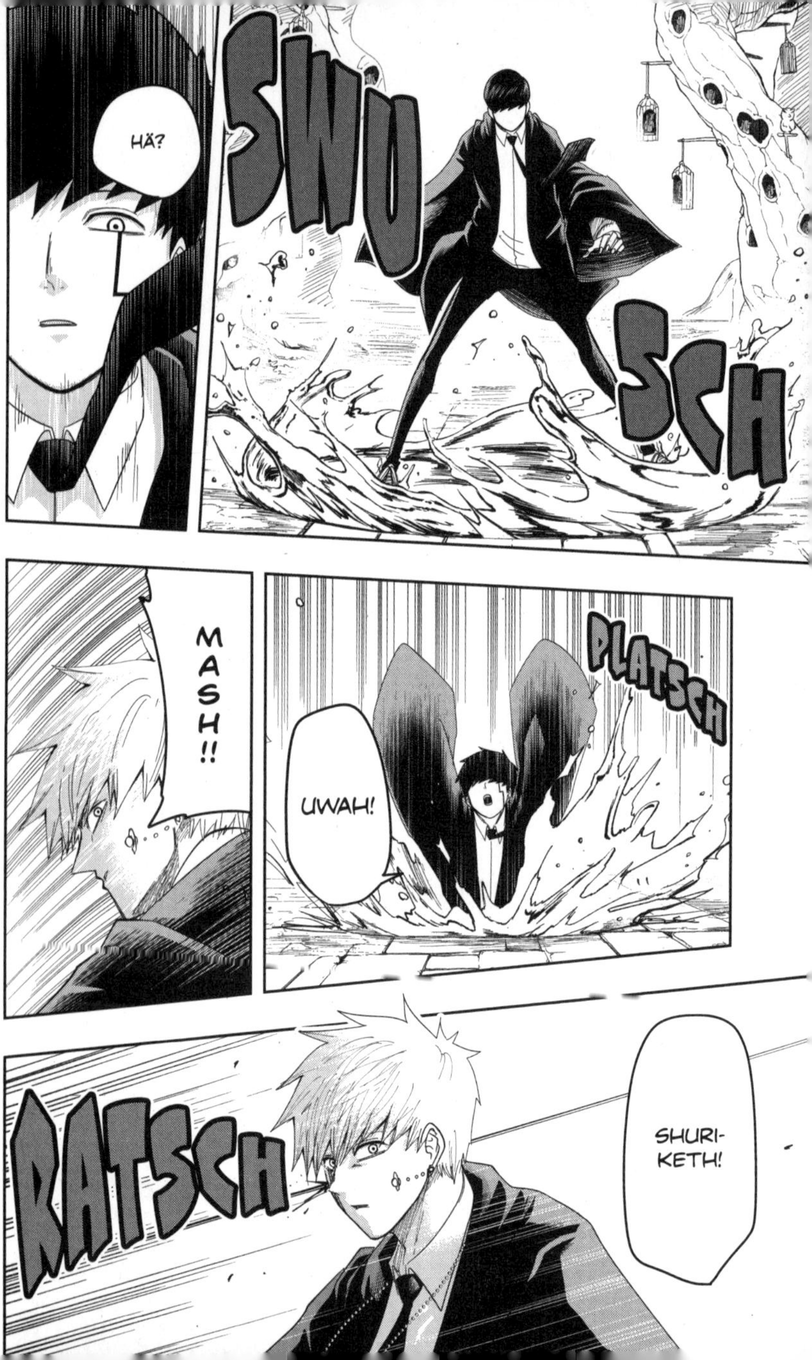
SWUSCH
HÄ?
PLATSCH
UWAH!
MASH!!
SHURI-
KETH!
RATSCH

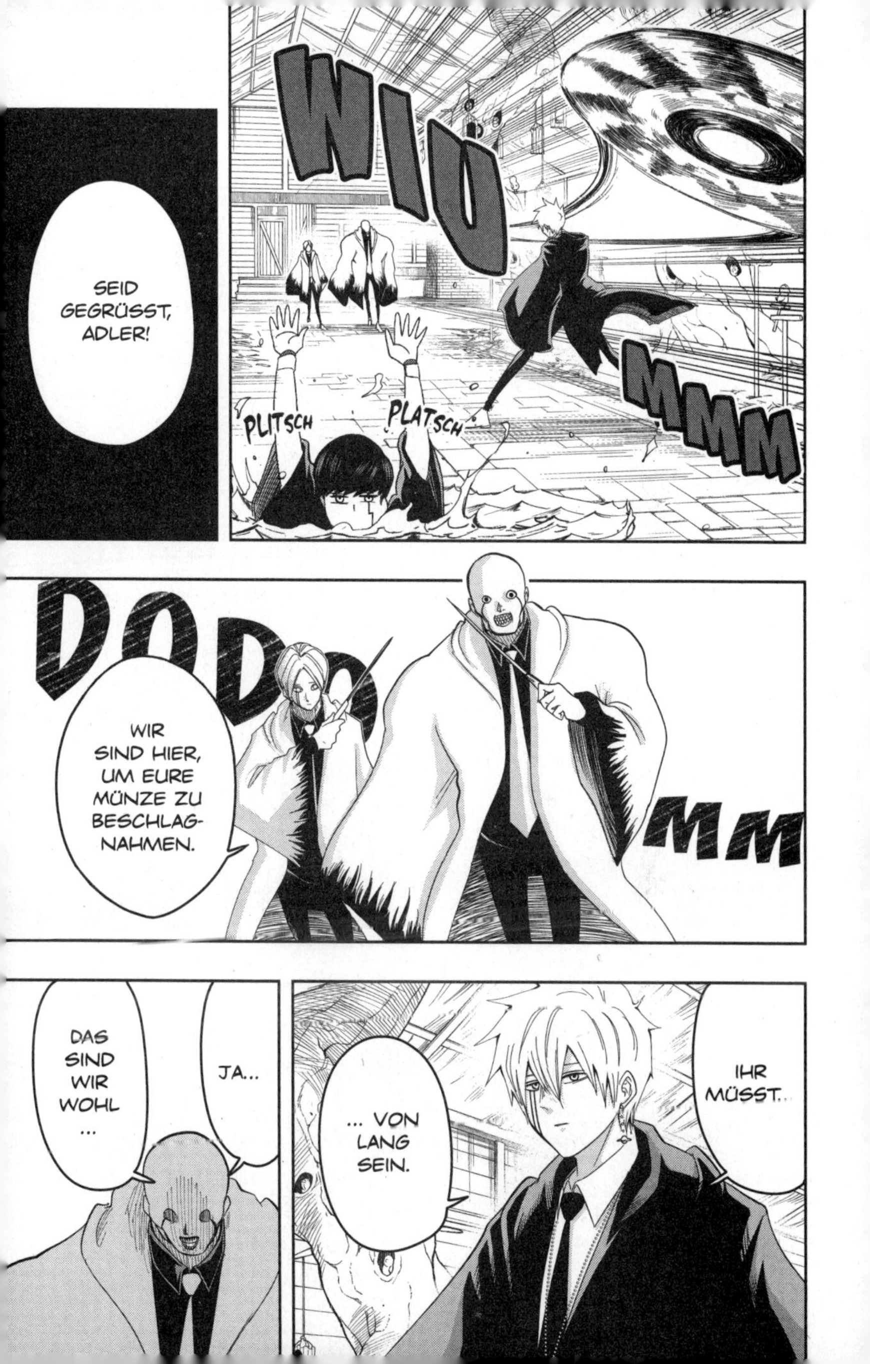
WIIIUMMMM
PLATSCH
PLITSCH
SEID GEGRÜSST, ADLER!
DODOMMM
WIR SIND HIER, UM EURE MÜNZE ZU BESCHLAG-NAHMEN.
IHR MÜSST...
... VON LANG SEIN.
JA...
DAS SIND WIR WOHL ...

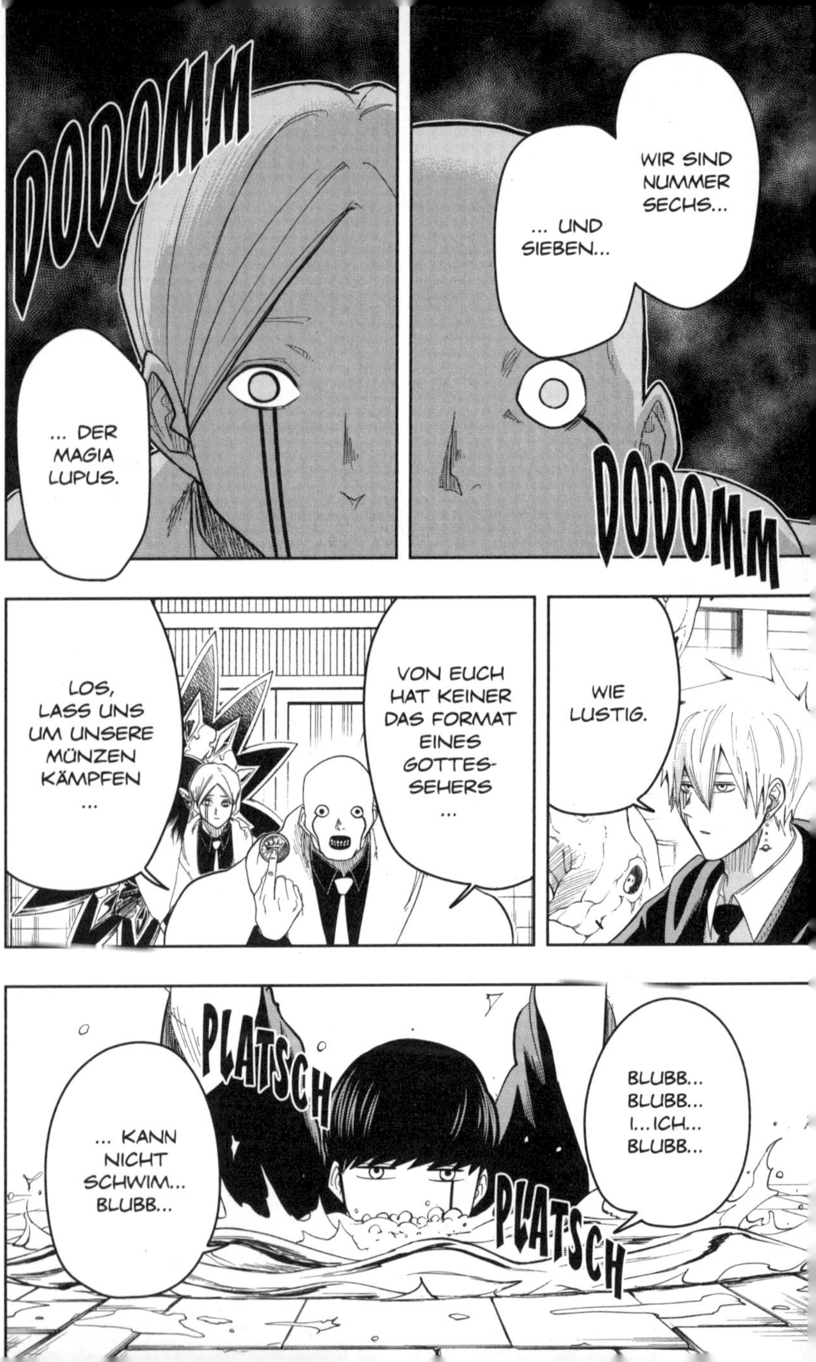
WIR SIND NUMMER SECHS...
... UND SIEBEN...
DODOMM
DODOMM
... DER MAGIA LUPUS.
WIE LUSTIG.
VON EUCH HAT KEINER DAS FORMAT EINES GOTTES-SEHERS ...
LOS, LASS UNS UM UNSERE MÜNZEN KÄMPFEN ...
BLUBB... BLUBB... I...ICH... BLUBB...
PLATSCH
PLATSCH
... KANN NICHT SCHWIM... BLUBB...

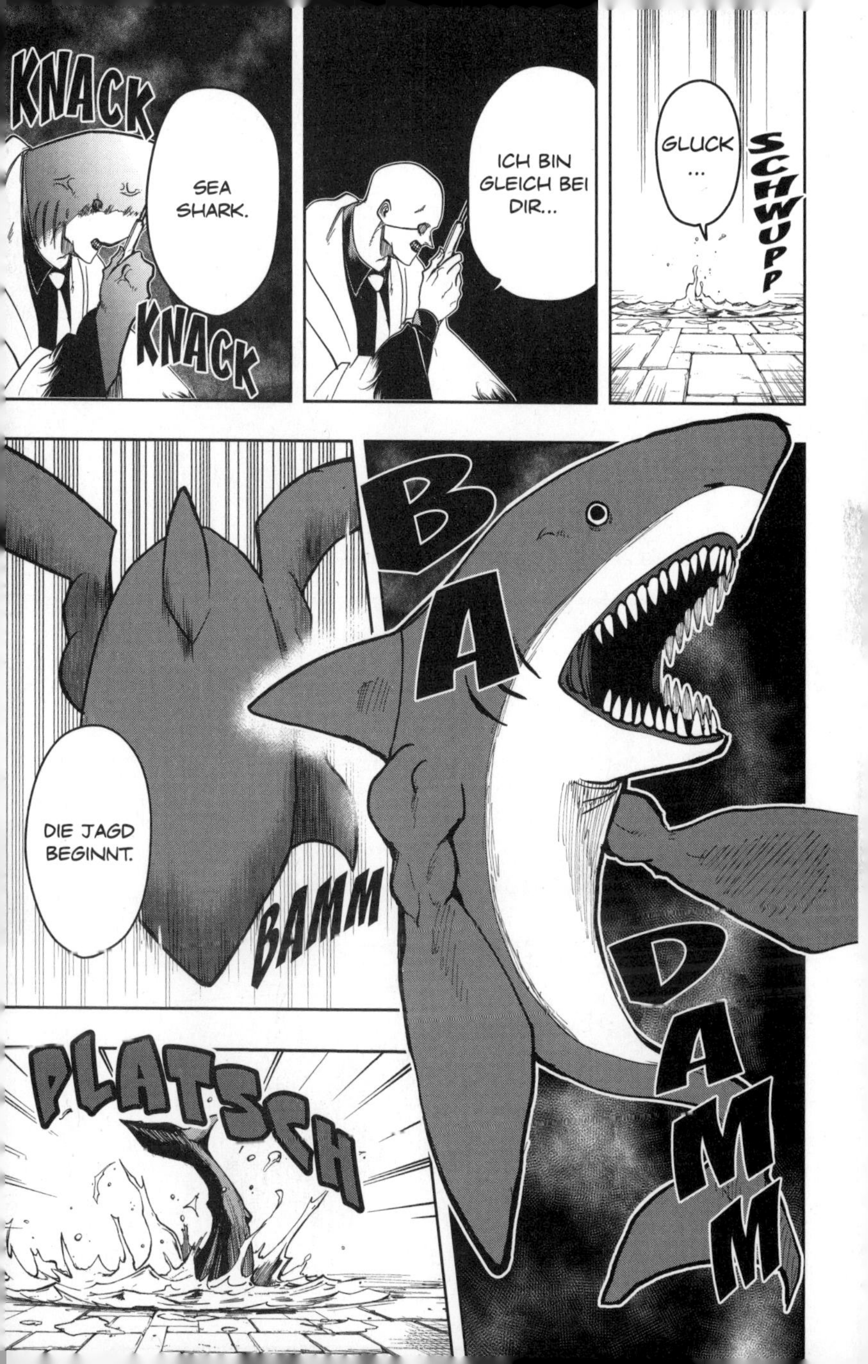
KNACK
SEA SHARK.
KNACK
ICH BIN GLEICH BEI DIR...
GLUCK ...
SCHWUPP
BADAMM
DIE JAGD BEGINNT.
BAMM
PLATSCH

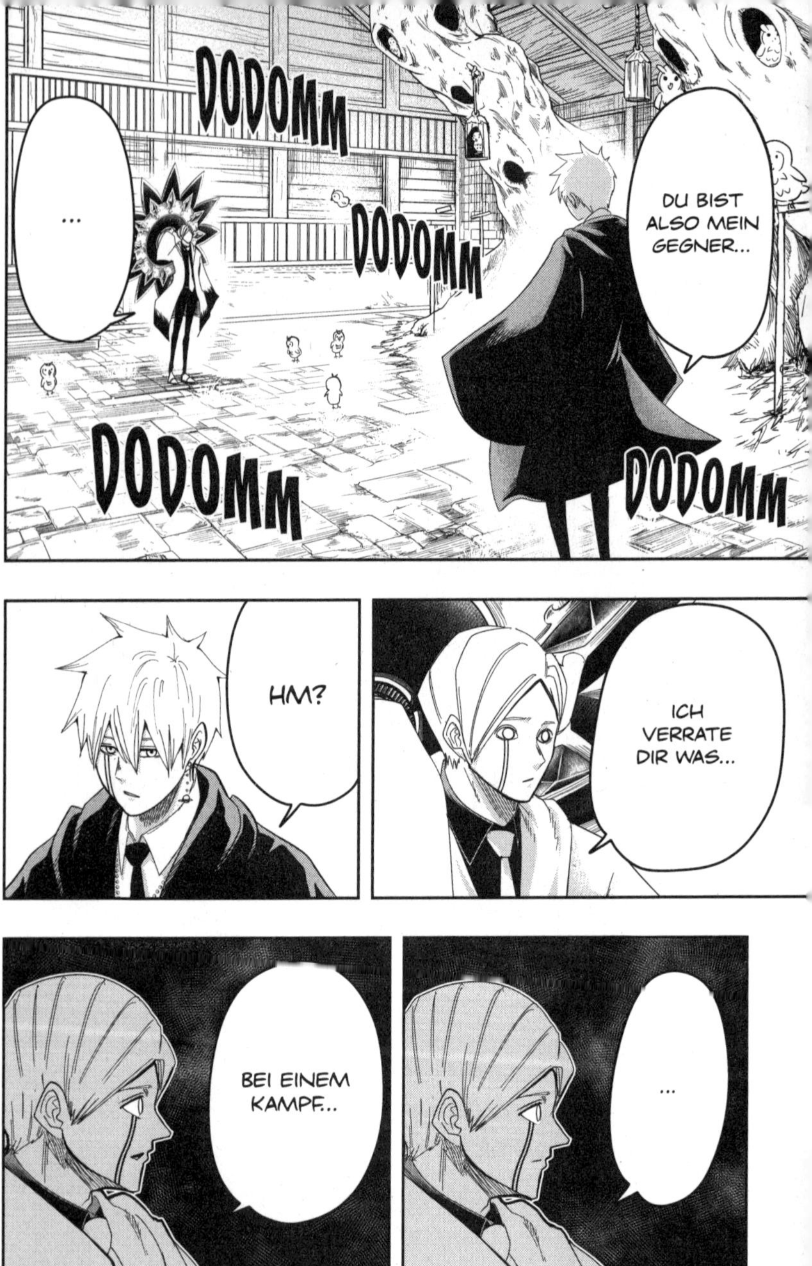

DU BIST ALSO MEIN GEGNER...
...
DODOMM
DODOMM
DODOMM
DODOMM
ICH VERRATE DIR WAS...
HM?
...
BEI EINEM KAMPF...

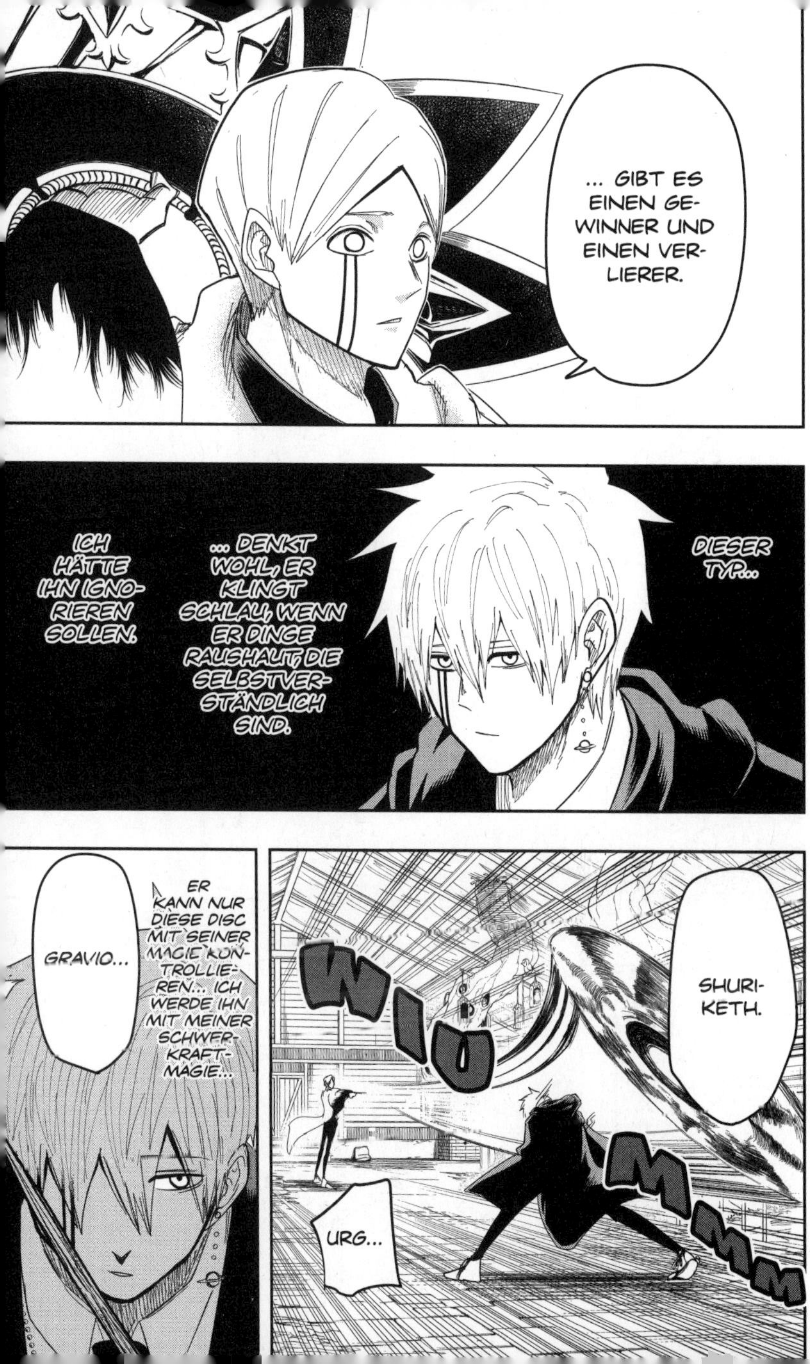
... GIBT ES EINEN GE-WINNER UND EINEN VER-LIERER.
DIESER TYP...
... DENKT WOHL, ER KLINGT SCHLAU, WENN ER DINGE RAUSHAUT, DIE SELBSTVER-STÄNDLICH SIND.
ICH HÄTTE IHN IGNO-RIEREN SOLLEN.
SHURI-KETH.
WIUUMMMM
URG...
ER KANN NUR DIESE DISC MIT SEINER MAGIE KON-TROLLIE-REN... ICH WERDE IHN MIT MEINER SCHWER-KRAFT-MAGIE...
GRAVIO...

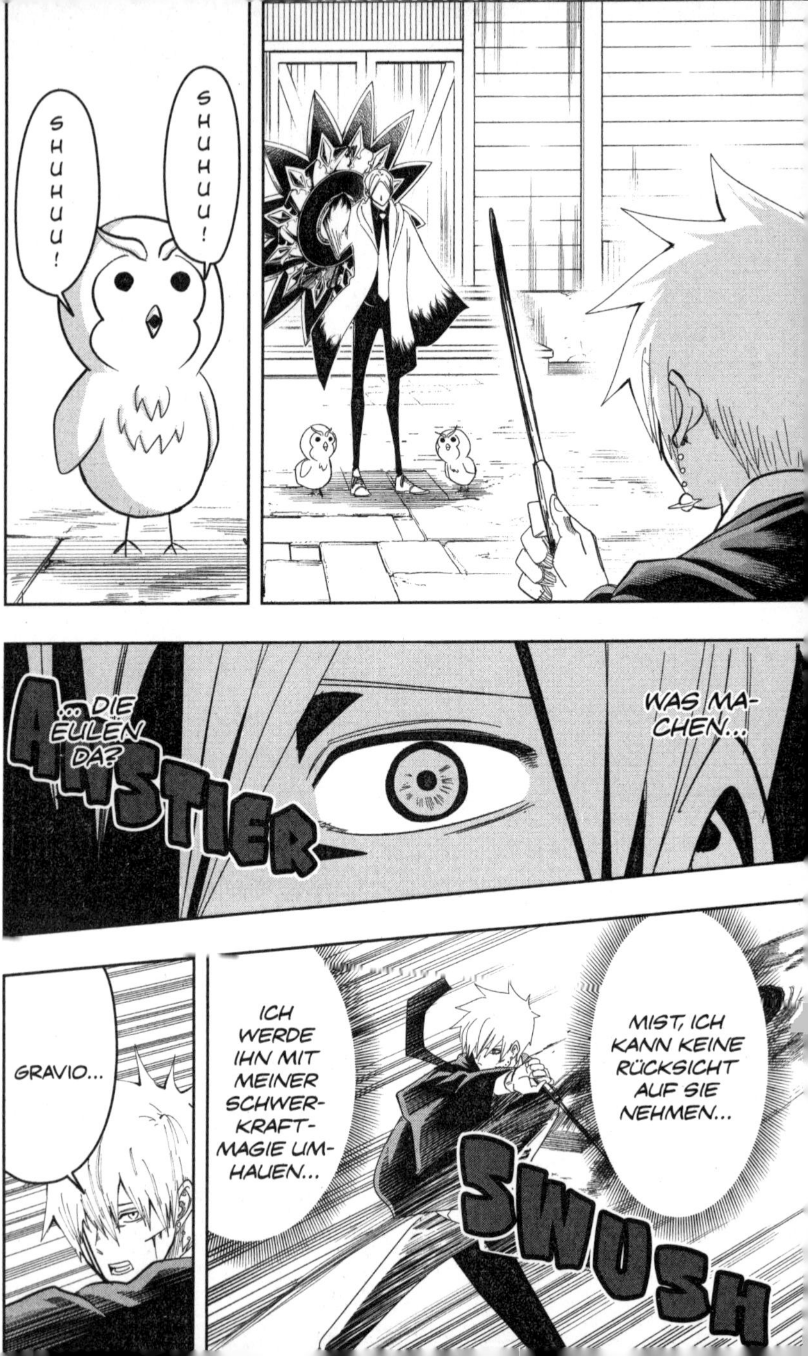
SHUHUU!
SHUHUU!
WAS MACHEN...
...DIE EULEN DA?
ANSTIER
MIST, ICH KANN KEINE RÜCKSICHT AUF SIE NEHMEN...
ICH WERDE IHN MIT MEINER SCHWERKRAFT-MAGIE UMHAUEN...
SWUSH
GRAVIO...

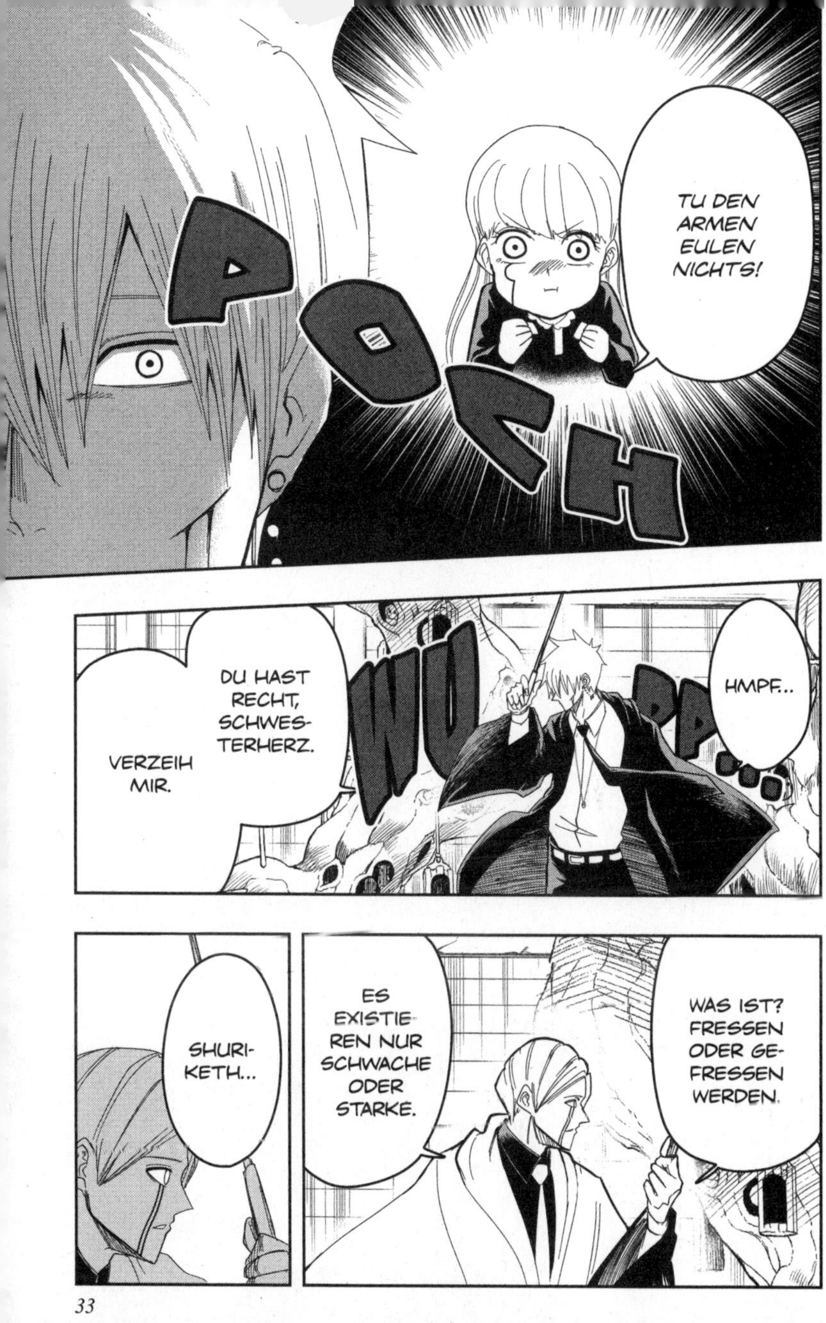
TU DEN ARMEN EULEN NICHTS!
POCH
HMPF...
WUPP...
DU HAST RECHT, SCHWESTERHERZ.
VERZEIH MIR.
WAS IST? FRESSEN ODER GEFRESSEN WERDEN.
ES EXISTIEREN NUR SCHWACHE ODER STARKE.
SHURIKETH...

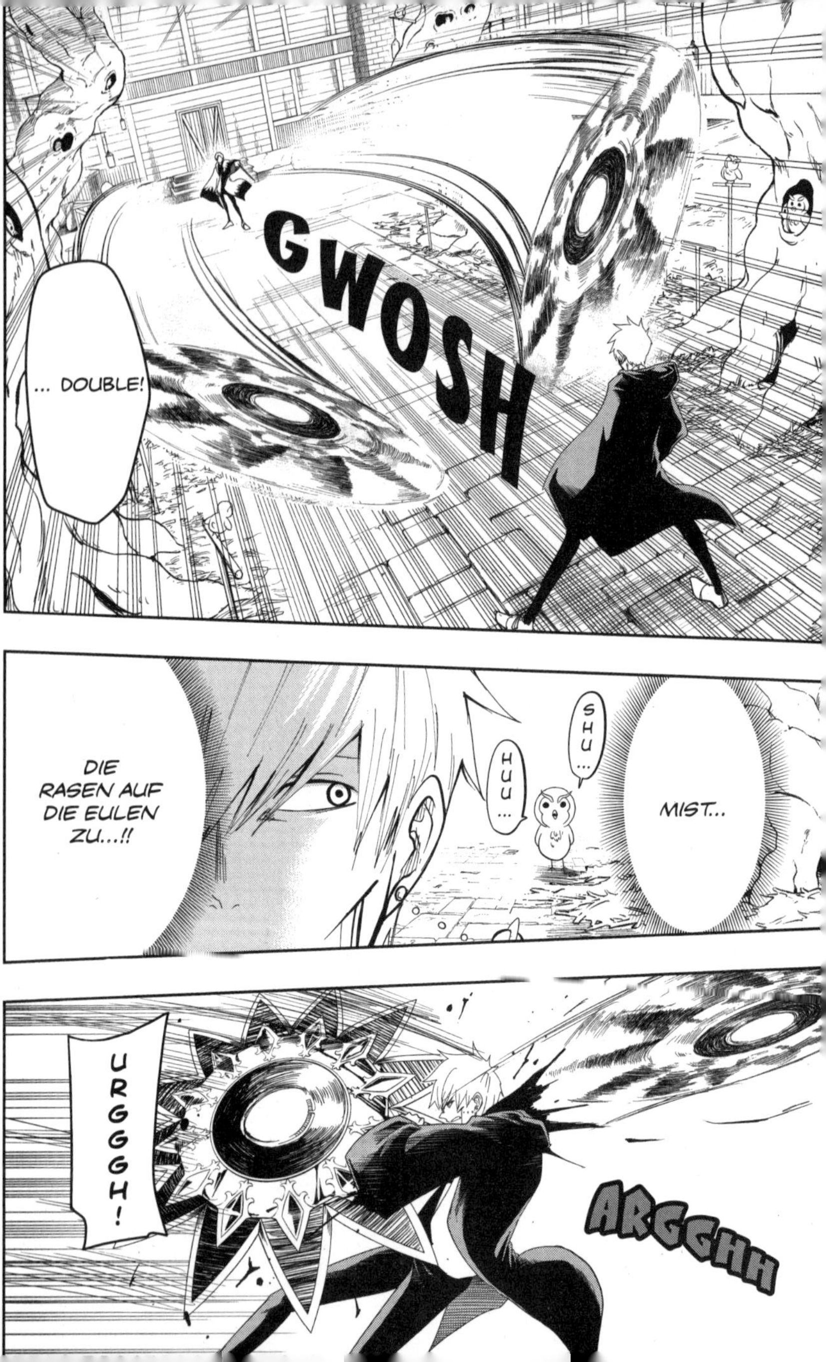
GWOSH
... DOUBLE!
MIST...
SHU...
HUU...
DIE RASEN AUF DIE EULEN ZU...!!
ARGGHH
URGGGH!

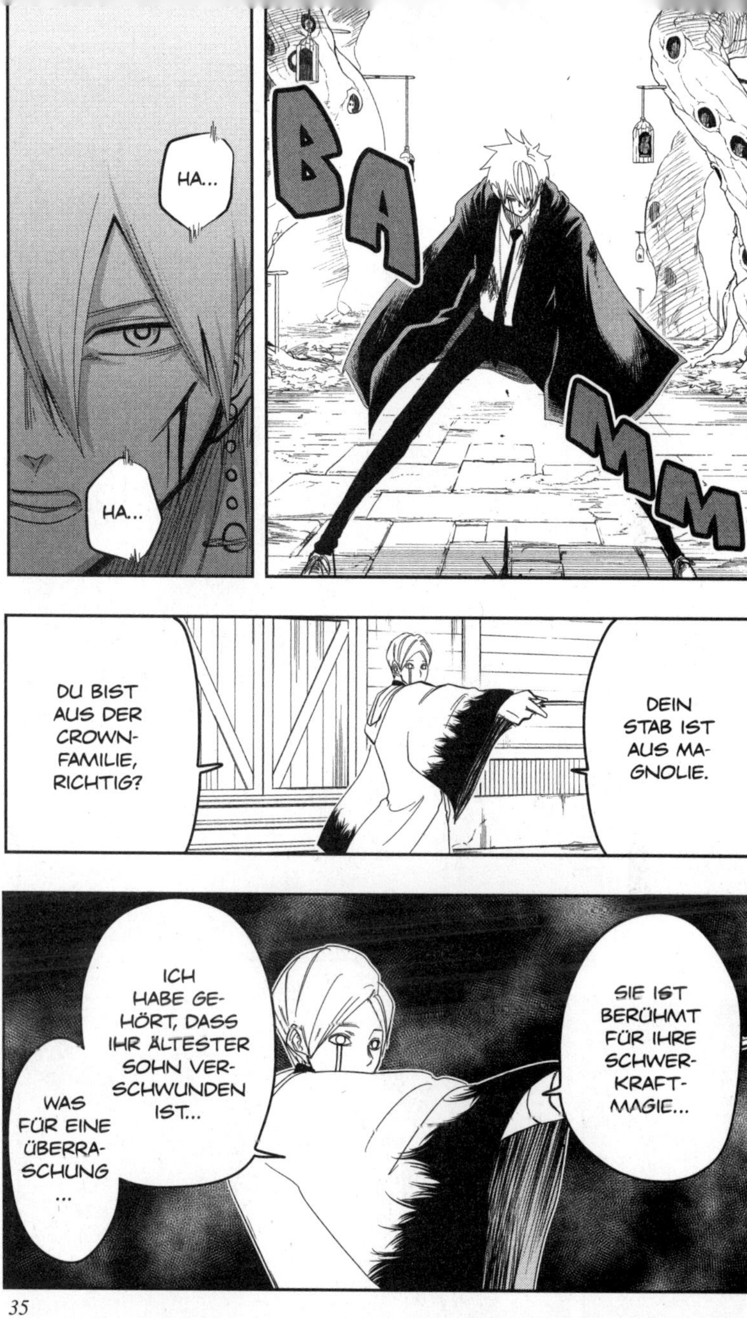
BAMM
HA...
HA...
DEIN STAB IST AUS MAGNOLIE.
DU BIST AUS DER CROWN-FAMILIE, RICHTIG?
SIE IST BERÜHMT FÜR IHRE SCHWERKRAFT-MAGIE...
ICH HABE GEHÖRT, DASS IHR ÄLTESTER SOHN VERSCHWUNDEN IST...
WAS FÜR EINE ÜBERRASCHUNG ...

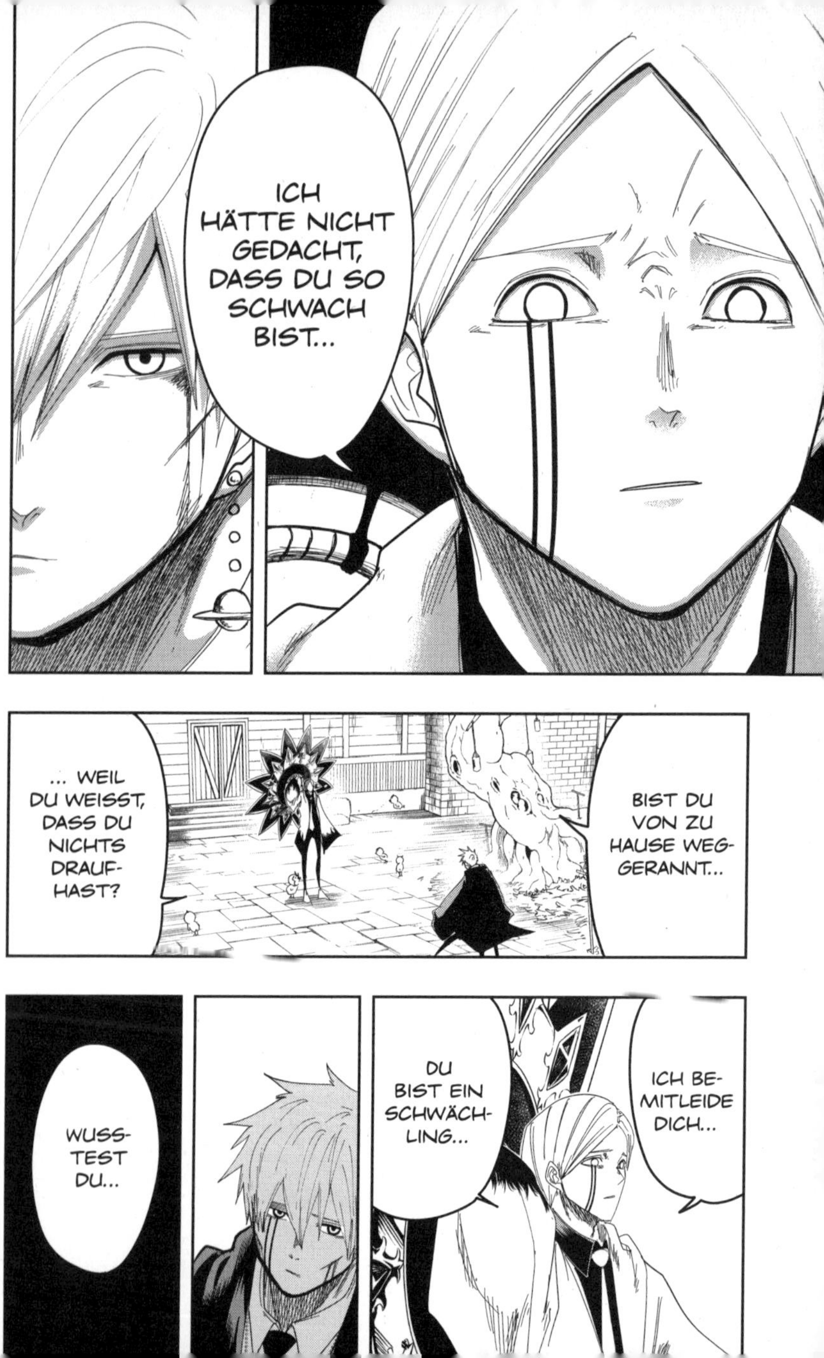
ICH HÄTTE NICHT GEDACHT, DASS DU SO SCHWACH BIST...
BIST DU VON ZU HAUSE WEG-GERANNT...
... WEIL DU WEISST, DASS DU NICHTS DRAUF-HAST?
ICH BE-MITLEIDE DICH...
DU BIST EIN SCHWÄCH-LING...
WUSS-TEST DU...

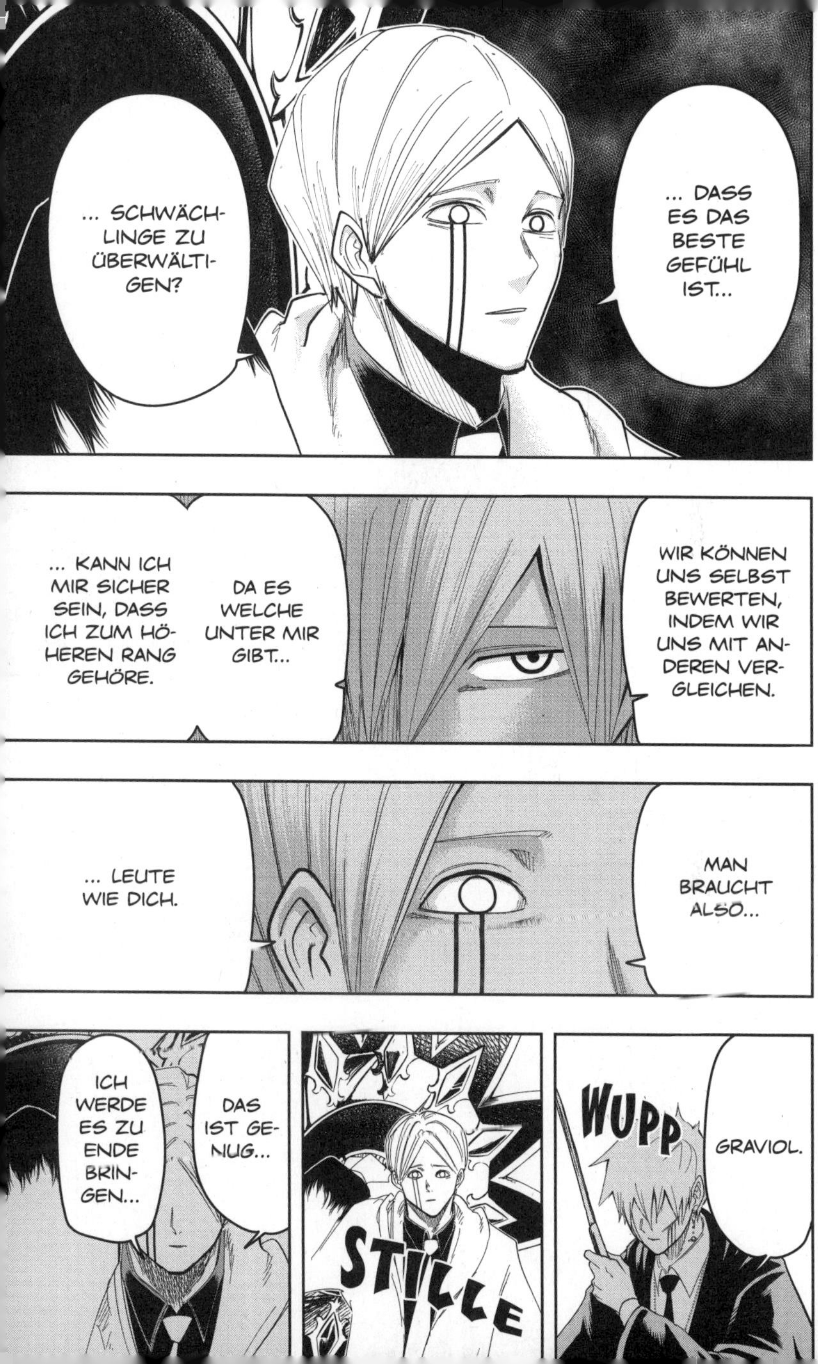
... DASS ES DAS BESTE GEFÜHL IST...
... SCHWÄCHLINGE ZU ÜBERWÄLTIGEN?
WIR KÖNNEN UNS SELBST BEWERTEN, INDEM WIR UNS MIT ANDEREN VERGLEICHEN.
DA ES WELCHE UNTER MIR GIBT...
... KANN ICH MIR SICHER SEIN, DASS ICH ZUM HÖHEREN RANG GEHÖRE.
MAN BRAUCHT ALSO...
... LEUTE WIE DICH.
WUPP
GRAVIOL.
STILLE
DAS IST GENUG...
ICH WERDE ES ZU ENDE BRINGEN...

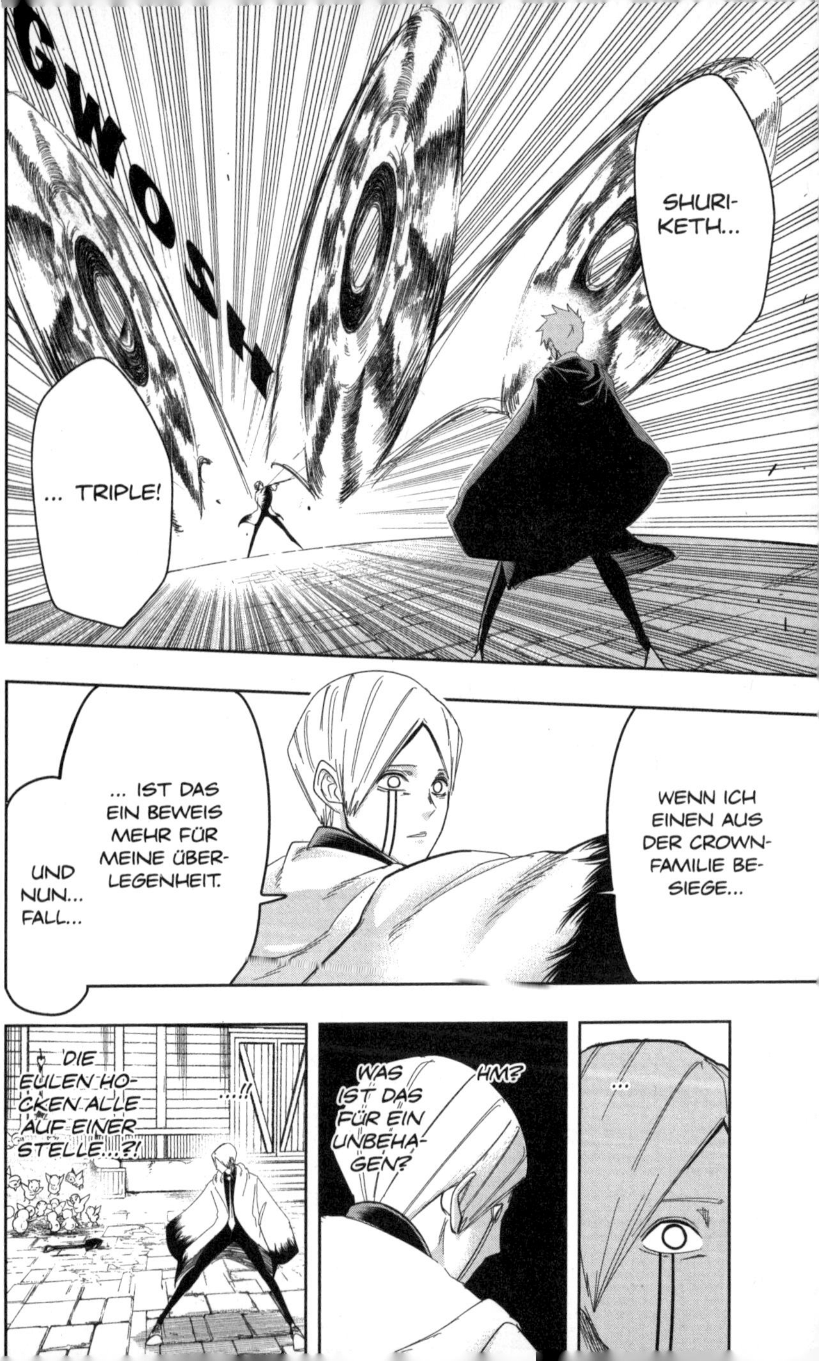
GWOSH
SHURI-KETH...
... TRIPLE!
WENN ICH EINEN AUS DER CROWN-FAMILIE BESIEGE...
... IST DAS EIN BEWEIS MEHR FÜR MEINE ÜBERLEGENHEIT.
UND NUN... FALL...
...
HM?
WAS IST DAS FÜR EIN UNBEHAGEN?
...!!
DIE EULEN HOCKEN ALLE AUF EINER STELLE...?!

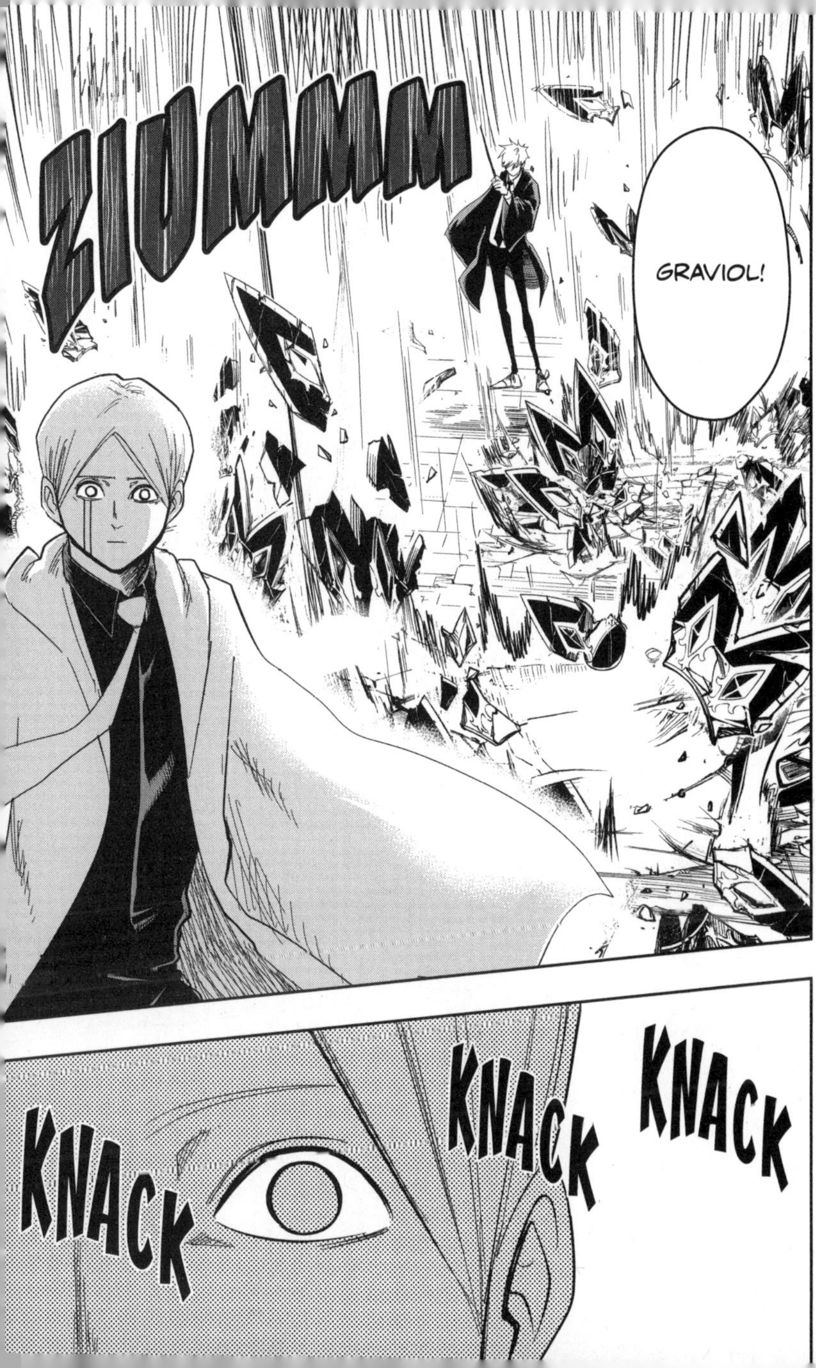
GRAVIOL!
ZIUMMM
KNACK
KNACK
KNACK

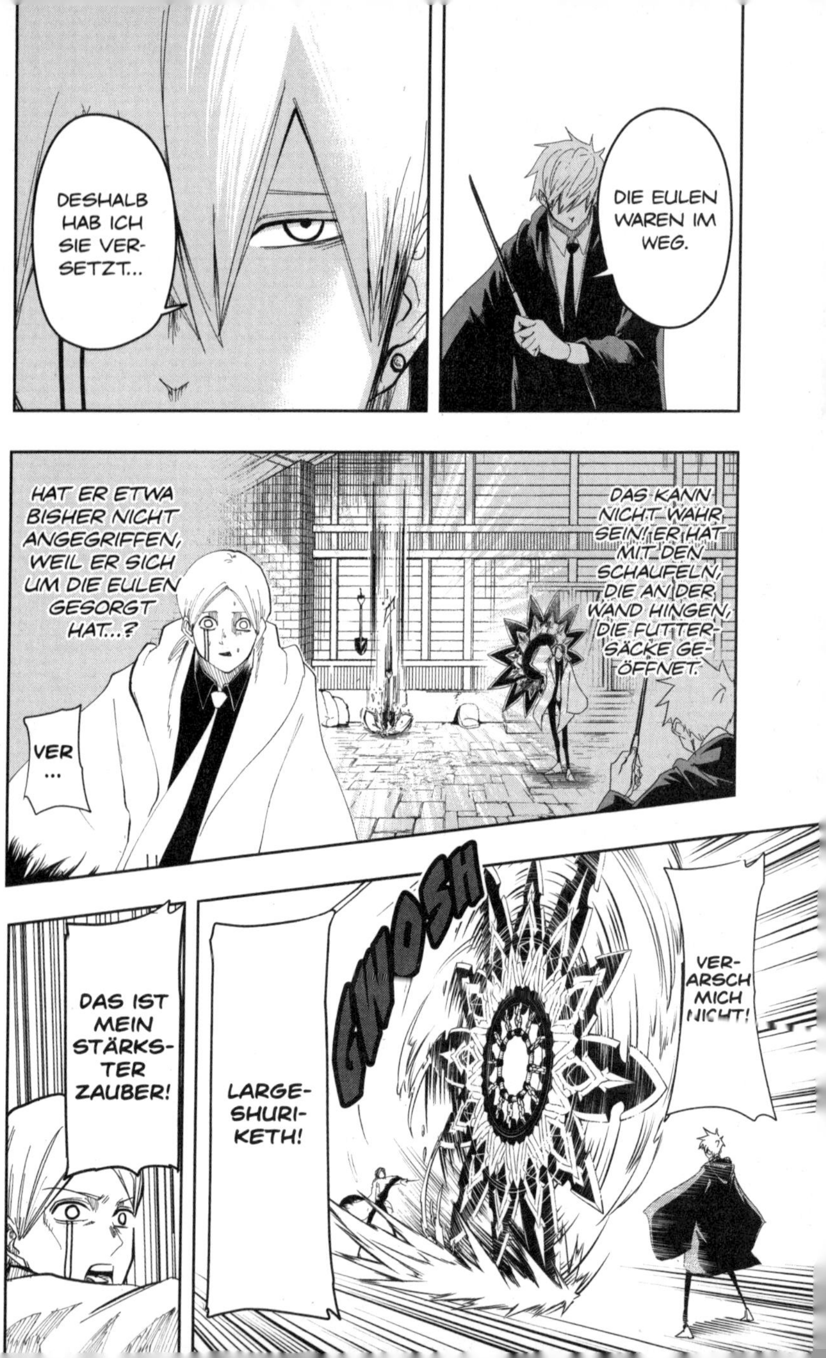

DIE EULEN WAREN IM WEG.
DESHALB HAB ICH SIE VER-SETZT...
DAS KANN NICHT WAHR SEIN! ER HAT MIT DEN SCHAUFELN, DIE AN DER WAND HINGEN, DIE FUTTER-SÄCKE GE-ÖFFNET.
HAT ER ETWA BISHER NICHT ANGEGRIFFEN, WEIL ER SICH UM DIE EULEN GESORGT HAT...?
VER ...
VER-ARSCH MICH NICHT!
GWOSH
LARGE-SHURI-KETH!
DAS IST MEIN STÄRKS-TER ZAUBER!

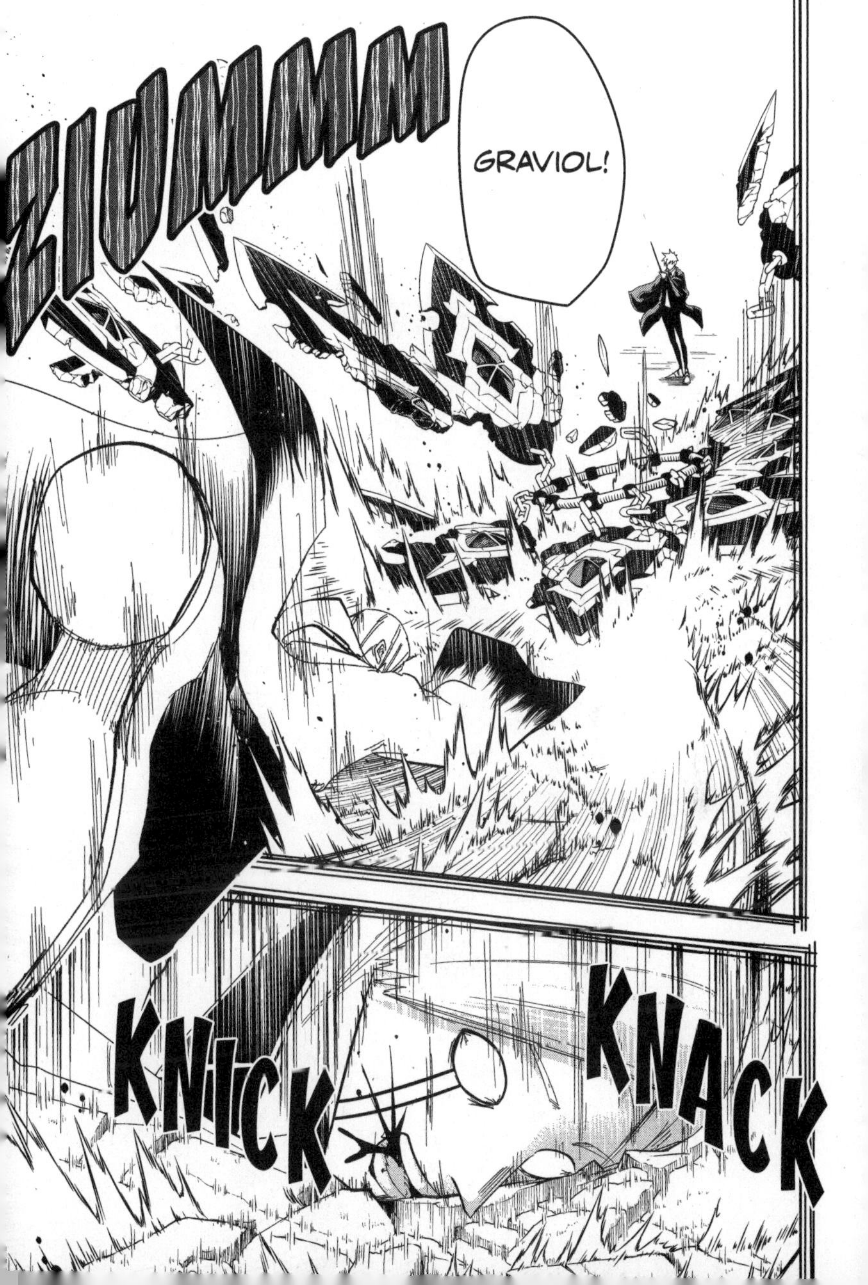
ZIUMMM
GRAVIOL!
KNICK
KNACK

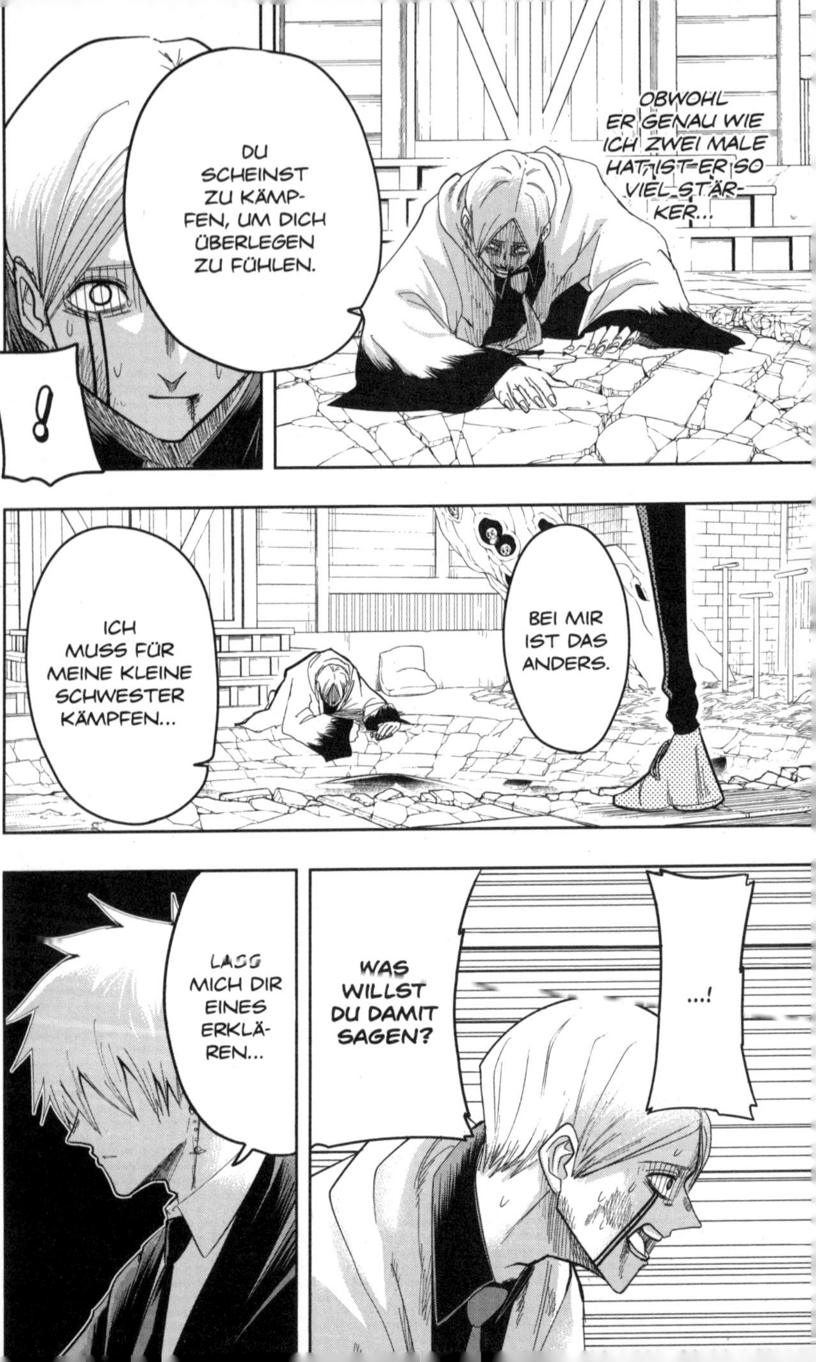
OBWOHL ER GENAU WIE ICH ZWEI MALE HAT, IST ER SO VIEL STÄRKER...
DU SCHEINST ZU KÄMPFEN, UM DICH ÜBERLEGEN ZU FÜHLEN.
!
BEI MIR IST DAS ANDERS.
ICH MUSS FÜR MEINE KLEINE SCHWESTER KÄMPFEN...
...!
WAS WILLST DU DAMIT SAGEN?
LASS MICH DIR EINES ERKLÄREN...

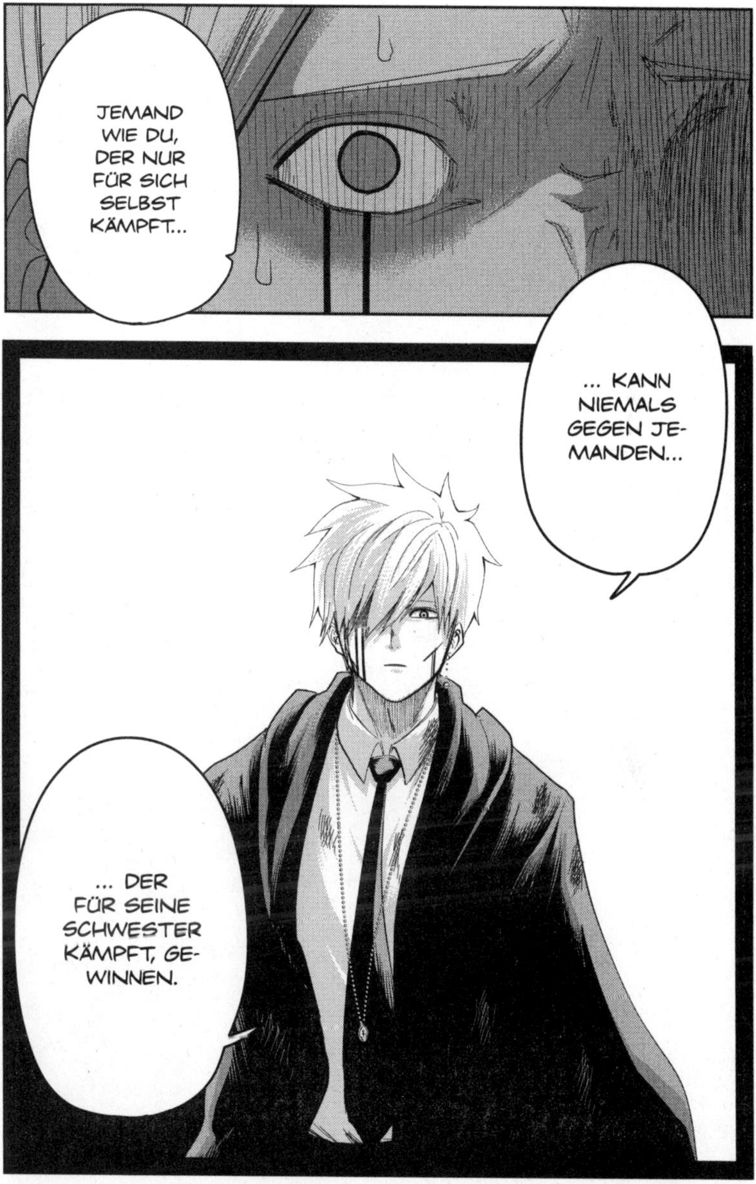
JEMAND WIE DU, DER NUR FÜR SICH SELBST KÄMPFT...
... KANN NIEMALS GEGEN JEMANDEN...
... DER FÜR SEINE SCHWESTER KÄMPFT, GEWINNEN.

Extra ①

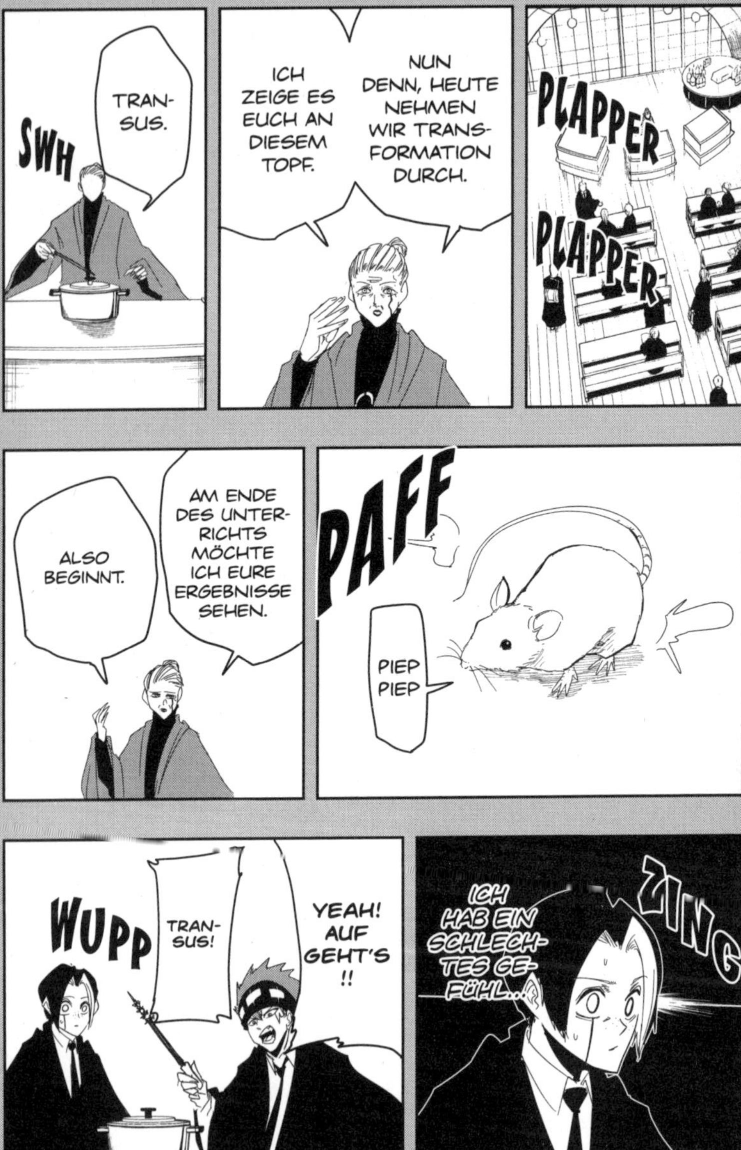

Fortsetzung auf Seite 68

20. Kapitel Mash Burnedead und der maskierte Magier

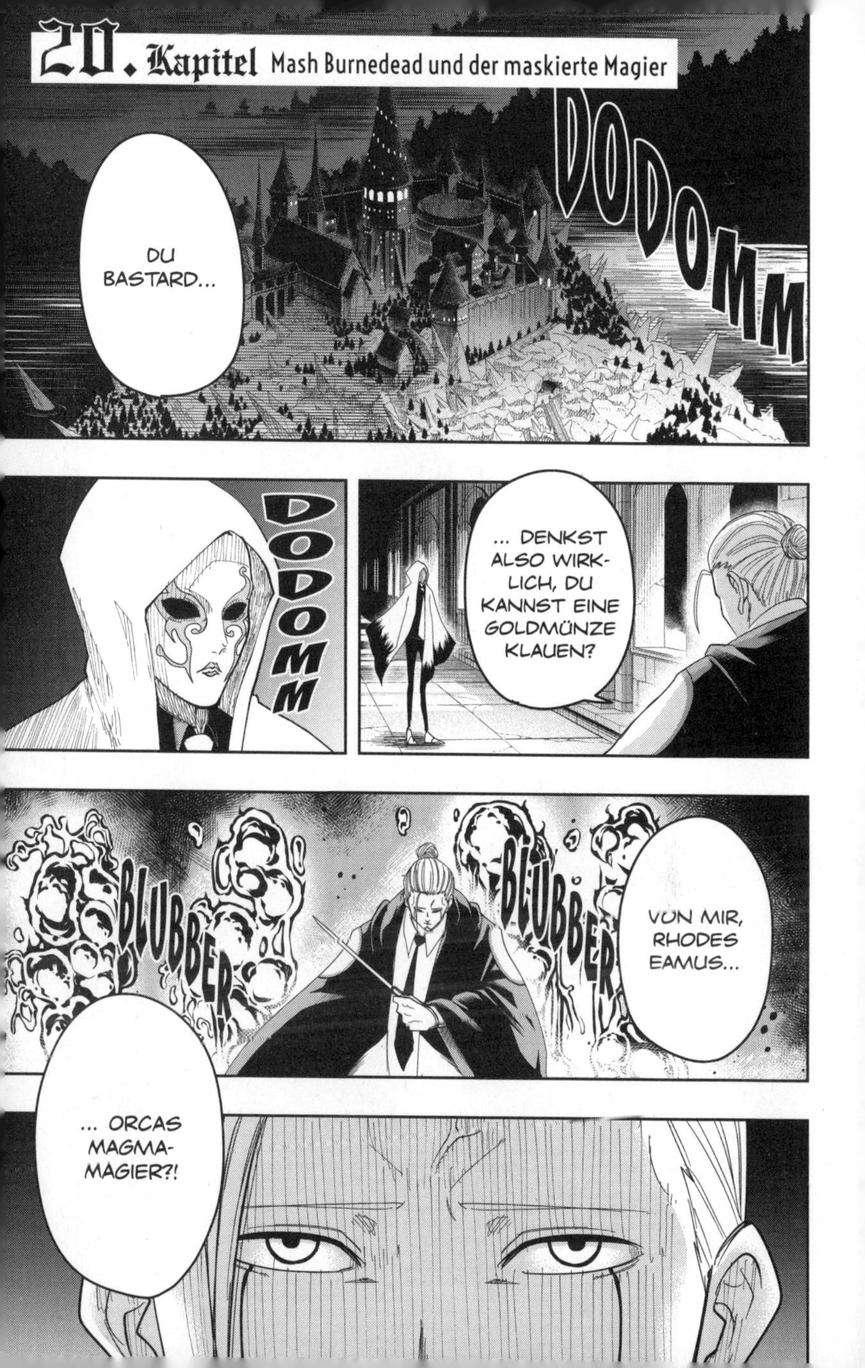

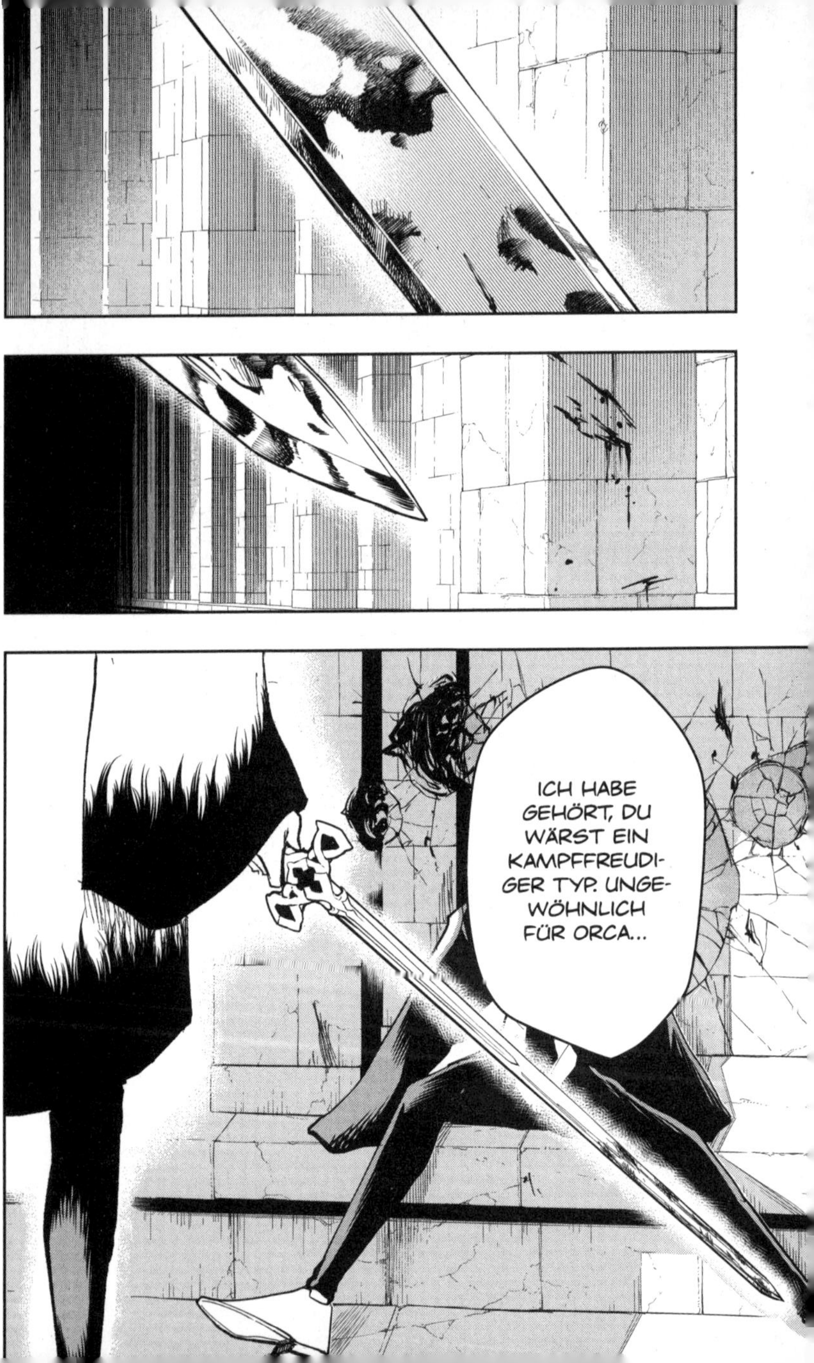
ICH HABE GEHÖRT, DU WÄRST EIN KAMPFFREUDIGER TYP. UNGEWÖHNLICH FÜR ORCA...

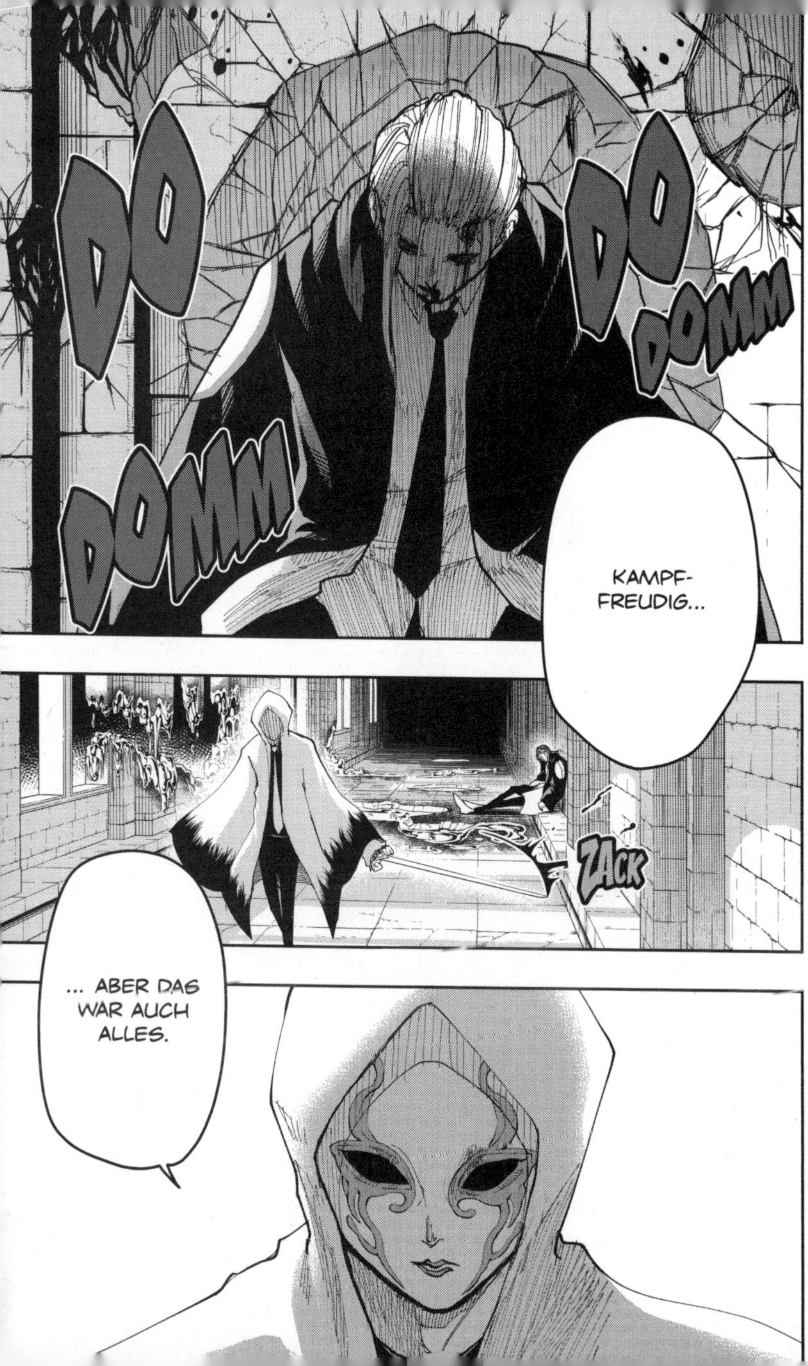
DODO
DOMM
DODOMM
KAMPF-FREUDIG...
ZACK
... ABER DAS WAR AUCH ALLES.

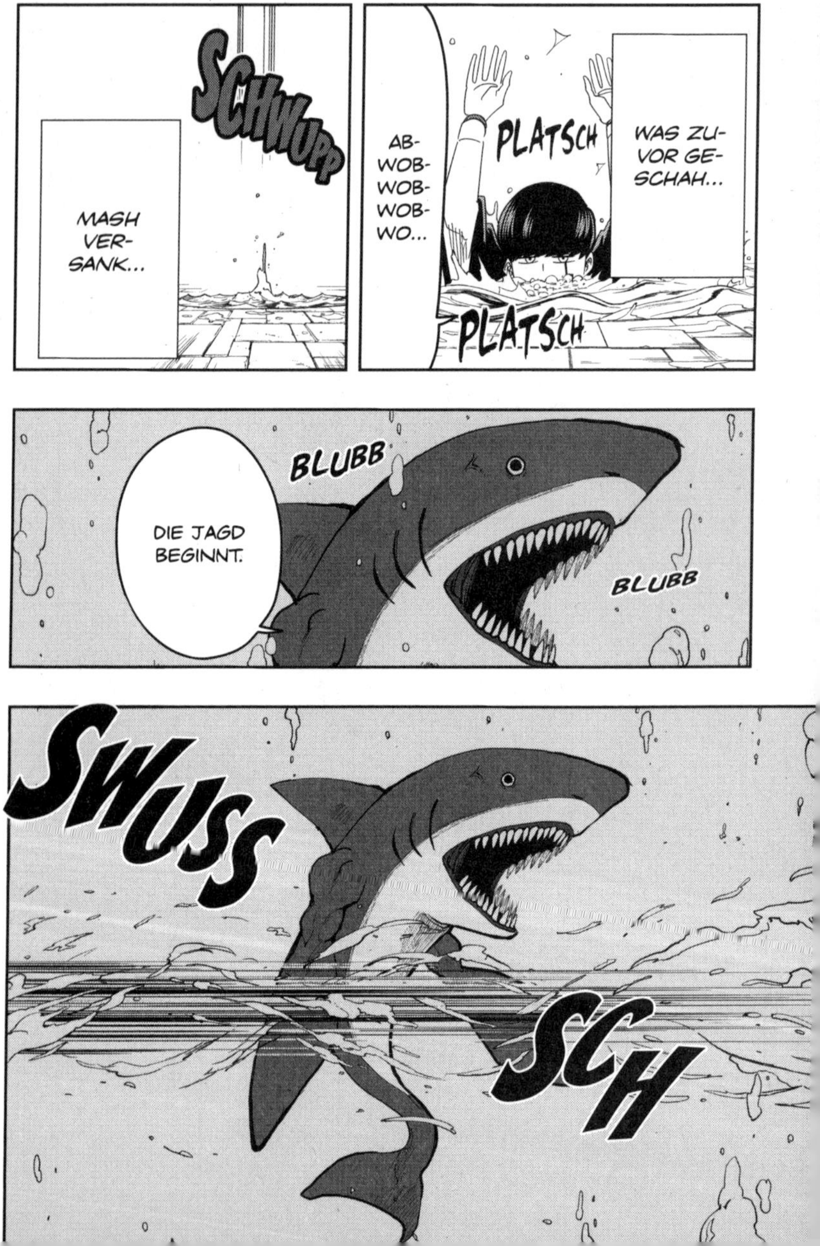
WAS ZU-VOR GE-SCHAH...
PLATSCH
AB-WOB-WOB-WOB-WO...
PLATSCH
SCHWUPP
MASH VER-SANK...
BLUBB
DIE JAGD BEGINNT.
BLUBB
SWUSS
SCH

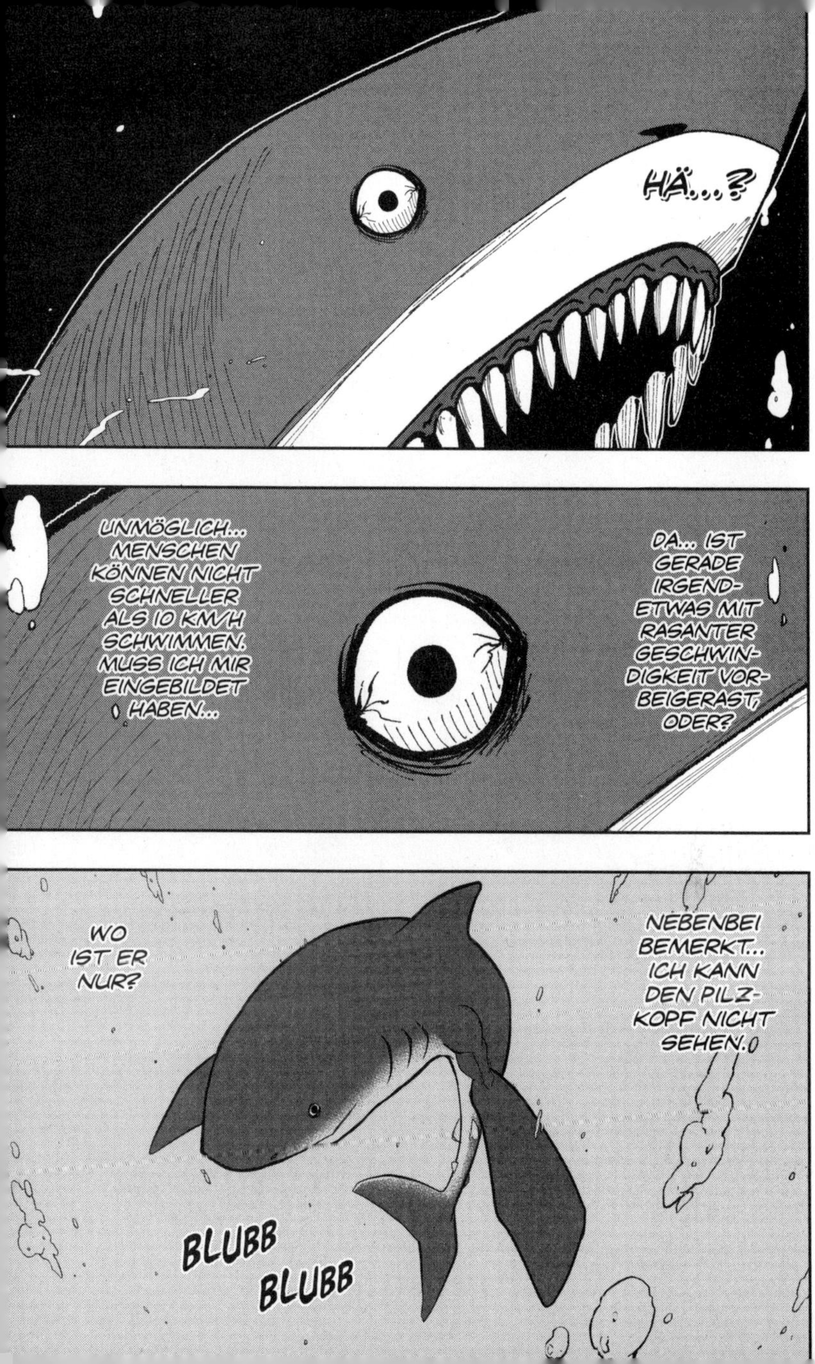
HÄ...?
DA... IST GERADE IRGEND-ETWAS MIT RASANTER GESCHWIN-DIGKEIT VOR-BEIGERAST, ODER?
UNMÖGLICH... MENSCHEN KÖNNEN NICHT SCHNELLER ALS 10 KM/H SCHWIMMEN. MUSS ICH MIR EINGEBILDET HABEN...
NEBENBEI BEMERKT... ICH KANN DEN PILZ-KOPF NICHT SEHEN.
WO IST ER NUR?
BLUBB
BLUBB

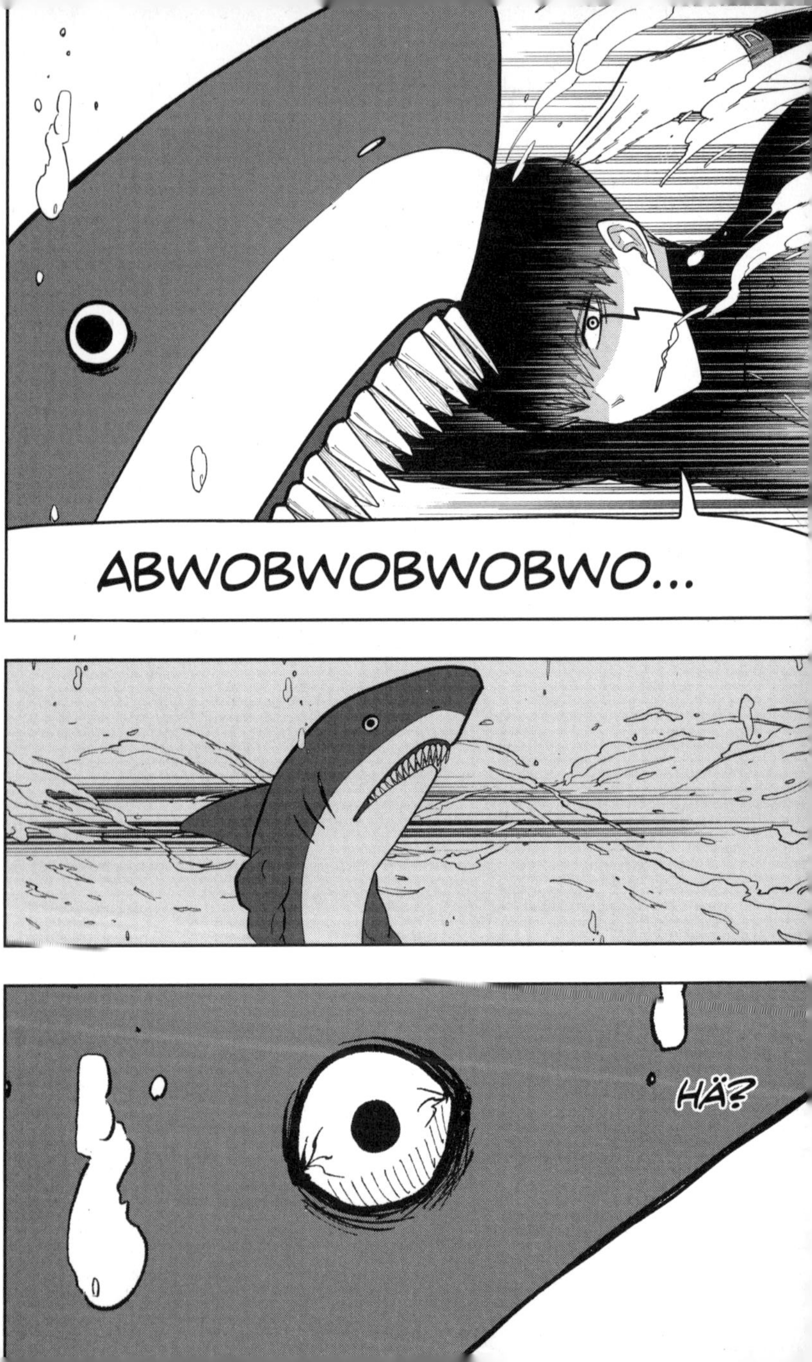
ABWOBWOBWOBWO...
HÄ?

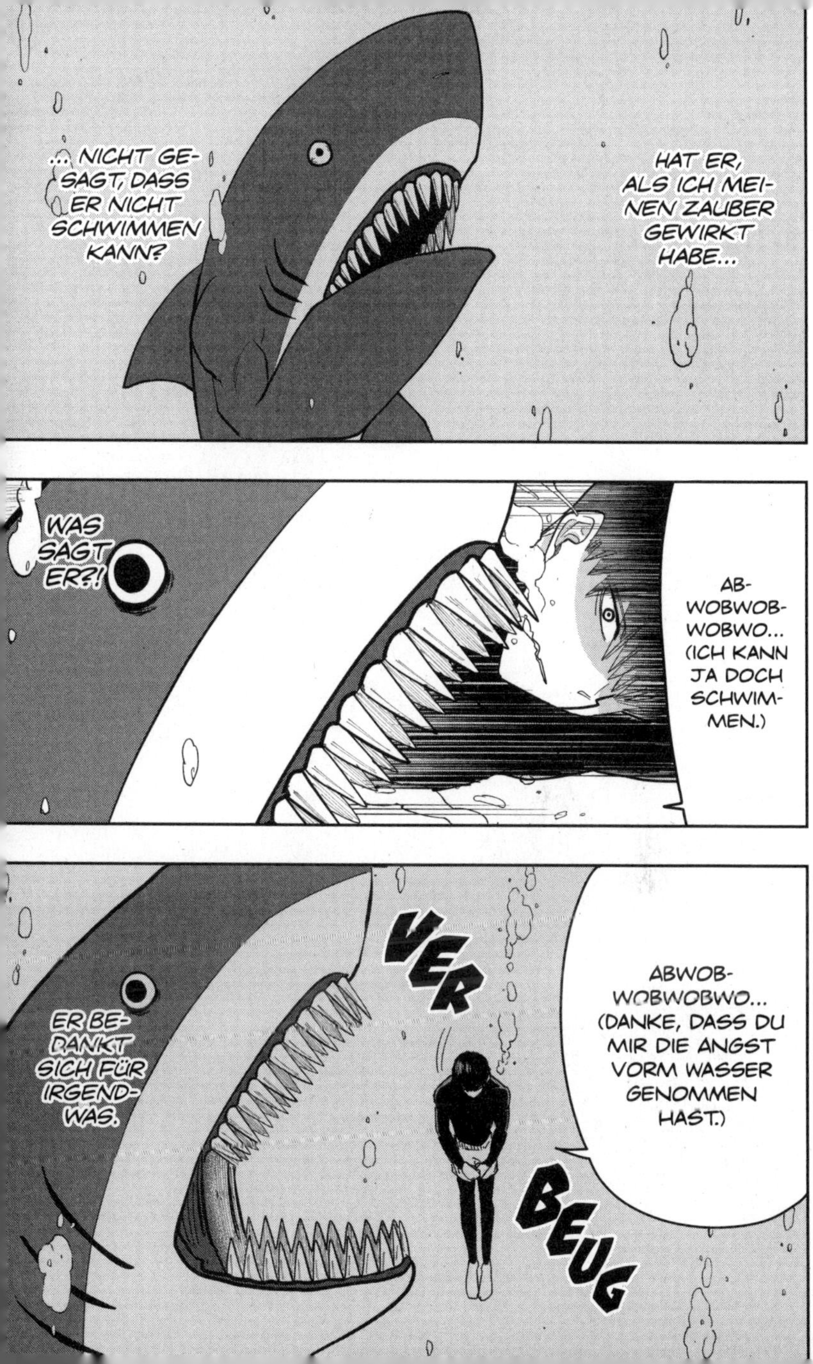
HAT ER, ALS ICH MEI-NEN ZAUBER GEWIRKT HABE...
... NICHT GE-SAGT, DASS ER NICHT SCHWIMMEN KANN?
AB-WOBWOB-WOBWO... (ICH KANN JA DOCH SCHWIM-MEN.)
WAS SAGT ER?!
ABWOB-WOBWOBWO... (DANKE, DASS DU MIR DIE ANGST VORM WASSER GENOMMEN HAST.)
VER
BEUG
ER BE-DANKT SICH FÜR IRGEND-WAS.

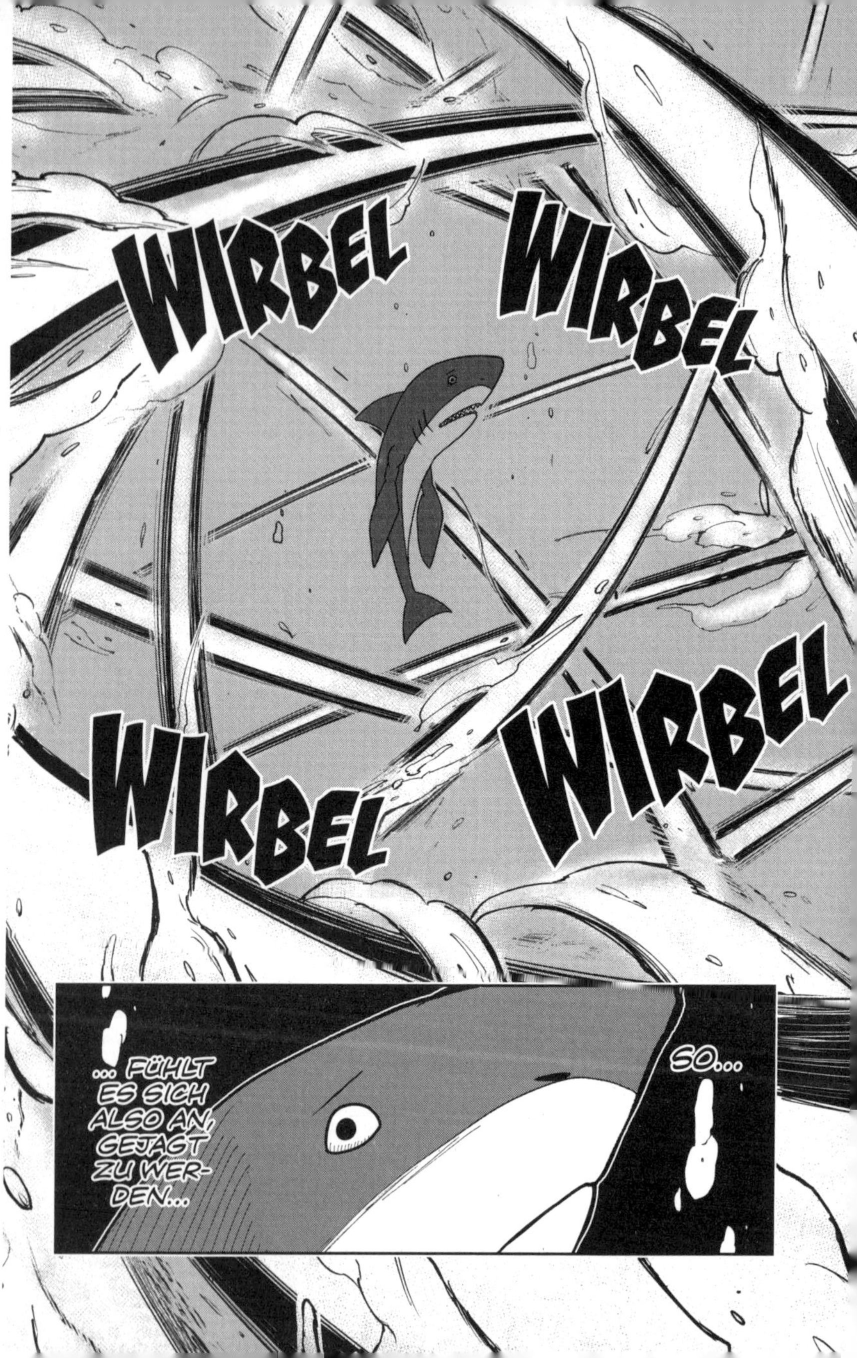
WIRBEL
WIRBEL
WIRBEL
WIRBEL
SO...
... FÜHLT ES SICH ALSO AN, GEJAGT ZU WERDEN...

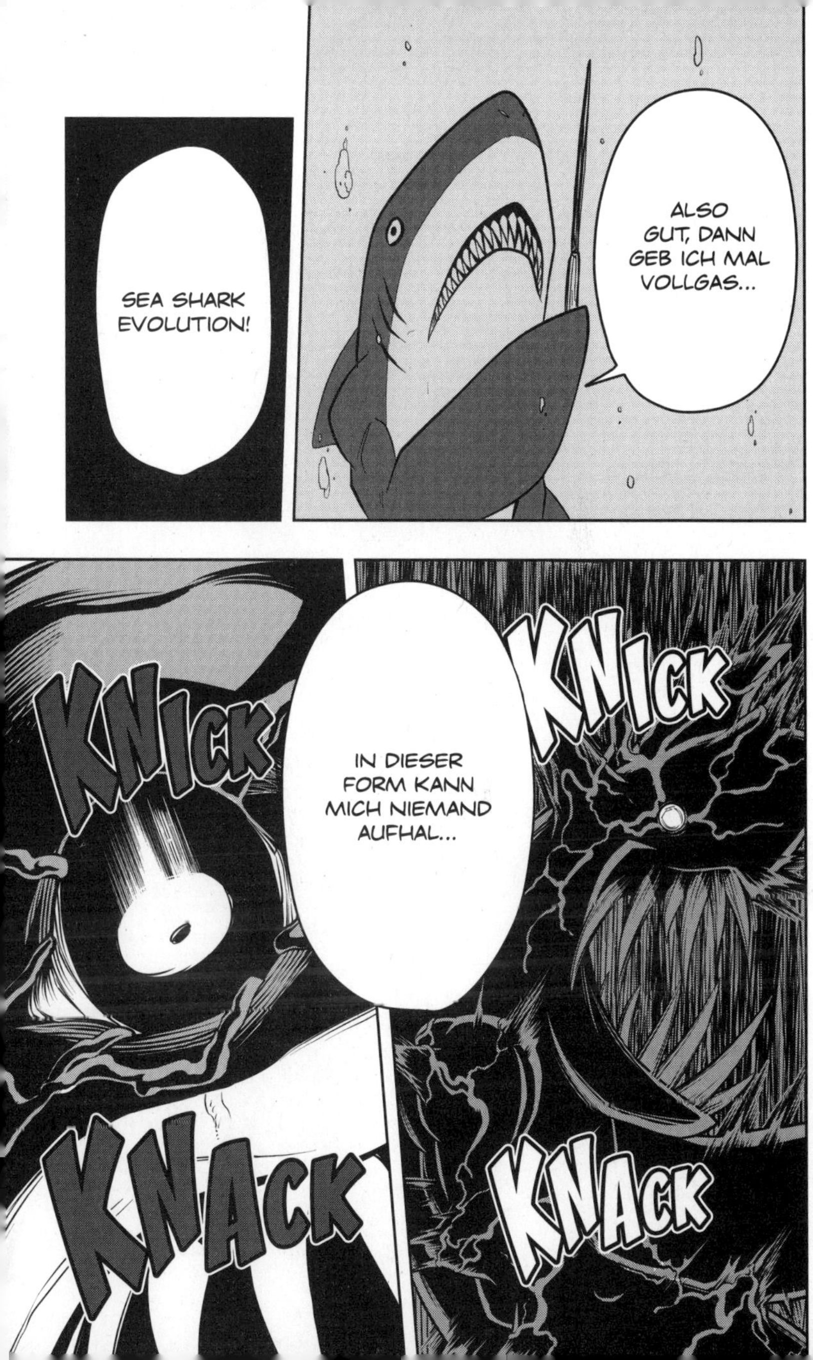
ALSO GUT, DANN GEB ICH MAL VOLLGAS...
SEA SHARK EVOLUTION!
IN DIESER FORM KANN MICH NIEMAND AUFHAL...
KNICK
KNICK
KNACK
KNACK

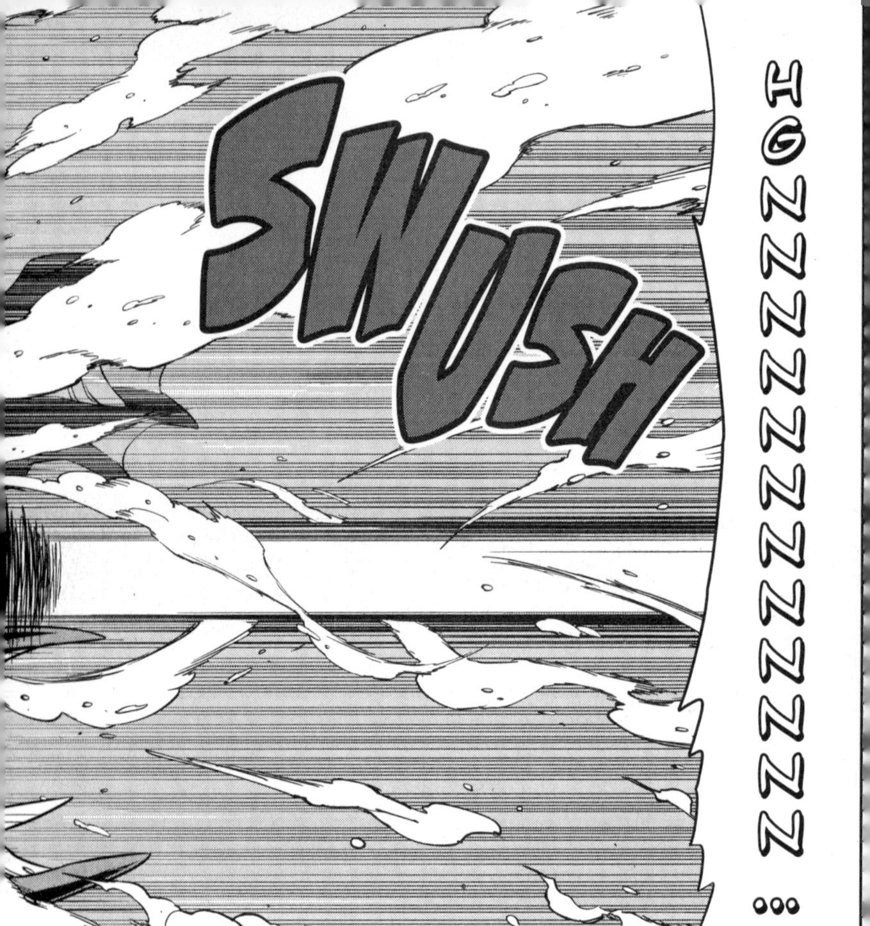
SWUSH
HGNNNNNNNNNNNNN...

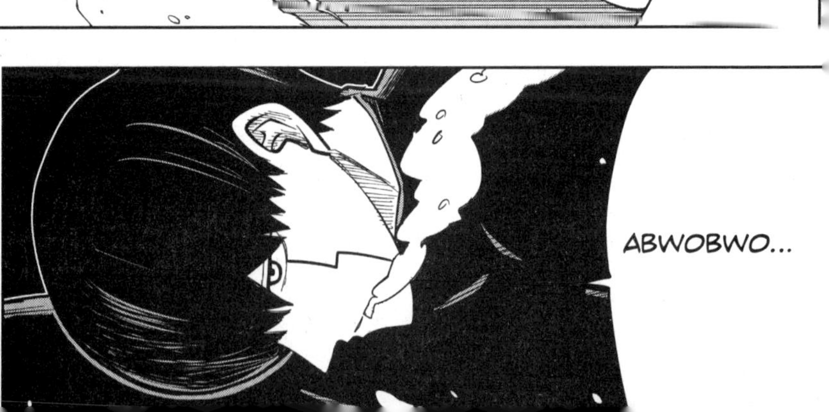
ABWOBWO...

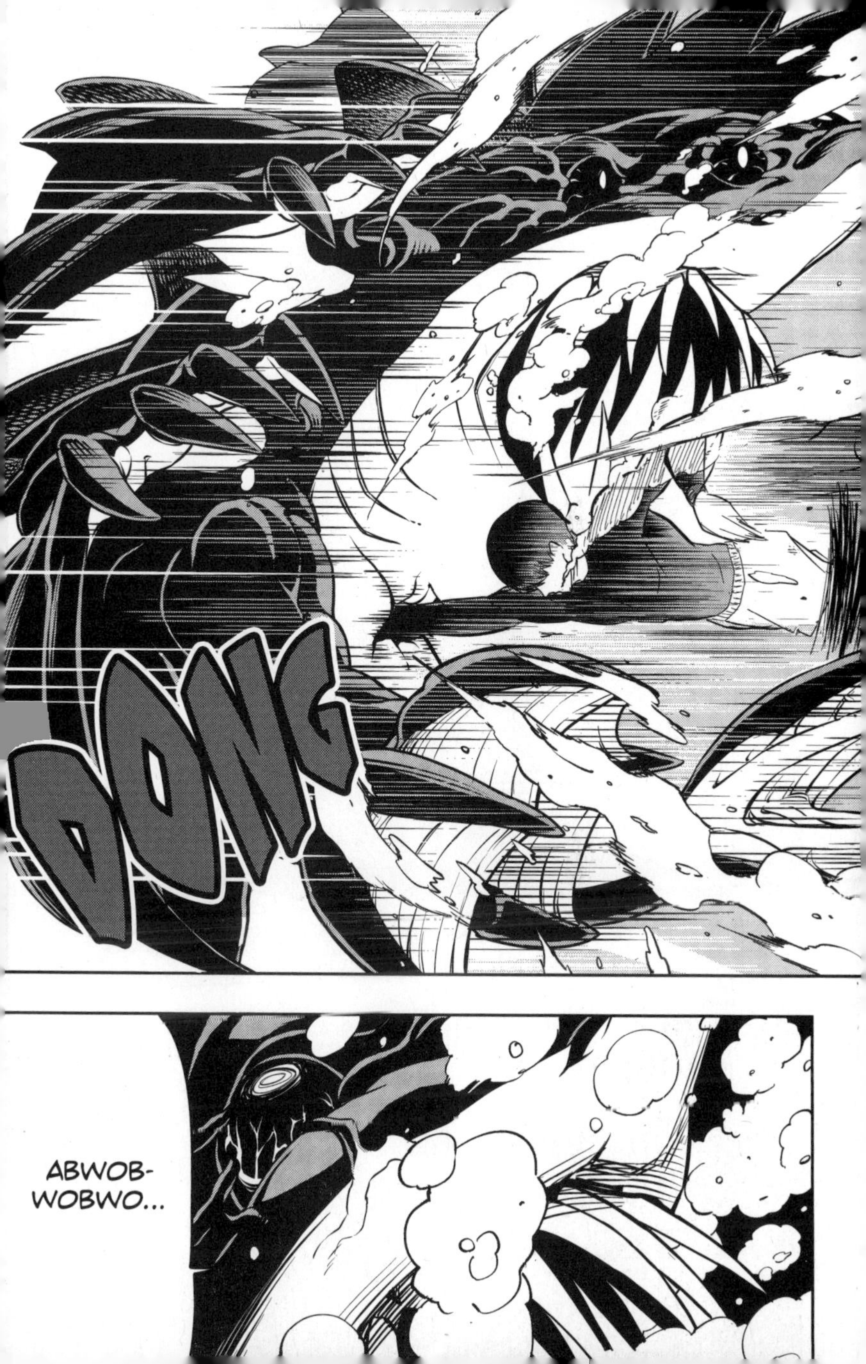
DONG
ABWOB-
WOBWO...

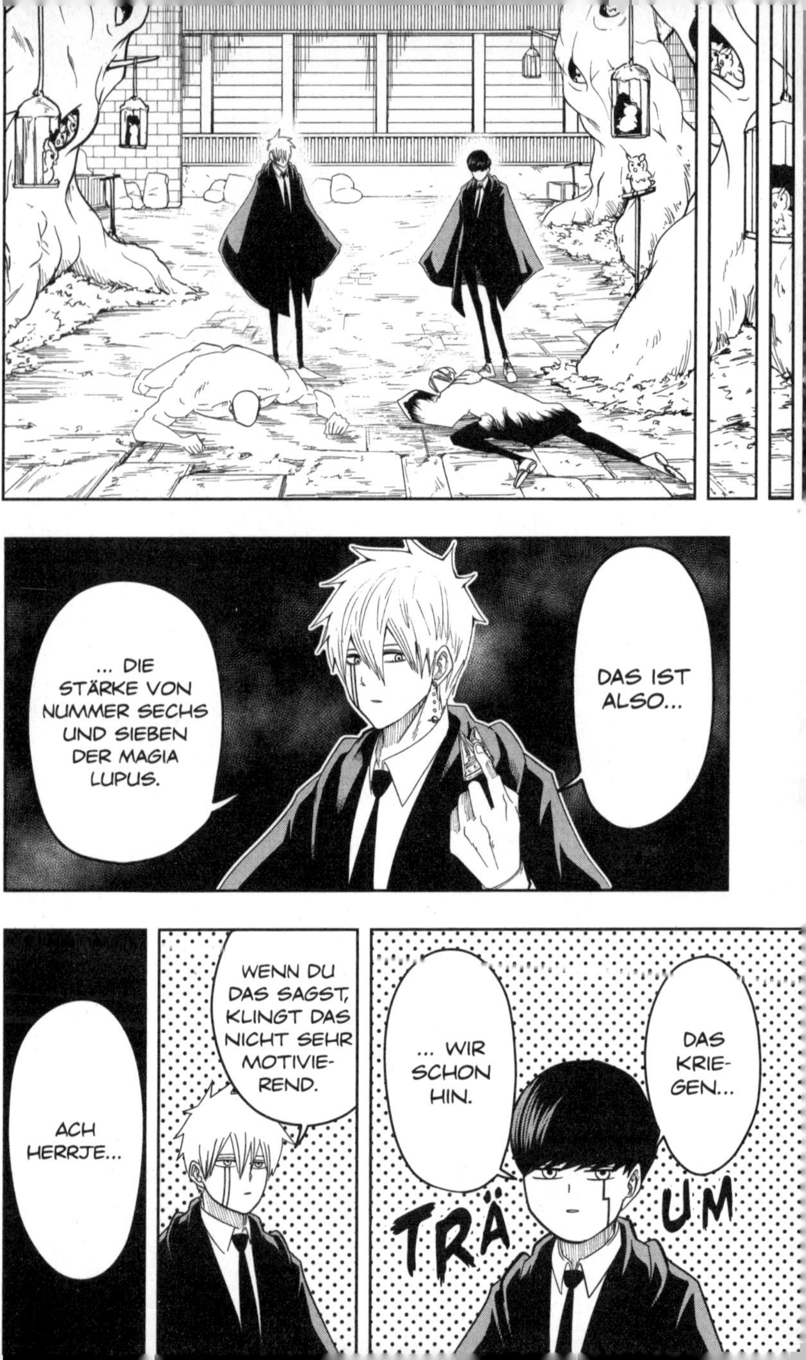
DAS IST ALSO...
... DIE STÄRKE VON NUMMER SECHS UND SIEBEN DER MAGIA LUPUS.
DAS KRIE-GEN...
... WIR SCHON HIN.
TRÄUM
WENN DU DAS SAGST, KLINGT DAS NICHT SEHR MOTIVIE-REND.
ACH HERRJE...

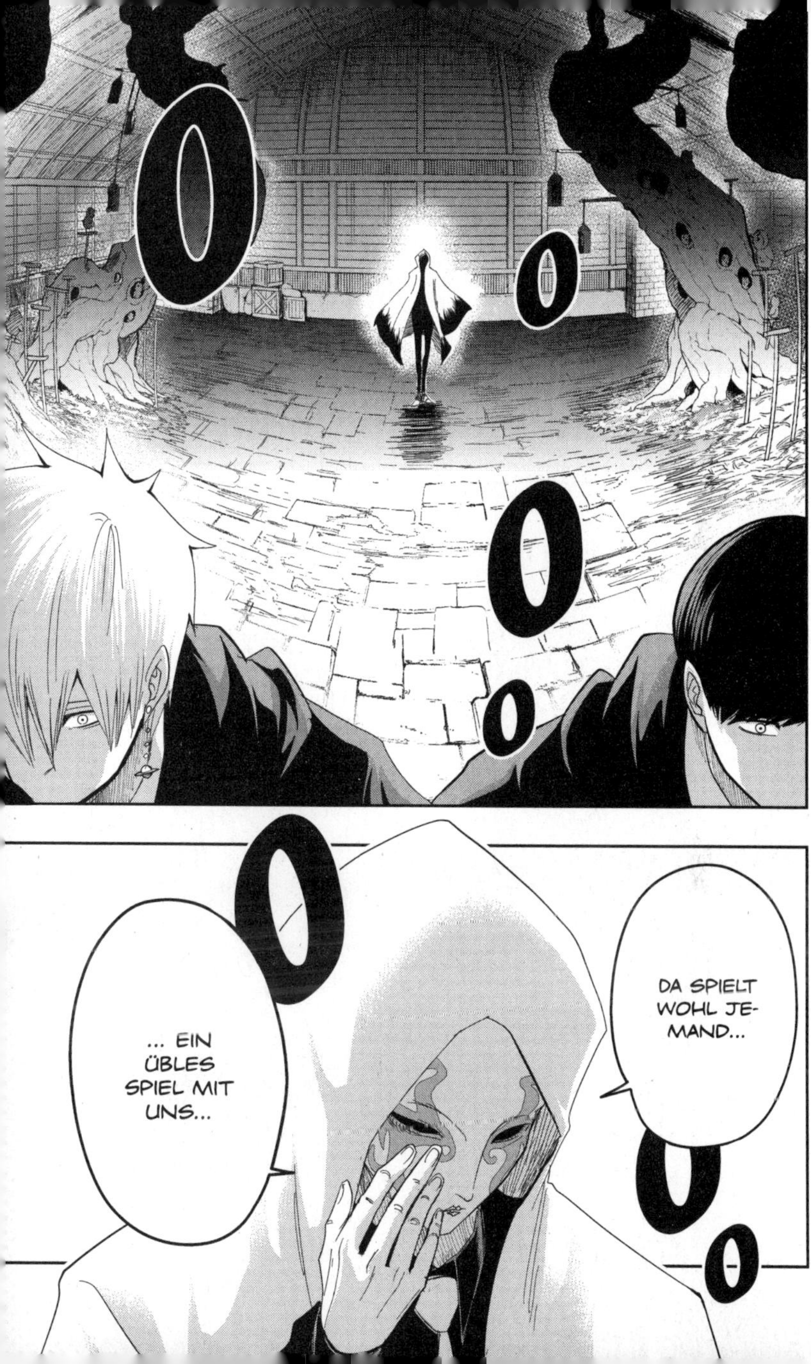
DA SPIELT WOHL JE-MAND...
... EIN ÜBLES SPIEL MIT UNS...

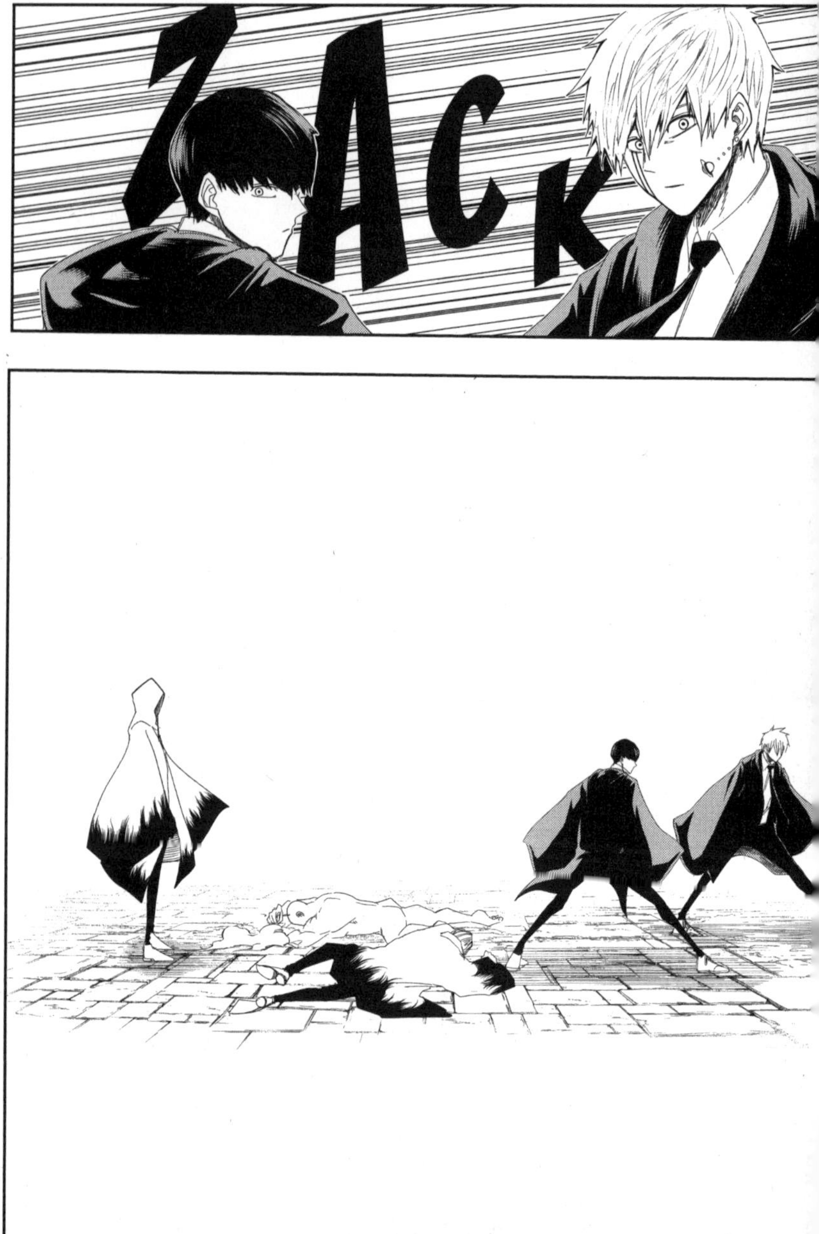
ZACK

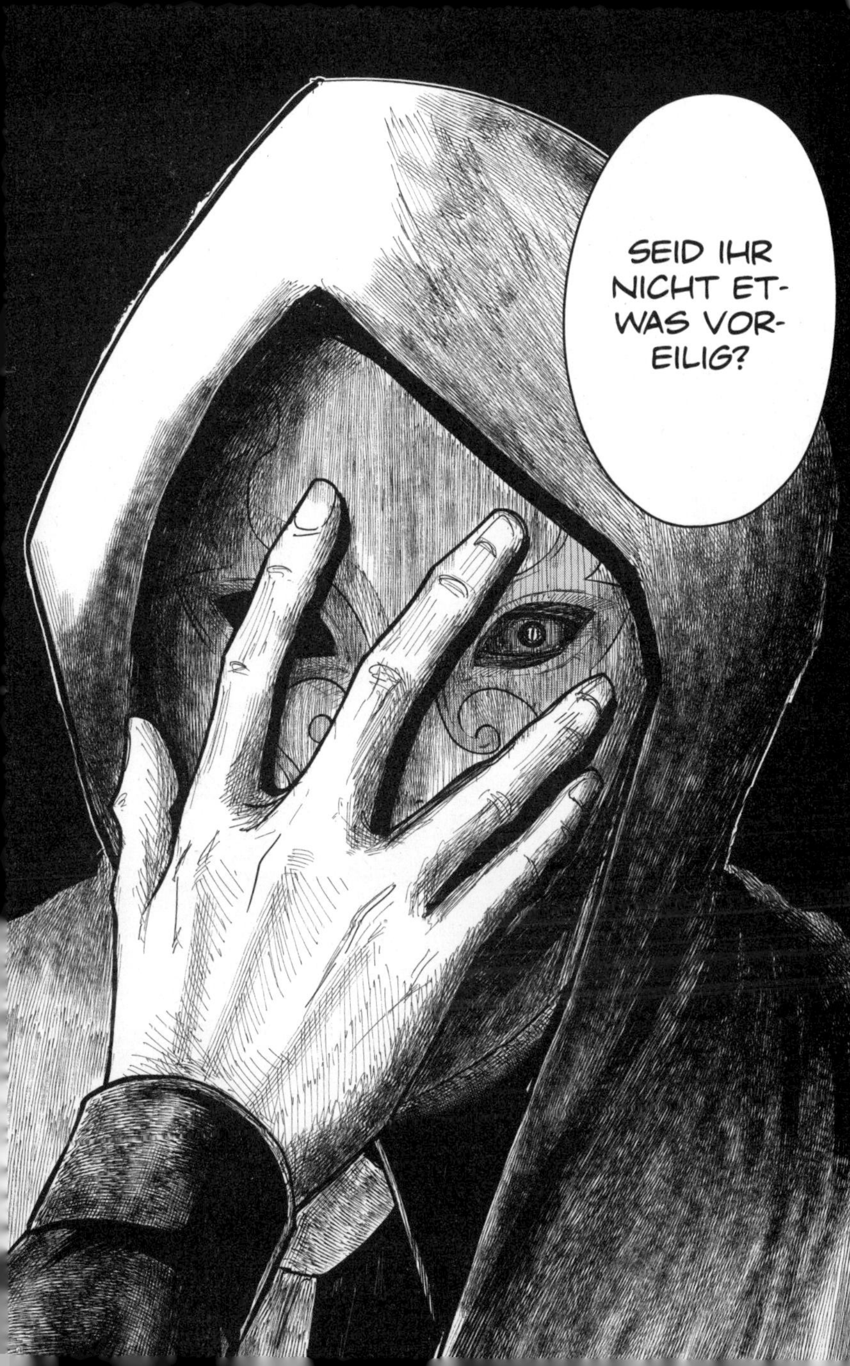
SEID IHR NICHT ET-WAS VOR-EILIG?

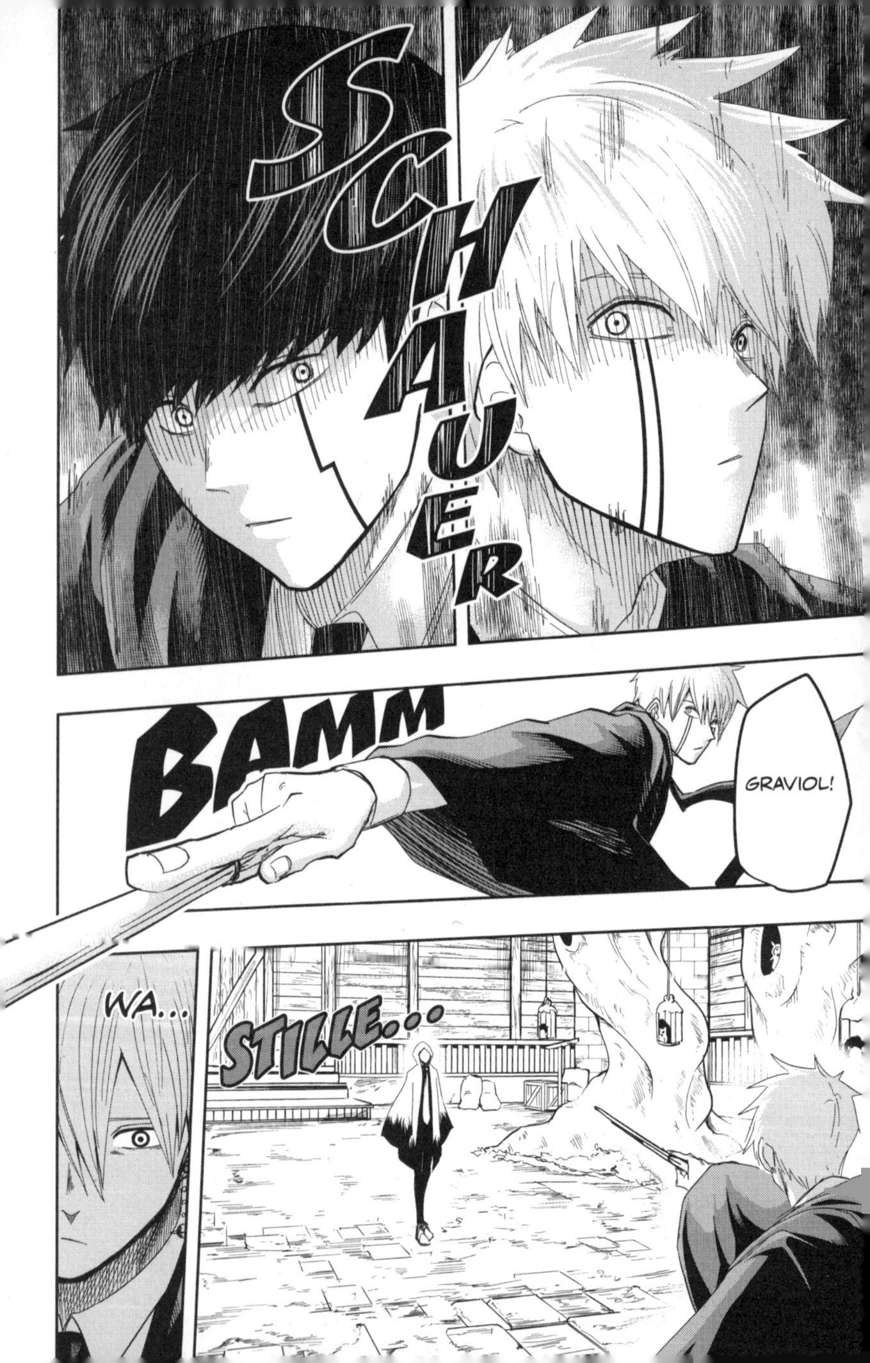
SCHAUER
GRAVIOL!
BAMM
STILLE...
WA...

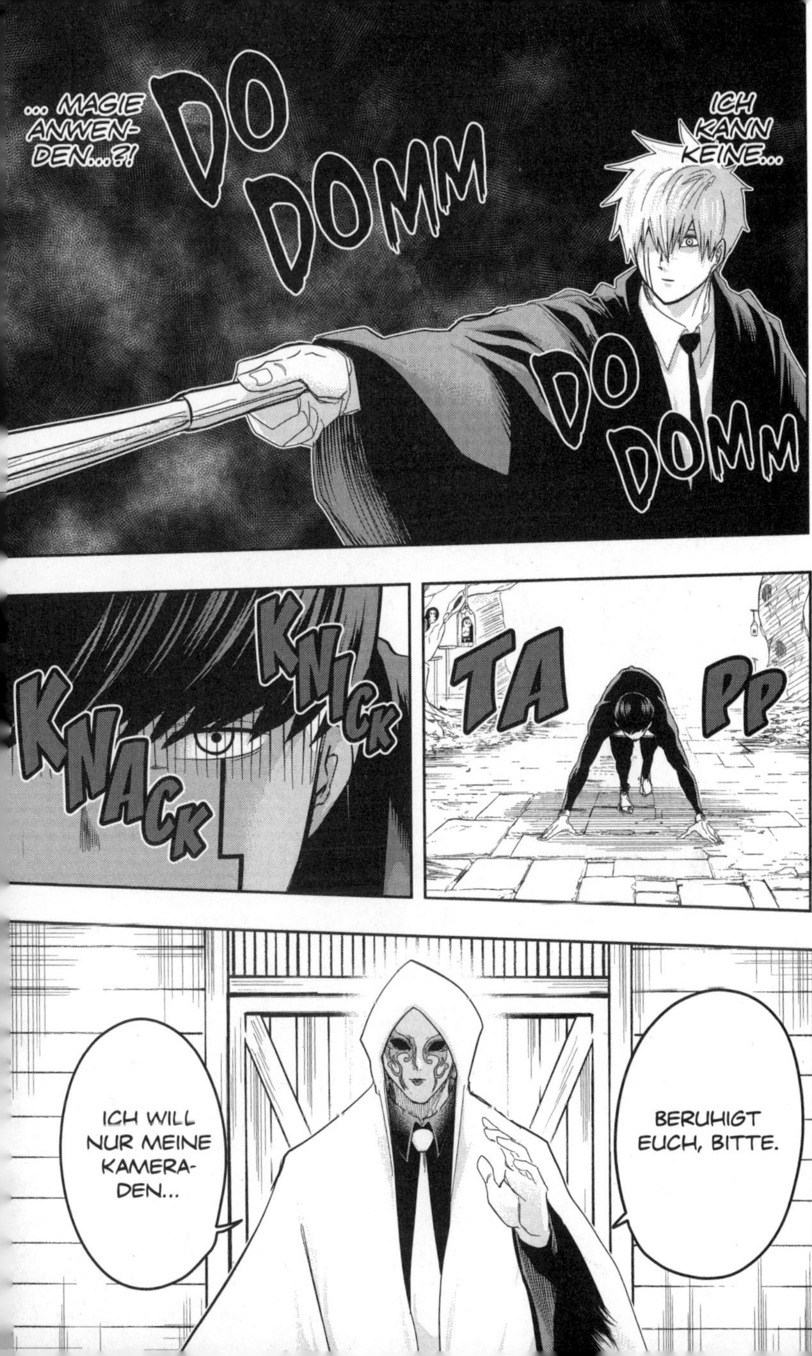
ICH KANN KEINE...
... MAGIE ANWEN-DEN...?!
DO DOMM
DO DOMM
KNICK
KNACK
TA PP
BERUHIGT EUCH, BITTE.
ICH WILL NUR MEINE KAMERA-DEN...

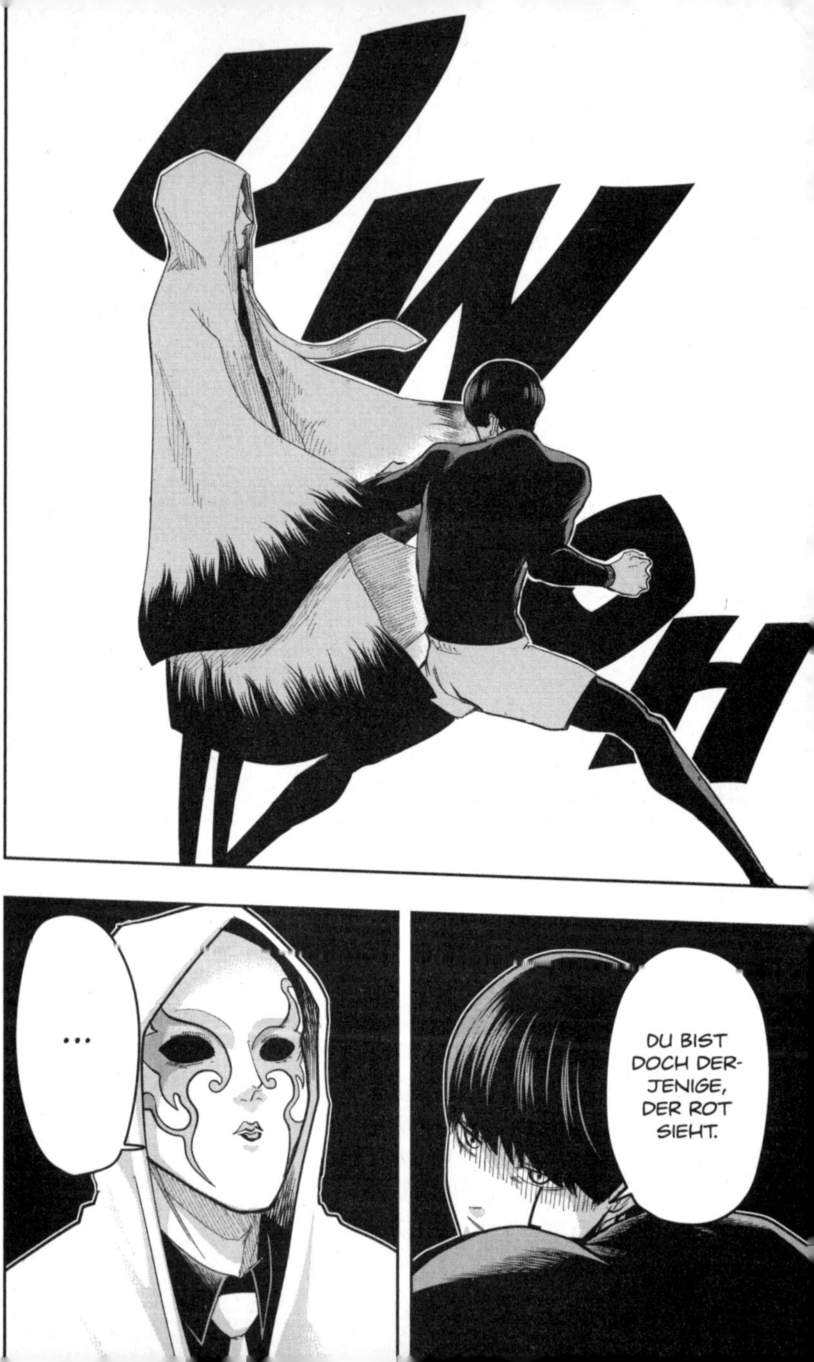
DU BIST DOCH DER-JENIGE, DER ROT SIEHT.
...

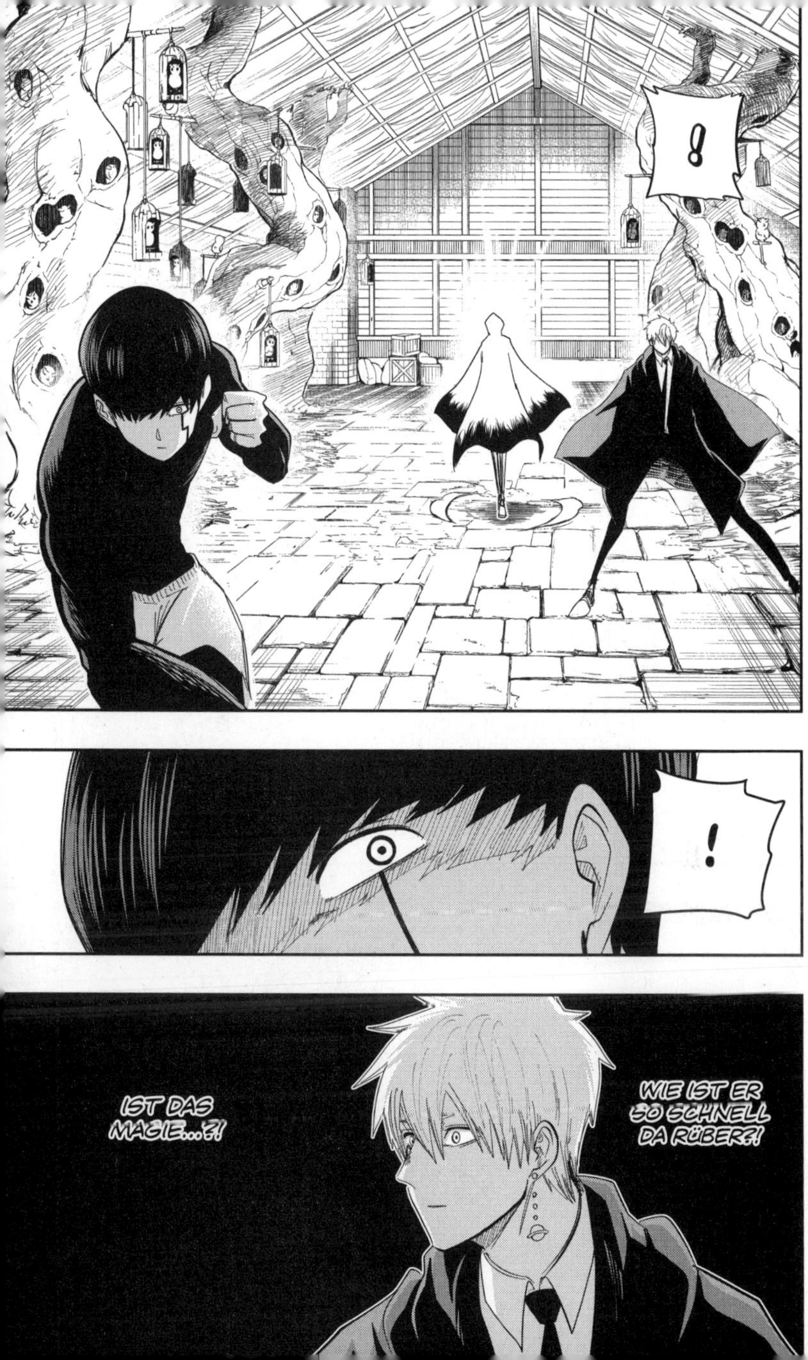
!
!
WIE IST ER SO SCHNELL DA RÜBER?!
IST DAS MAGIE...?!

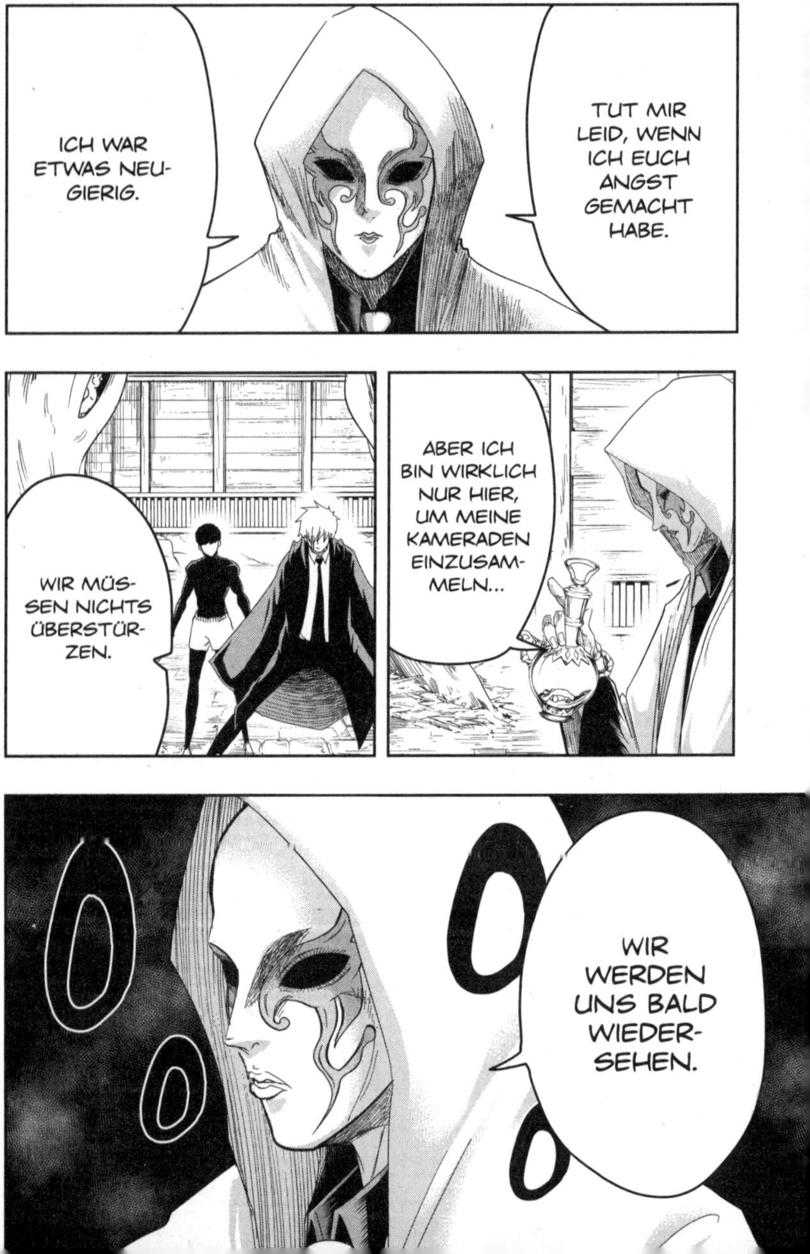
TUT MIR LEID, WENN ICH EUCH ANGST GEMACHT HABE.
ICH WAR ETWAS NEU-GIERIG.
ABER ICH BIN WIRKLICH NUR HIER, UM MEINE KAMERADEN EINZUSAM-MELN...
WIR MÜS-SEN NICHTS ÜBERSTÜR-ZEN.
WIR WERDEN UNS BALD WIEDER-SEHEN.

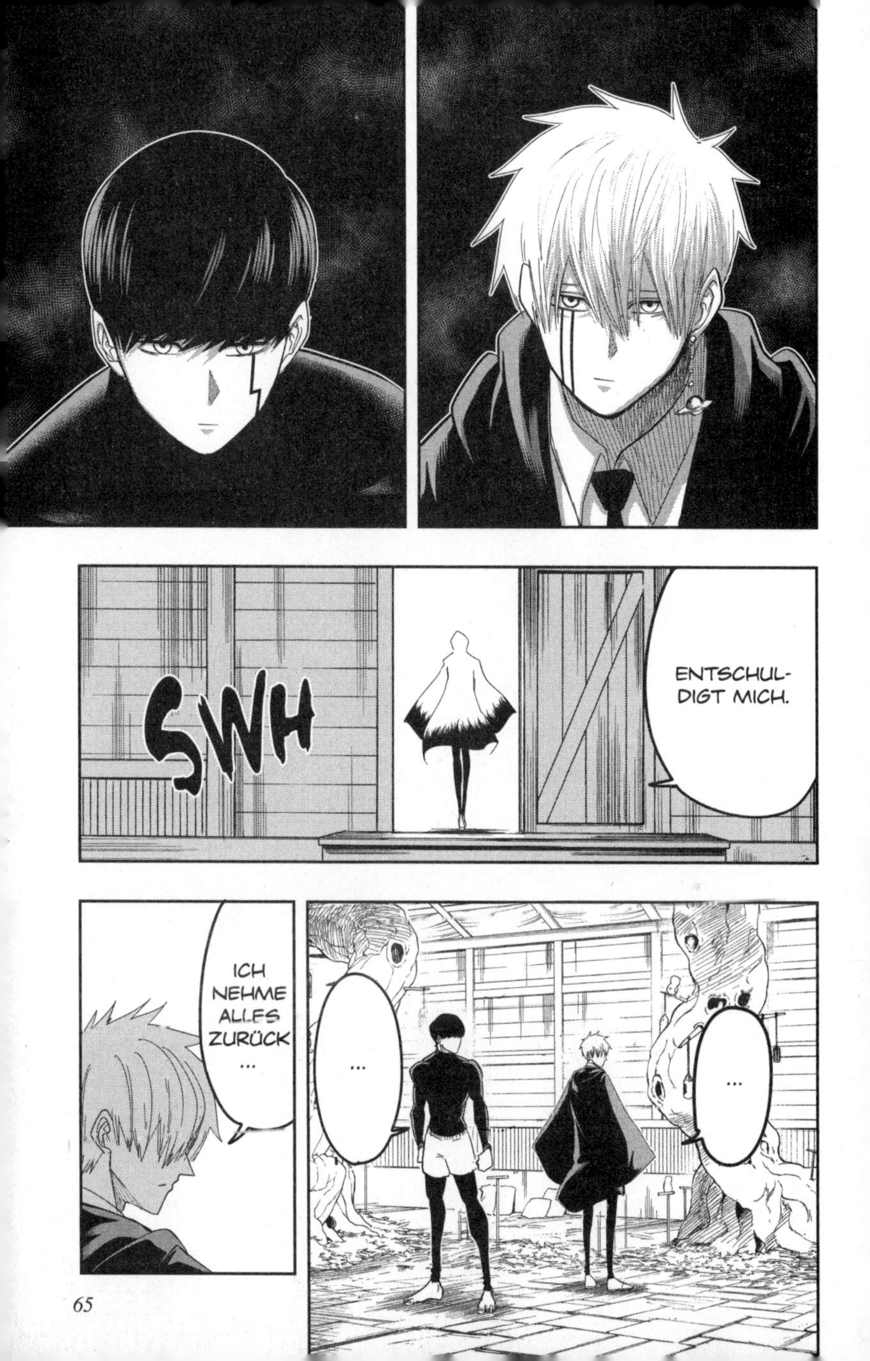
SWH
ENTSCHULDIGT MICH.
...
...
ICH NEHME ALLES ZURÜCK ...

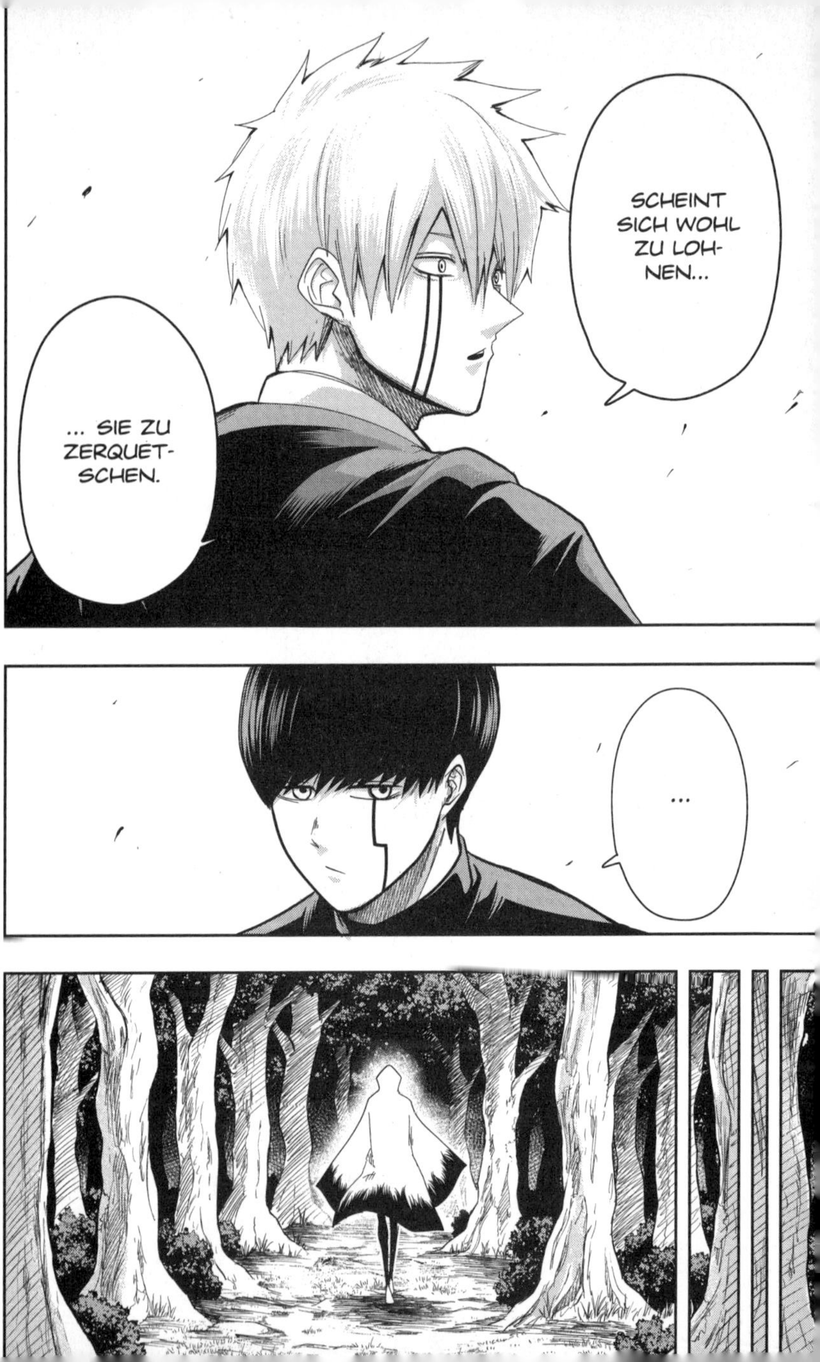

SCHEINT SICH WOHL ZU LOHNEN…
… SIE ZU ZERQUETSCHEN.
…

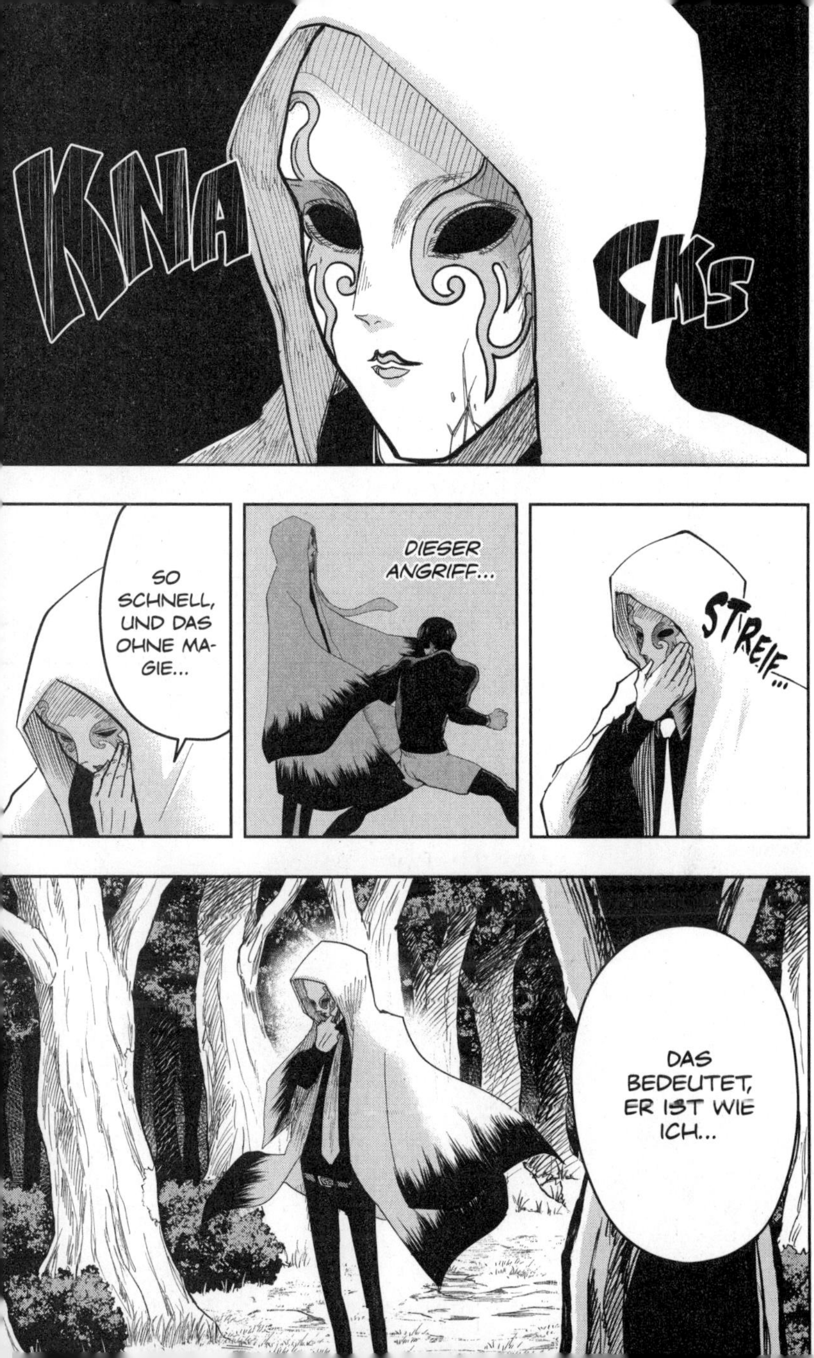
KNACKS
STREIF...
DIESER ANGRIFF...
SO SCHNELL, UND DAS OHNE MAGIE...
DAS BEDEUTET, ER IST WIE ICH...

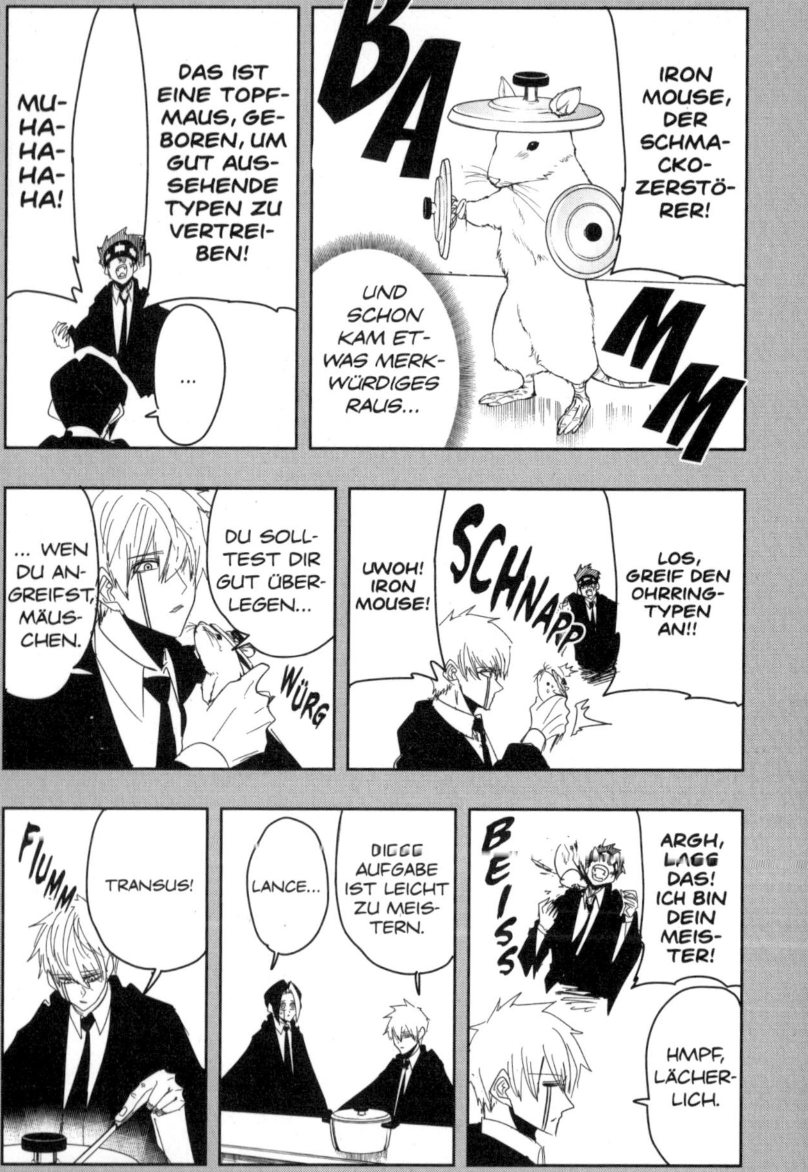

Fortsetzung auf Seite 94

21. Kapitel Mash Burnedead und der Windbeutel-Glücksbringer

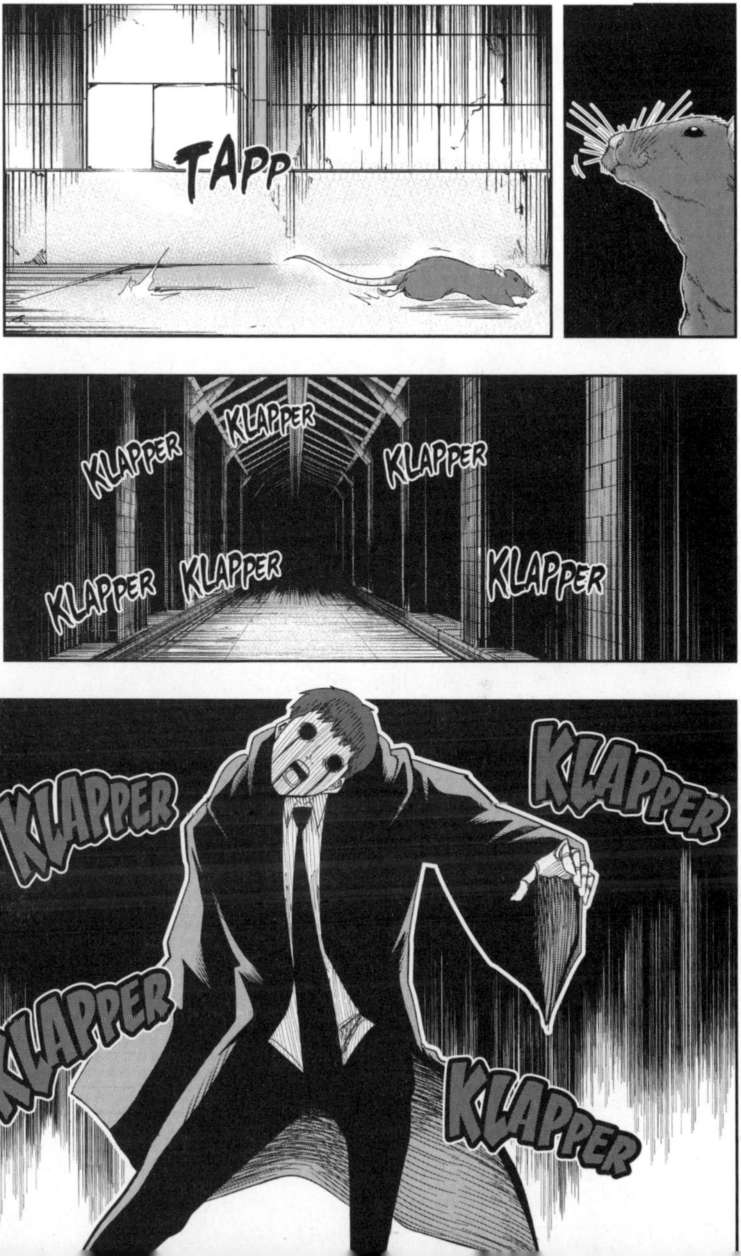

21. Kapitel

Mash Burnedead und der Windbeutel-Glücksbringer

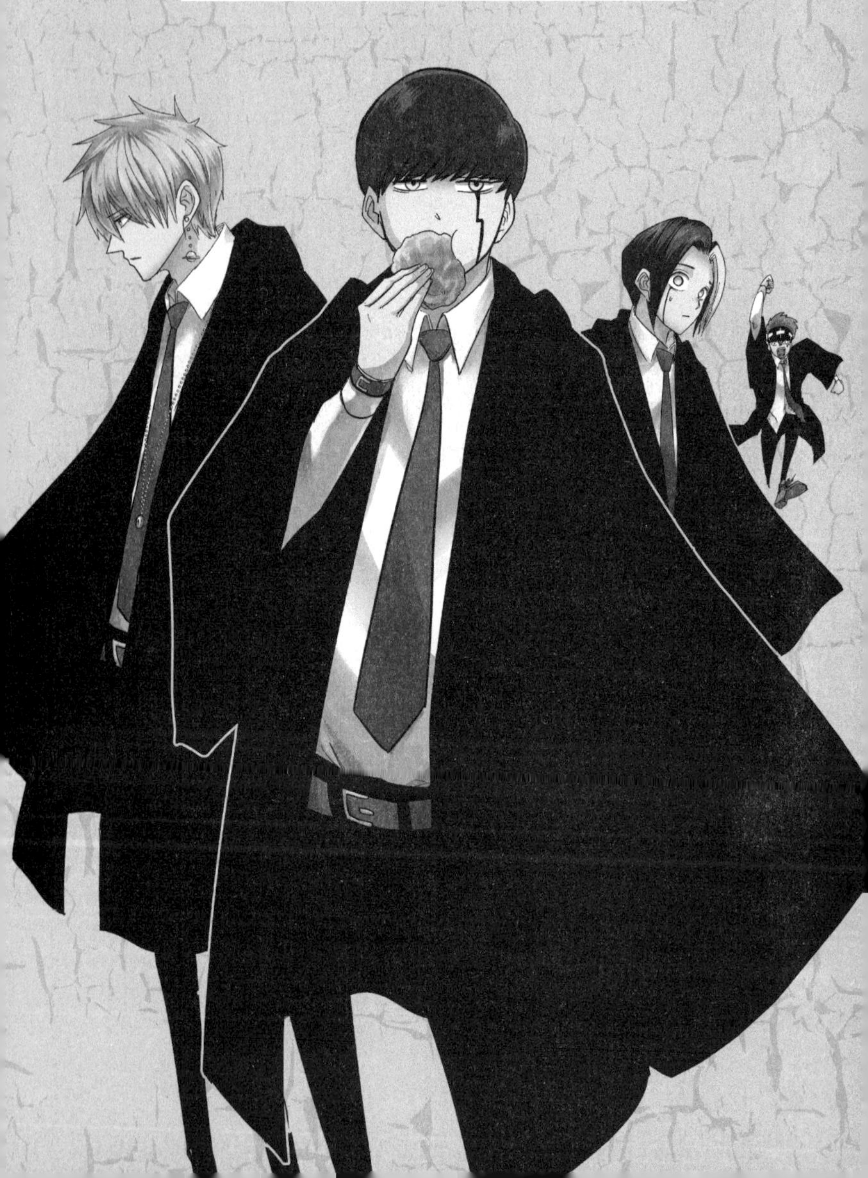

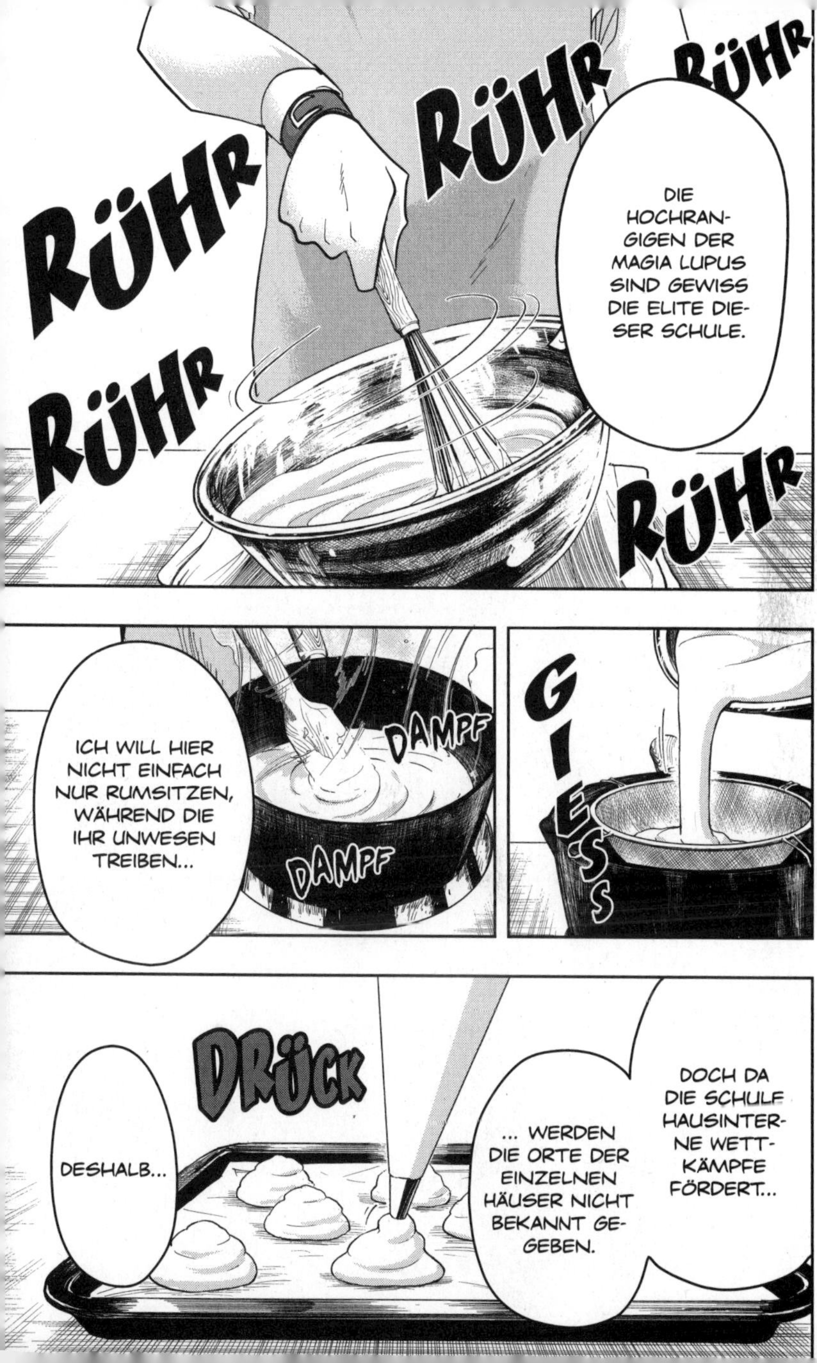
RÜHR
RÜHR
RÜHR
RÜHR
RÜHR
DIE HOCHRANGIGEN DER MAGIA LUPUS SIND GEWISS DIE ELITE DIESER SCHULE.
GIESS
DAMPF
DAMPF
ICH WILL HIER NICHT EINFACH NUR RUMSITZEN, WÄHREND DIE IHR UNWESEN TREIBEN...
DOCH DA DIE SCHULE HAUSINTERNE WETTKÄMPFE FÖRDERT...
... WERDEN DIE ORTE DER EINZELNEN HÄUSER NICHT BEKANNT GEGEBEN.
DRÜCK
DESHALB...

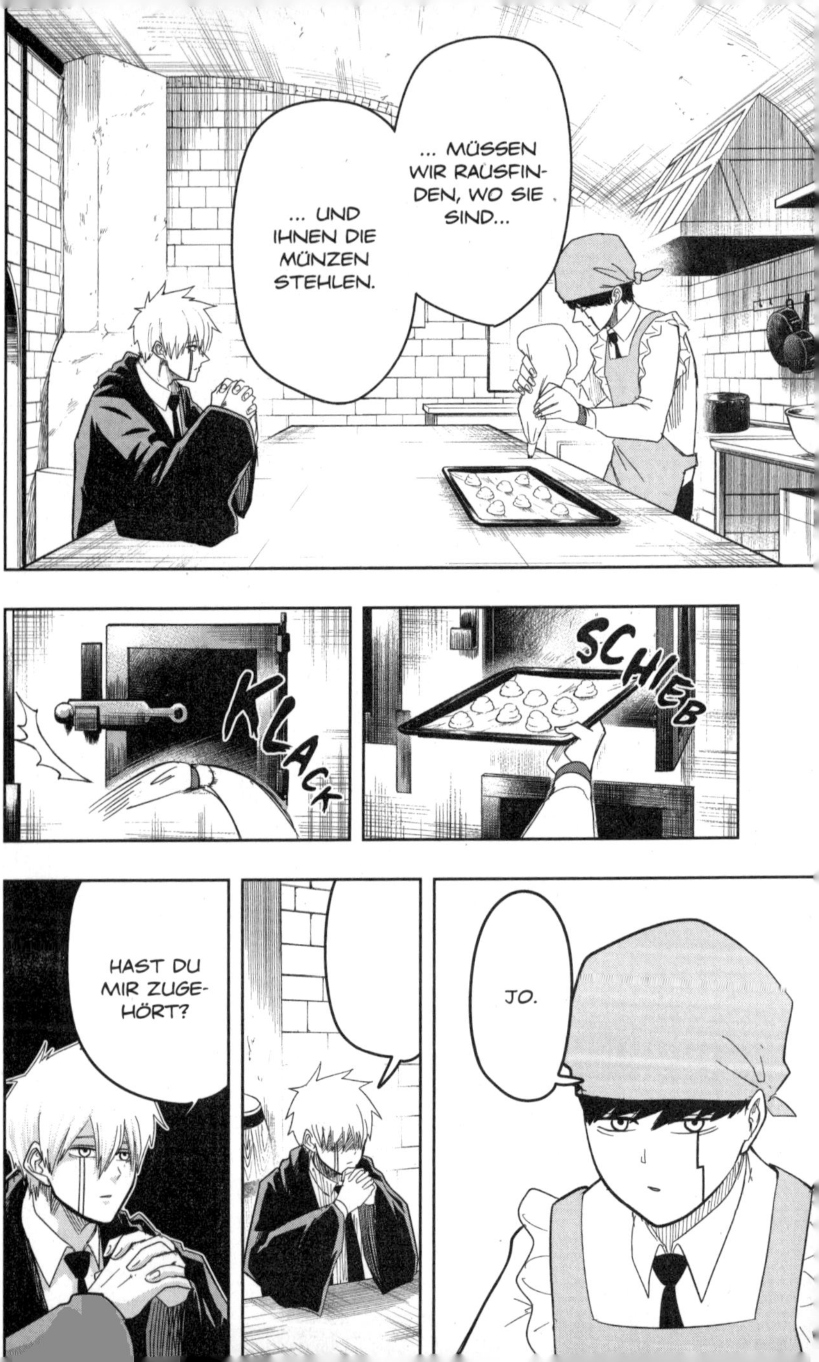
... MÜSSEN WIR RAUSFINDEN, WO SIE SIND...
... UND IHNEN DIE MÜNZEN STEHLEN.
SCHIEB
KLACK
JO.
HAST DU MIR ZUGEHÖRT?

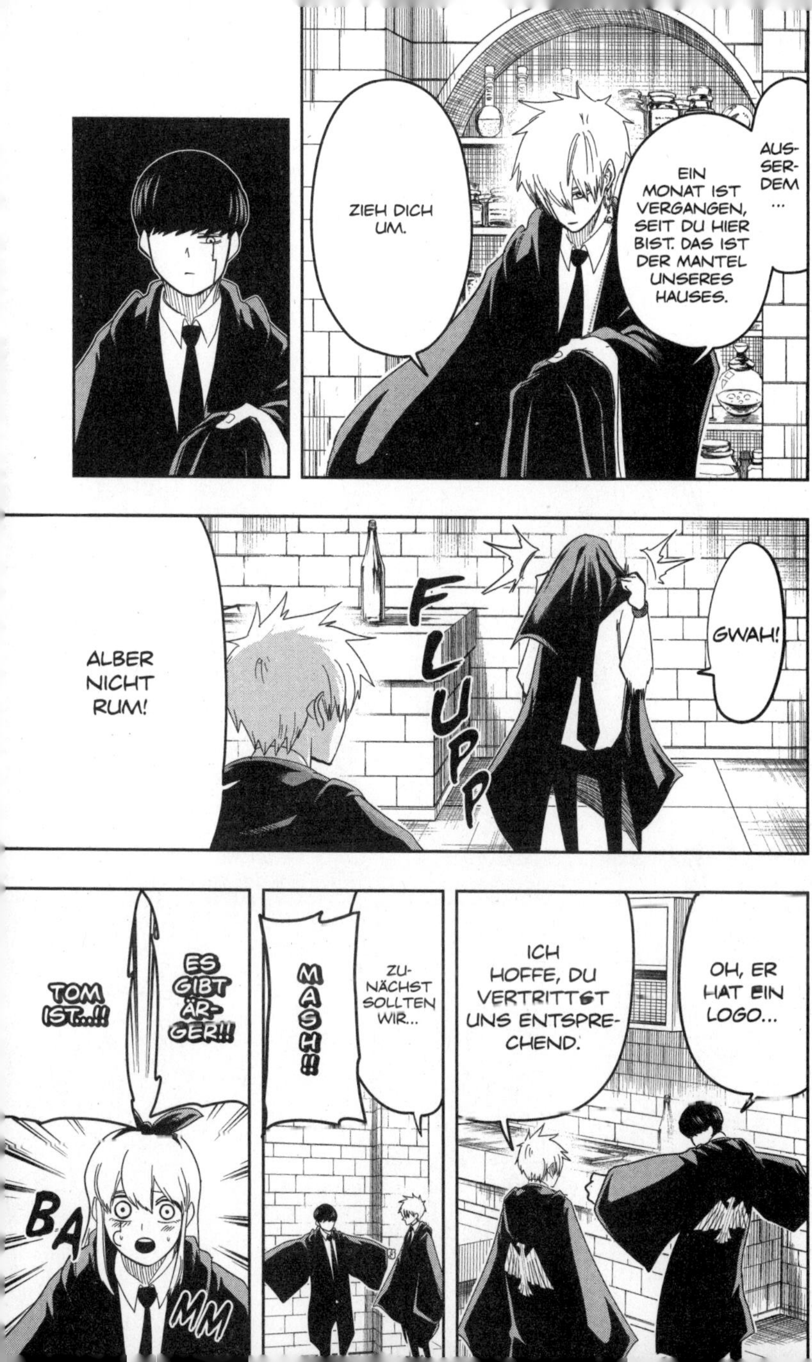
AUSSERDEM ...
EIN MONAT IST VERGANGEN, SEIT DU HIER BIST. DAS IST DER MANTEL UNSERES HAUSES.
ZIEH DICH UM.
GWAH!
FLUPP
ALBER NICHT RUM!
OH, ER HAT EIN LOGO...
ICH HOFFE, DU VERTRITTST UNS ENTSPRECHEND.
ZUNÄCHST SOLLTEN WIR...
MASH!!
ES GIBT ÄRGER!!
TOM IST...!!
BAMM

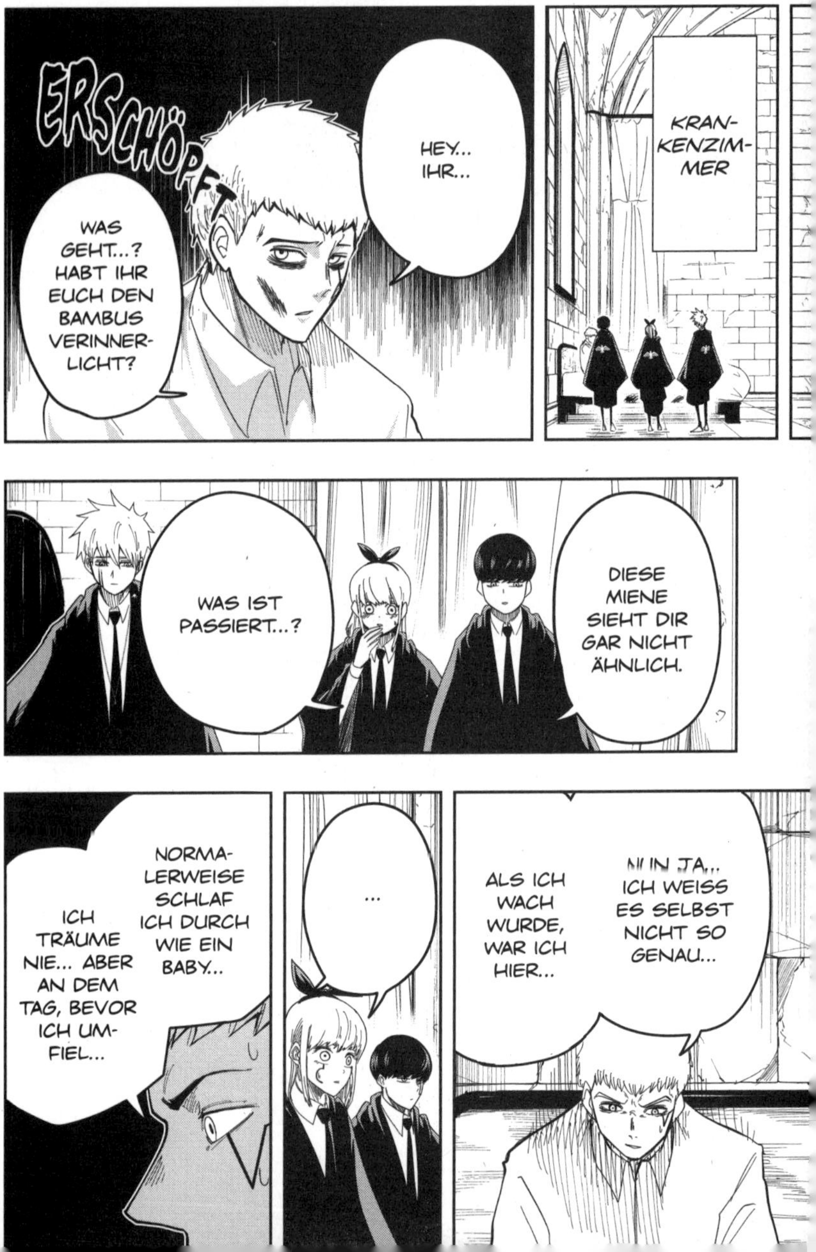
KRANKENZIMMER
HEY... IHR...
ERSCHÖPFT
WAS GEHT...? HABT IHR EUCH DEN BAMBUS VERINNERLICHT?
DIESE MIENE SIEHT DIR GAR NICHT ÄHNLICH.
WAS IST PASSIERT...?
NUN JA... ICH WEISS ES SELBST NICHT SO GENAU...
ALS ICH WACH WURDE, WAR ICH HIER...
...
NORMALERWEISE SCHLAF ICH DURCH WIE EIN BABY...
ICH TRÄUME NIE... ABER AN DEM TAG, BEVOR ICH UMFIEL...

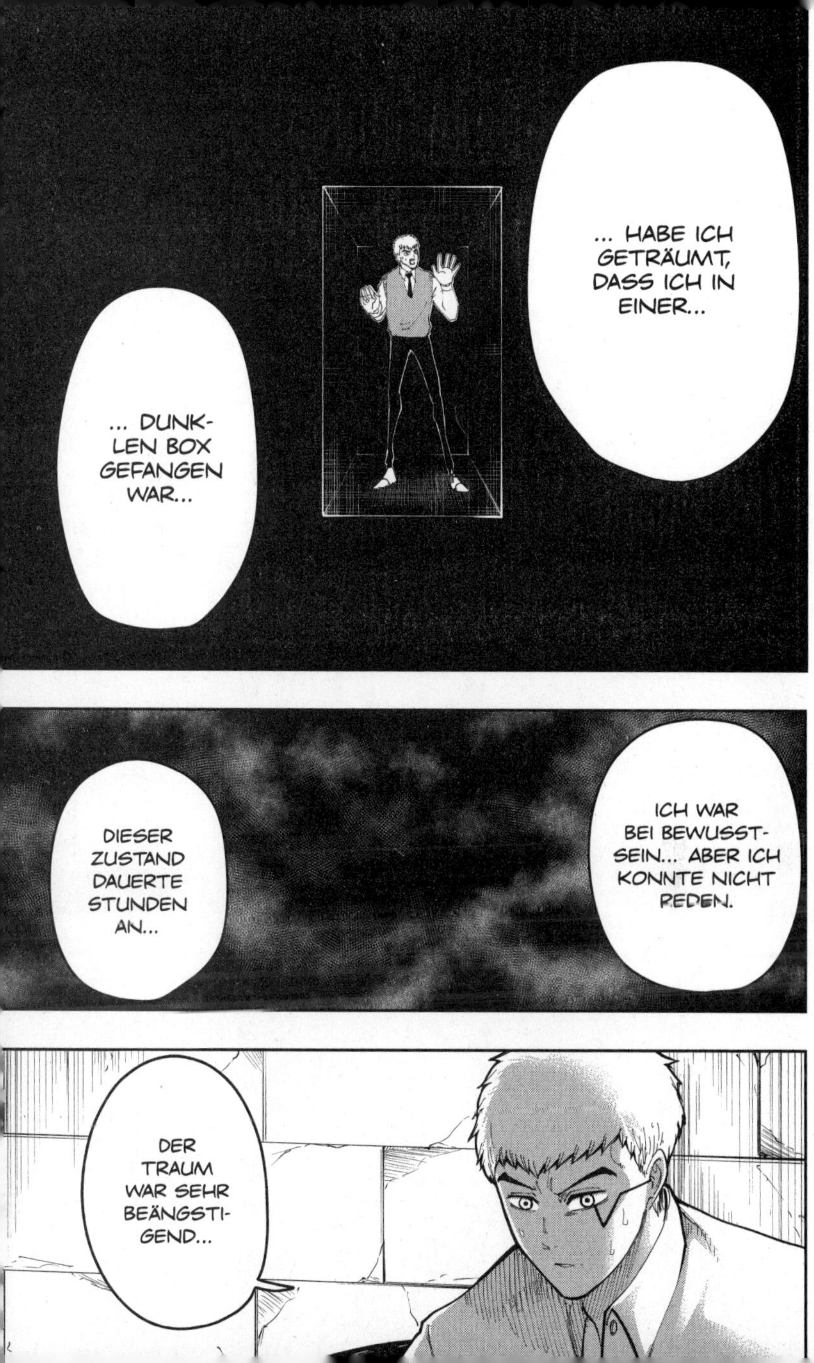
... HABE ICH GETRÄUMT, DASS ICH IN EINER...
... DUNKLEN BOX GEFANGEN WAR...
ICH WAR BEI BEWUSSTSEIN... ABER ICH KONNTE NICHT REDEN.
DIESER ZUSTAND DAUERTE STUNDEN AN...
DER TRAUM WAR SEHR BEÄNGSTIGEND...

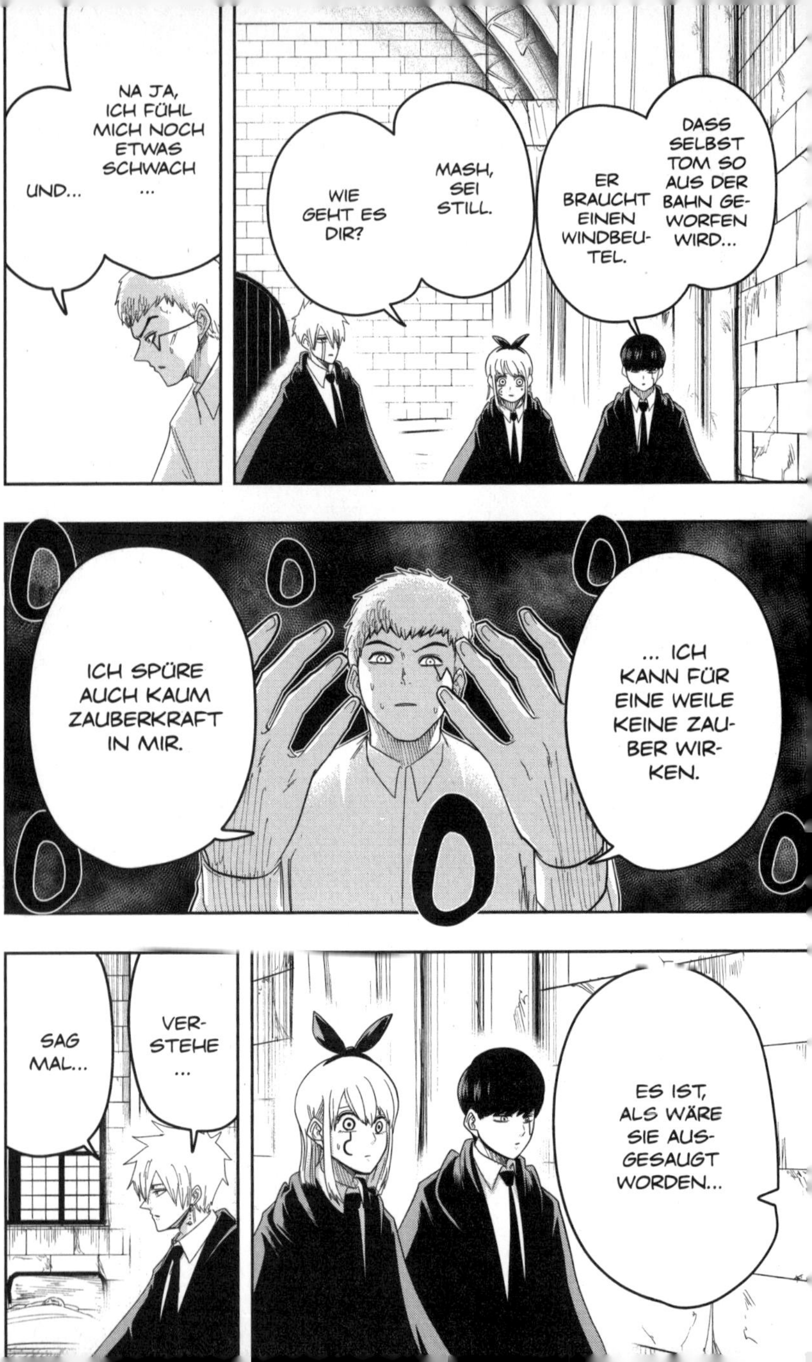
DASS SELBST TOM SO AUS DER BAHN GEWORFEN WIRD...
ER BRAUCHT EINEN WINDBEUTEL.
MASH, SEI STILL.
WIE GEHT ES DIR?
NA JA, ICH FÜHL MICH NOCH ETWAS SCHWACH ...
UND...
... ICH KANN FÜR EINE WEILE KEINE ZAUBER WIRKEN.
ICH SPÜRE AUCH KAUM ZAUBERKRAFT IN MIR.
ES IST, ALS WÄRE SIE AUSGESAUGT WORDEN...
VERSTEHE ...
SAG MAL...

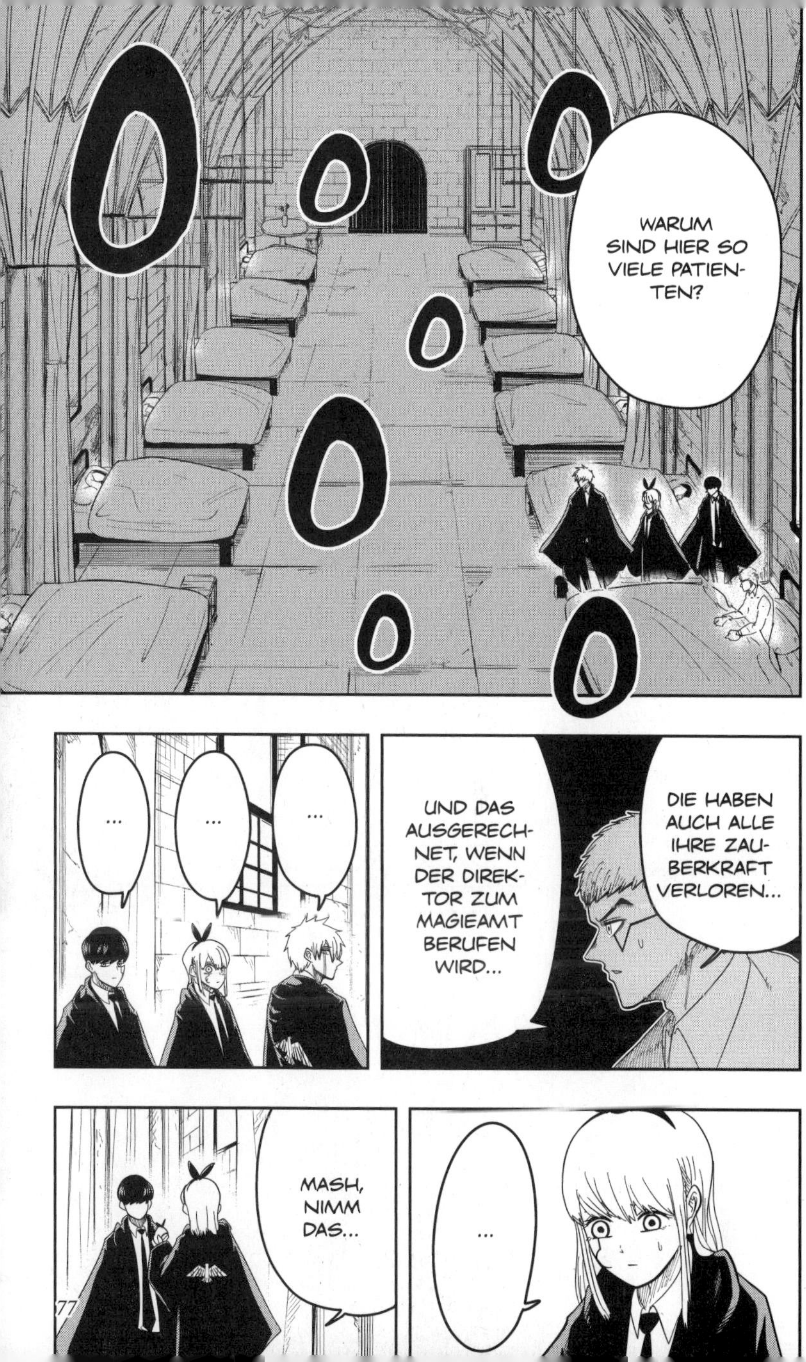
WARUM SIND HIER SO VIELE PATIENTEN?
DIE HABEN AUCH ALLE IHRE ZAUBERKRAFT VERLOREN...
UND DAS AUSGERECHNET, WENN DER DIREKTOR ZUM MAGIEAMT BERUFEN WIRD...
...
...
...
...
MASH, NIMM DAS...

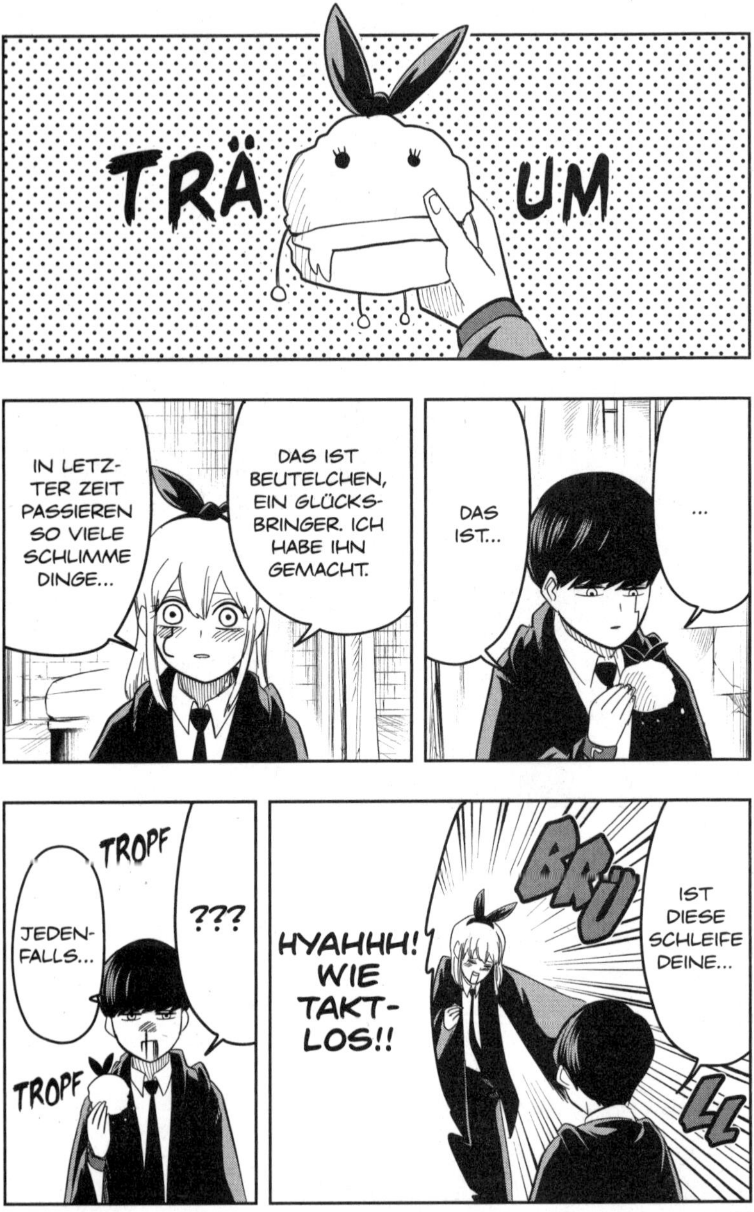

TRÄ
UM
DAS IST BEUTELCHEN, EIN GLÜCKSBRINGER. ICH HABE IHN GEMACHT.
IN LETZTER ZEIT PASSIEREN SO VIELE SCHLIMME DINGE...
...
DAS IST...
IST DIESE SCHLEIFE DEINE...
BRÜLL
HYAHHH! WIE TAKTLOS!!
???
TROPF
JEDENFALLS...
TROPF

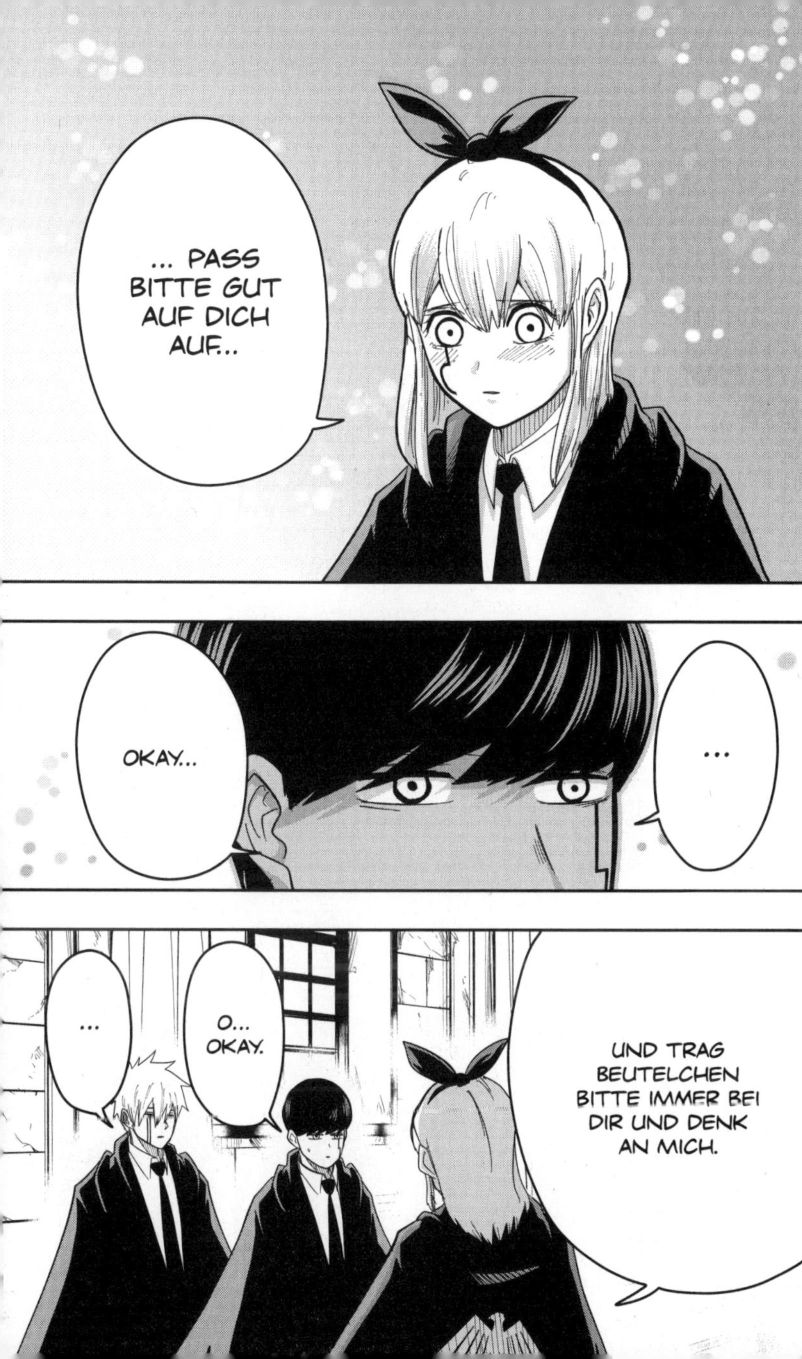
... PASS BITTE GUT AUF DICH AUF...
...
OKAY...
UND TRAG BEUTELCHEN BITTE IMMER BEI DIR UND DENK AN MICH.
O... OKAY.
...

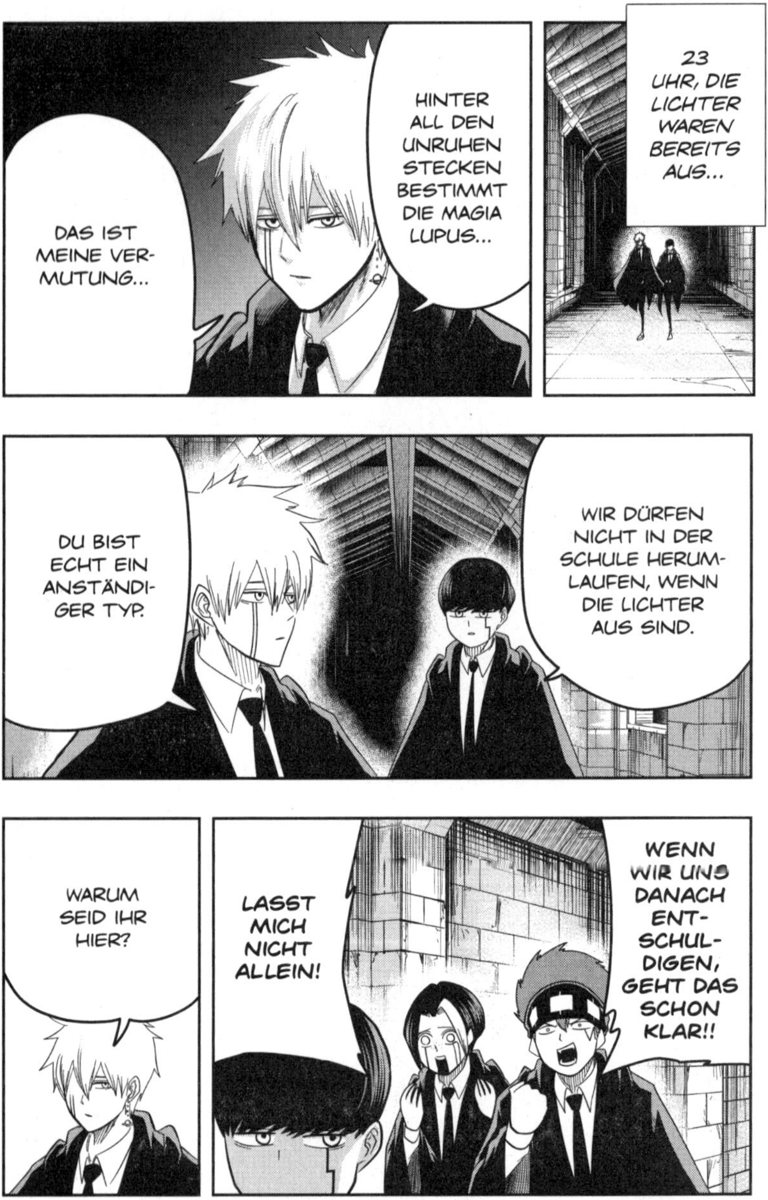
23 UHR, DIE LICHTER WAREN BEREITS AUS...
HINTER ALL DEN UNRUHEN STECKEN BESTIMMT DIE MAGIA LUPUS...
DAS IST MEINE VERMUTUNG...
WIR DÜRFEN NICHT IN DER SCHULE HERUMLAUFEN, WENN DIE LICHTER AUS SIND.
DU BIST ECHT EIN ANSTÄNDIGER TYP.
WENN WIR UNS DANACH ENTSCHULDIGEN, GEHT DAS SCHON KLAR!!
LASST MICH NICHT ALLEIN!
WARUM SEID IHR HIER?

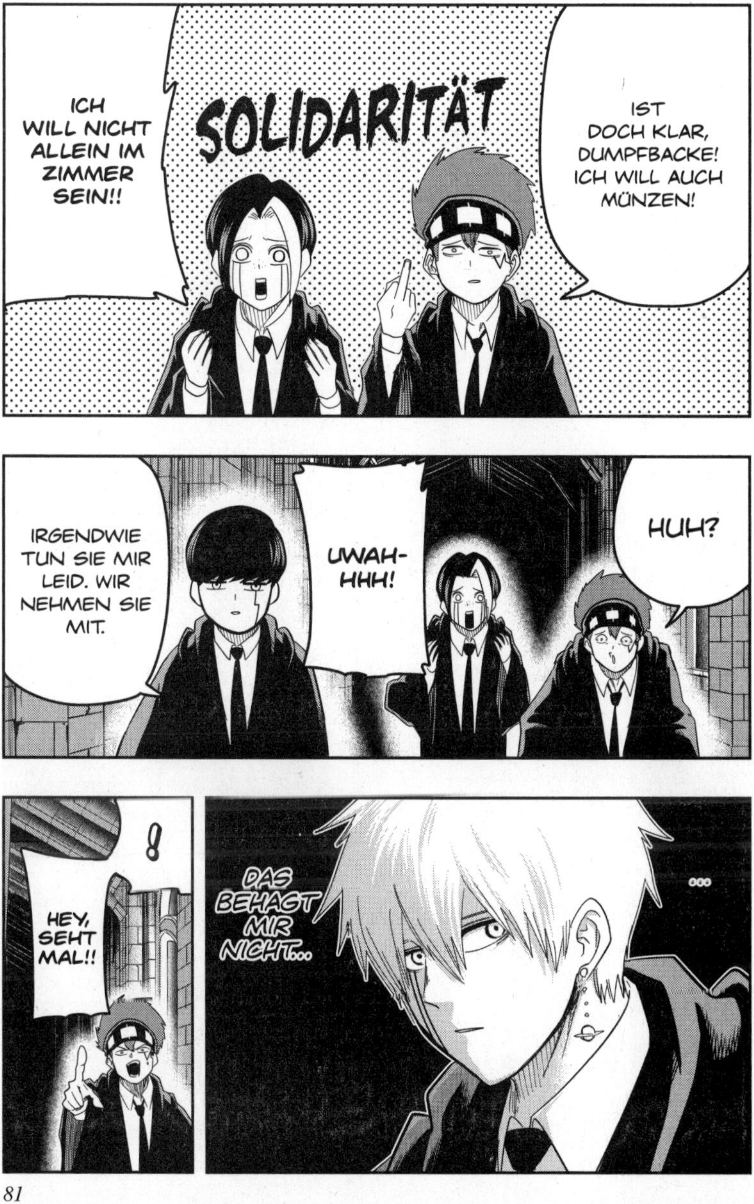
IST DOCH KLAR, DUMPFBACKE! ICH WILL AUCH MÜNZEN!
SOLIDARITÄT
ICH WILL NICHT ALLEIN IM ZIMMER SEIN!!
HUH?
UWAH-HHH!
IRGENDWIE TUN SIE MIR LEID. WIR NEHMEN SIE MIT.
...
DAS BEHAGT MIR NICHT...
!
HEY, SEHT MAL!!

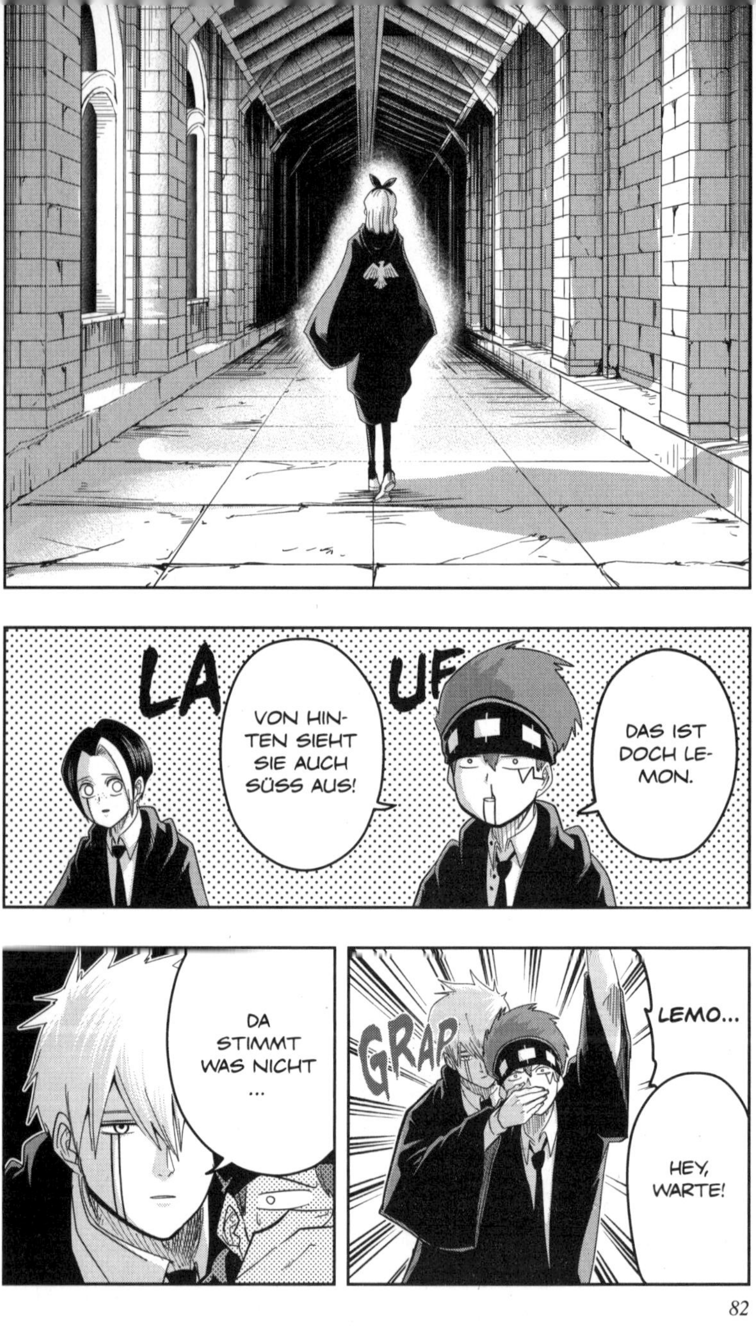
LAUF
DAS IST DOCH LE-MON.
VON HIN-TEN SIEHT SIE AUCH SÜSS AUS!
LEMO...
GRAP
HEY, WARTE!
DA STIMMT WAS NICHT ...

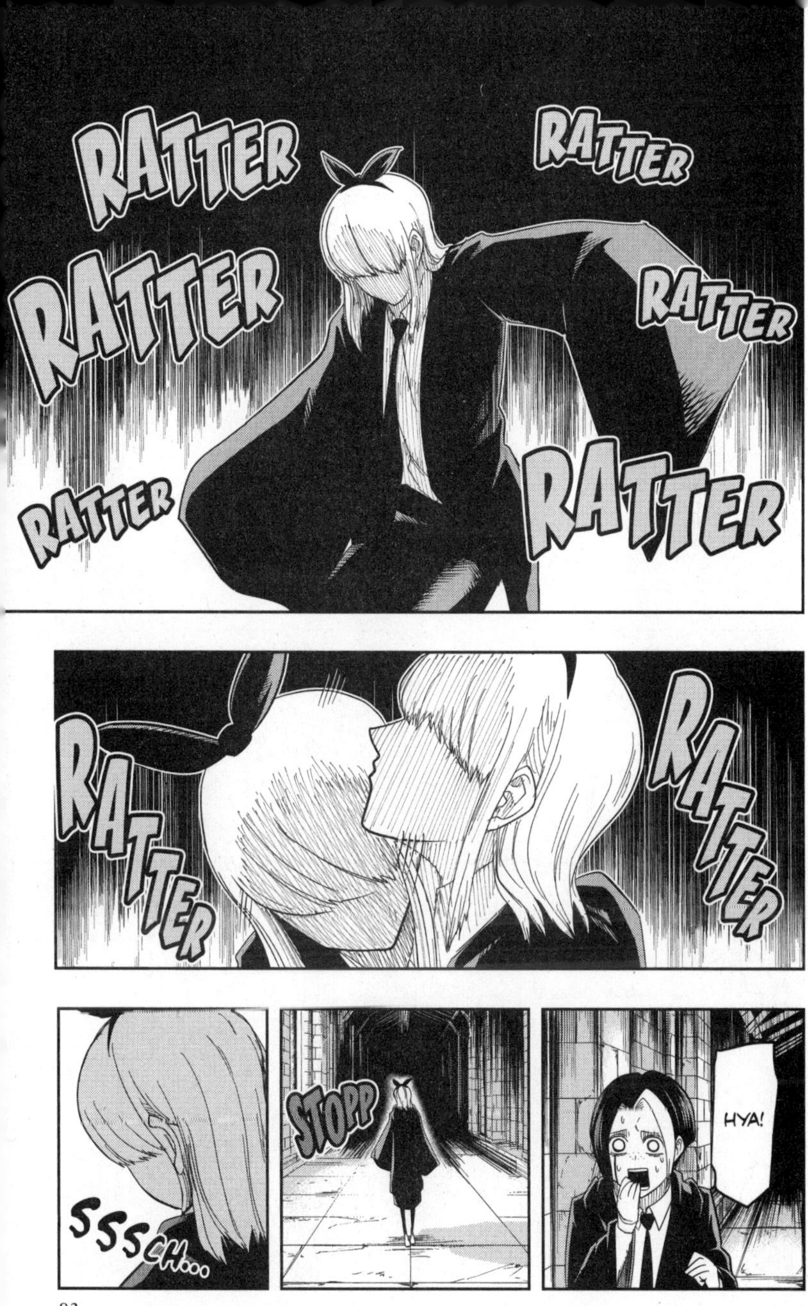
RATTER
RATTER
RATTER
RATTER
RATTER
RATTER
RATTER
RATTER
HYA!
STOPP
SSSCH...

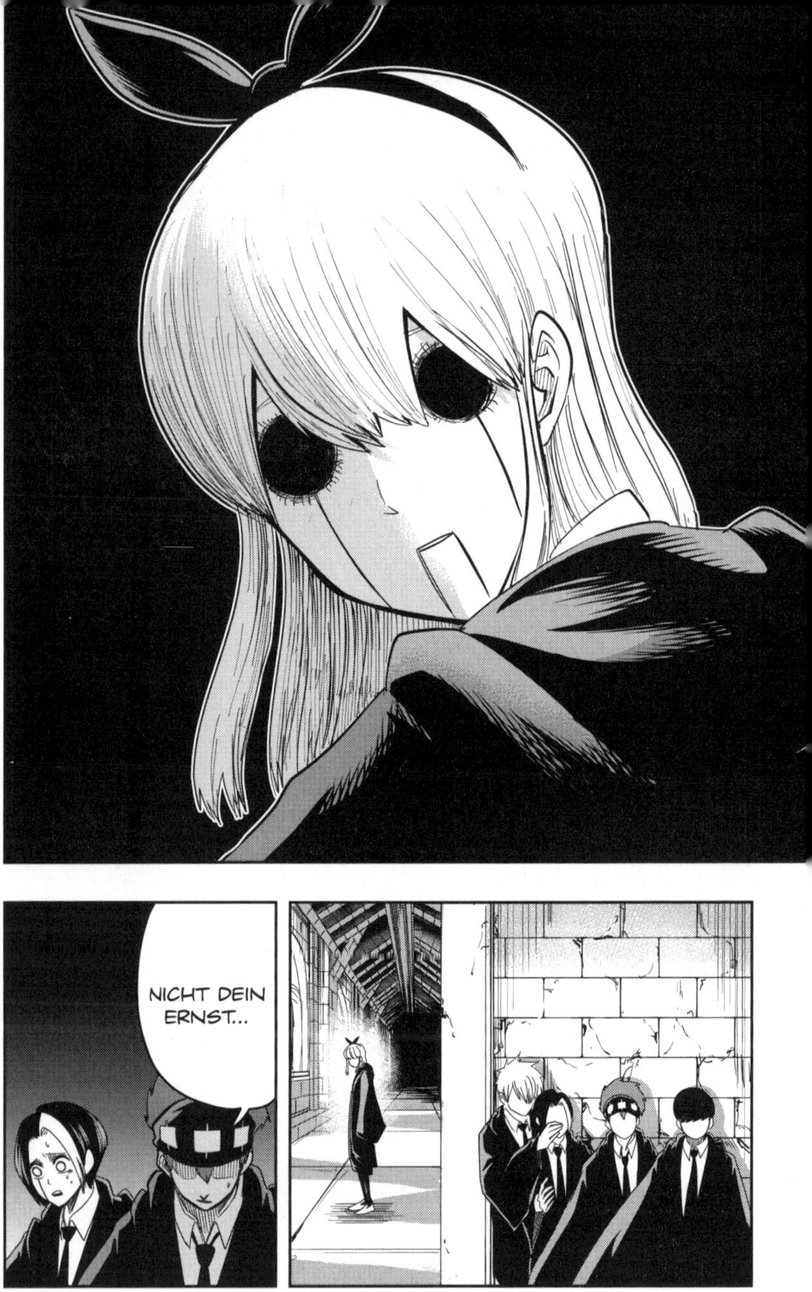
NICHT DEIN
ERNST...

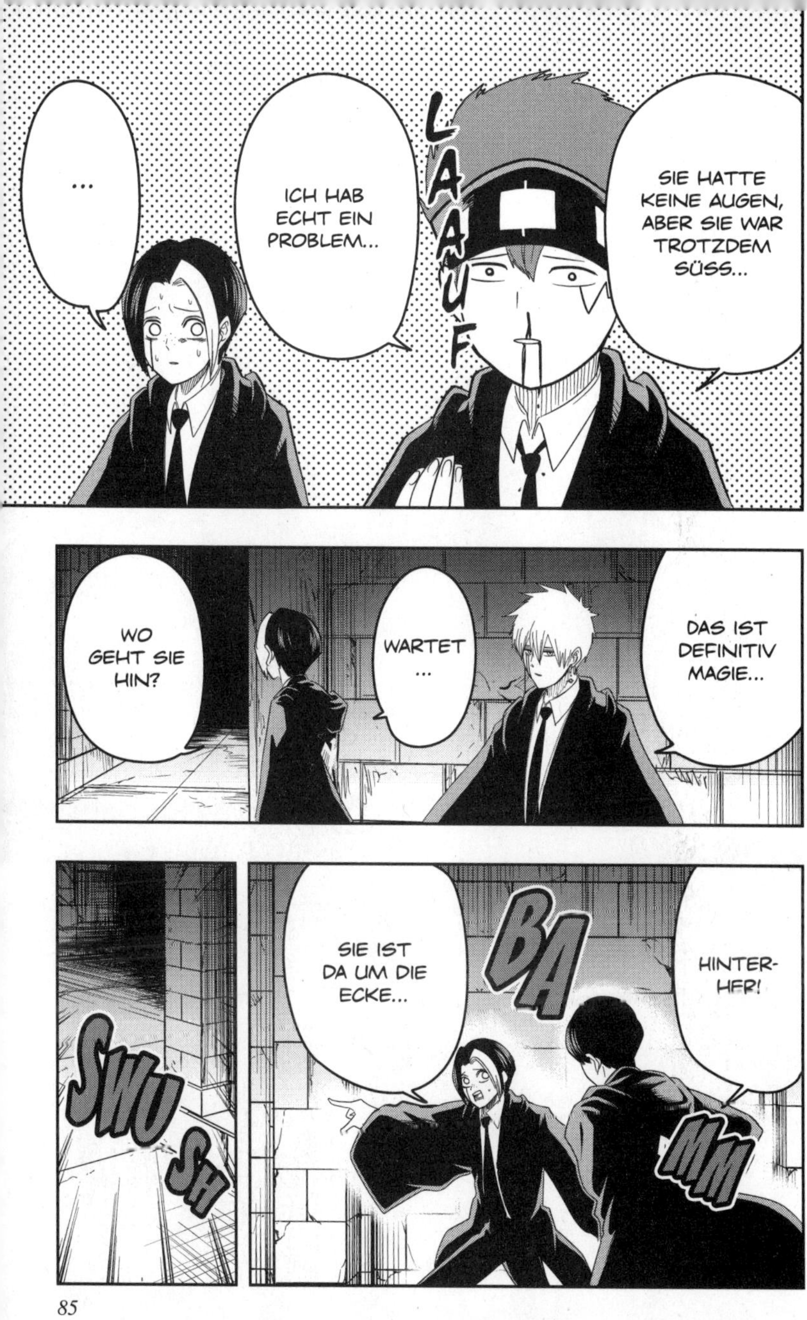
SIE HATTE KEINE AUGEN, ABER SIE WAR TROTZDEM SÜSS...
LAAAUF
ICH HAB ECHT EIN PROBLEM...
...
DAS IST DEFINITIV MAGIE...
WARTET ...
WO GEHT SIE HIN?
HINTER-HER!
BA
MM
SIE IST DA UM DIE ECKE...
SWUSH

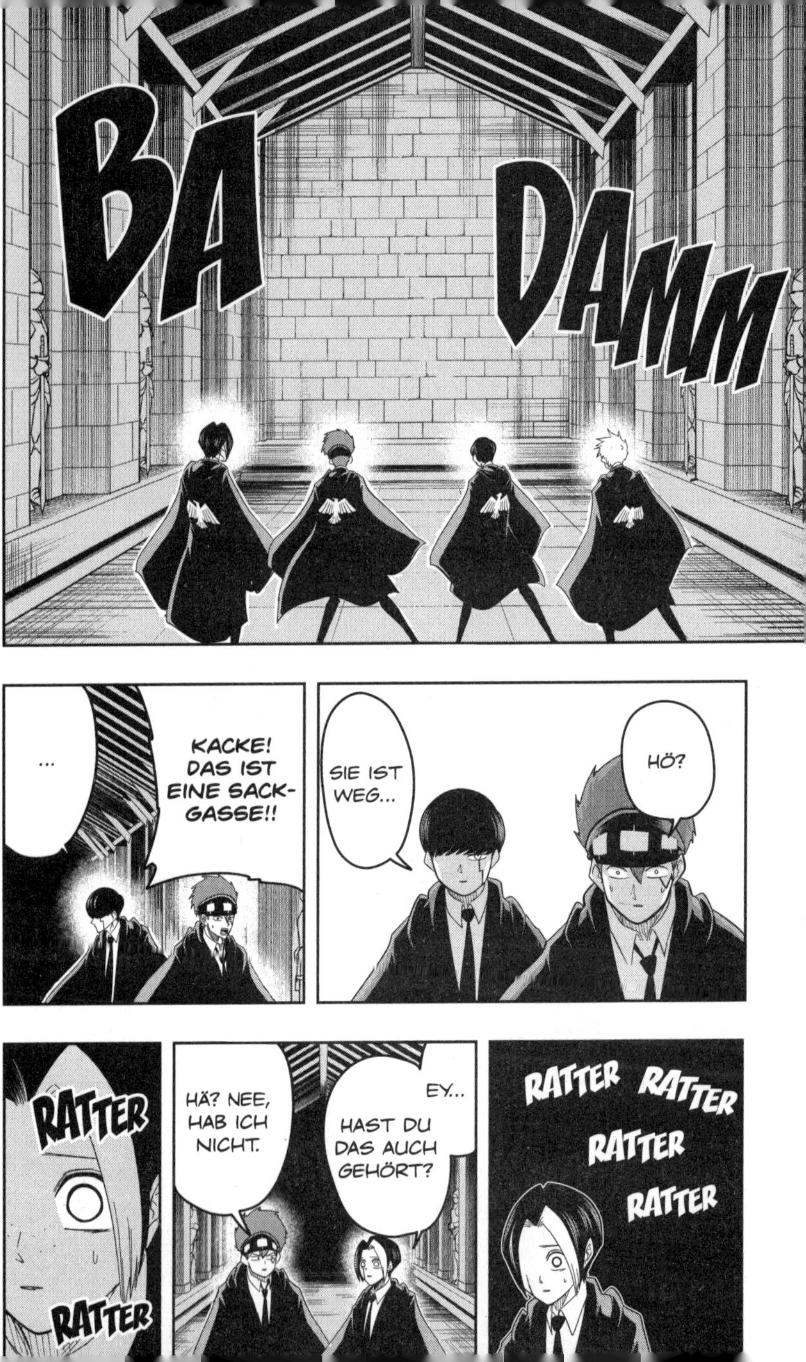
BA
DAMM
HÖ?
SIE IST WEG...
KACKE! DAS IST EINE SACK-GASSE!!
...
RATTER RATTER RATTER RATTER
EY...
HAST DU DAS AUCH GEHÖRT?
HÄ? NEE, HAB ICH NICHT.
RATTER
RATTER

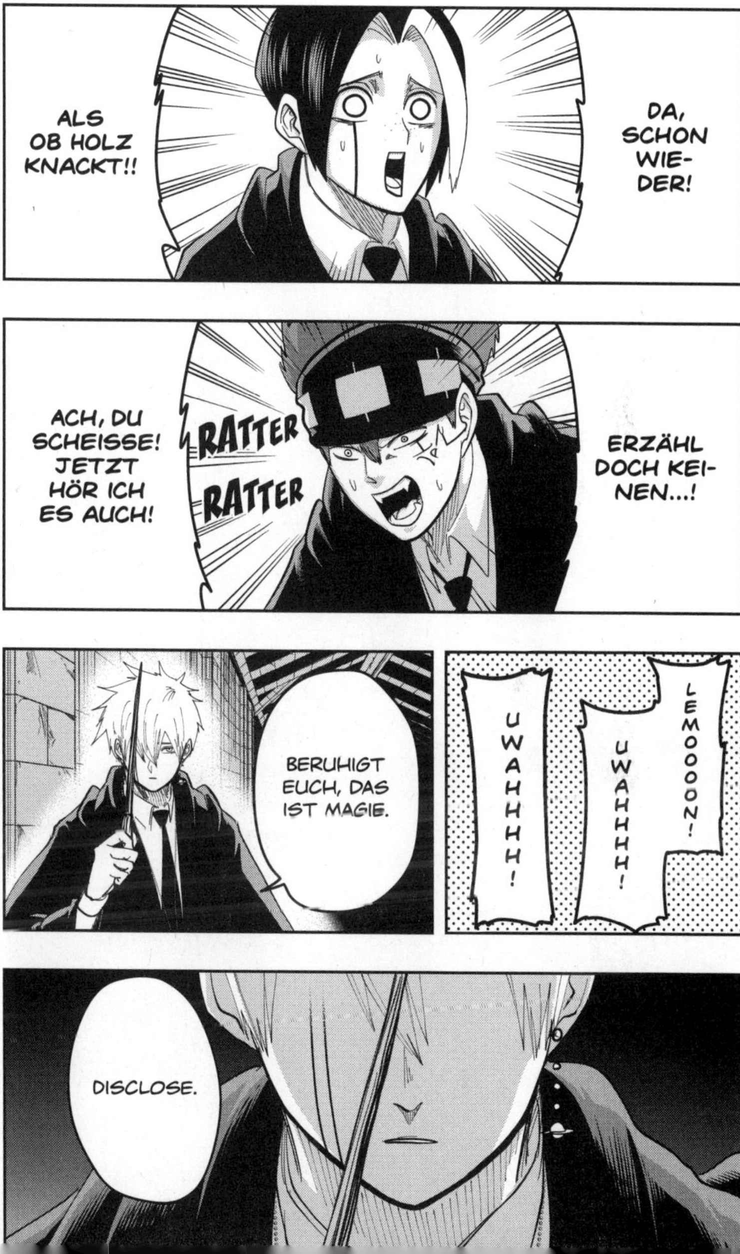
DA, SCHON WIEDER!
ALS OB HOLZ KNACKT!!
ERZÄHL DOCH KEINEN...!
RATTER
RATTER
ACH, DU SCHEISSE! JETZT HÖR ICH ES AUCH!
LEMOOOON!
UWAHHHH!
UWAHHHH!
BERUHIGT EUCH, DAS IST MAGIE.
DISCLOSE.

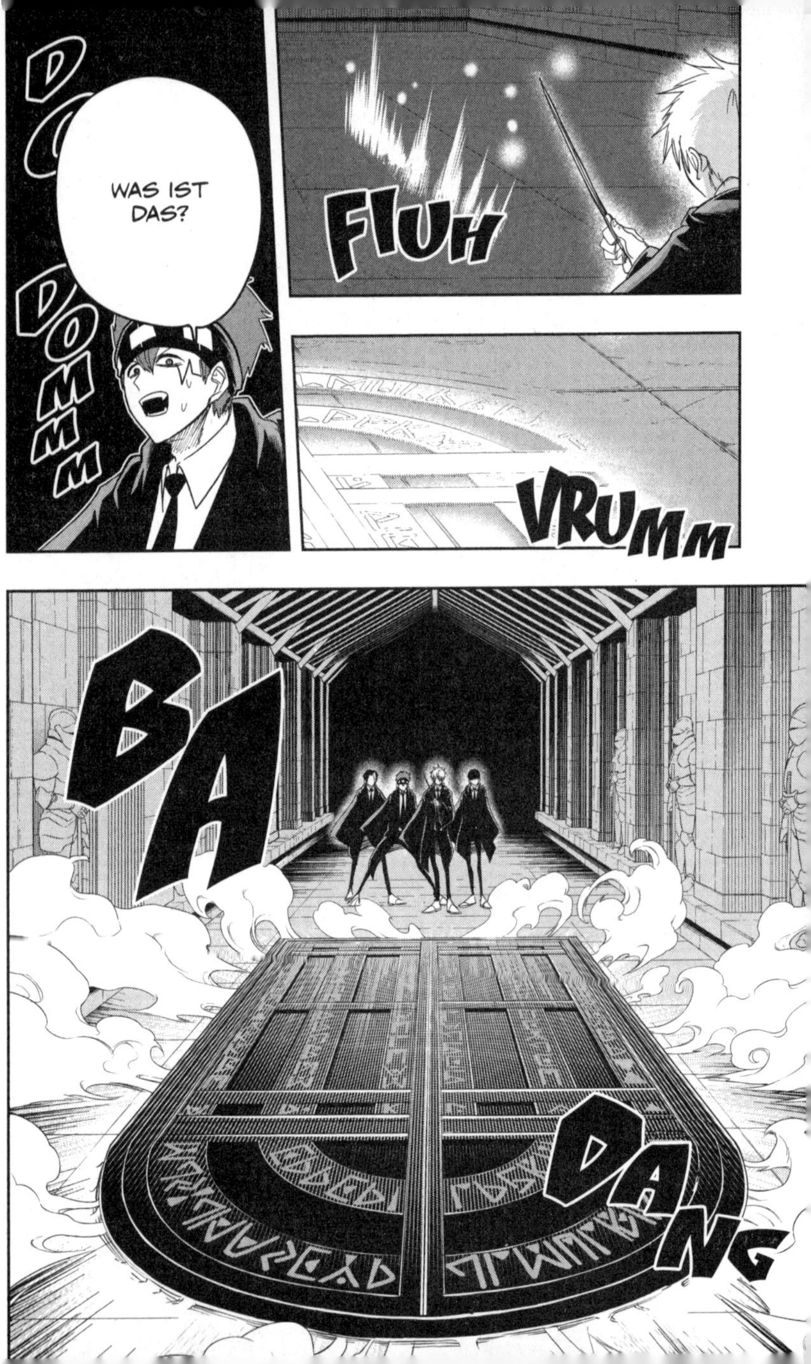
FIUH
WAS IST DAS?
DOMMM
DOMMM
VRUMM
BA
DANG

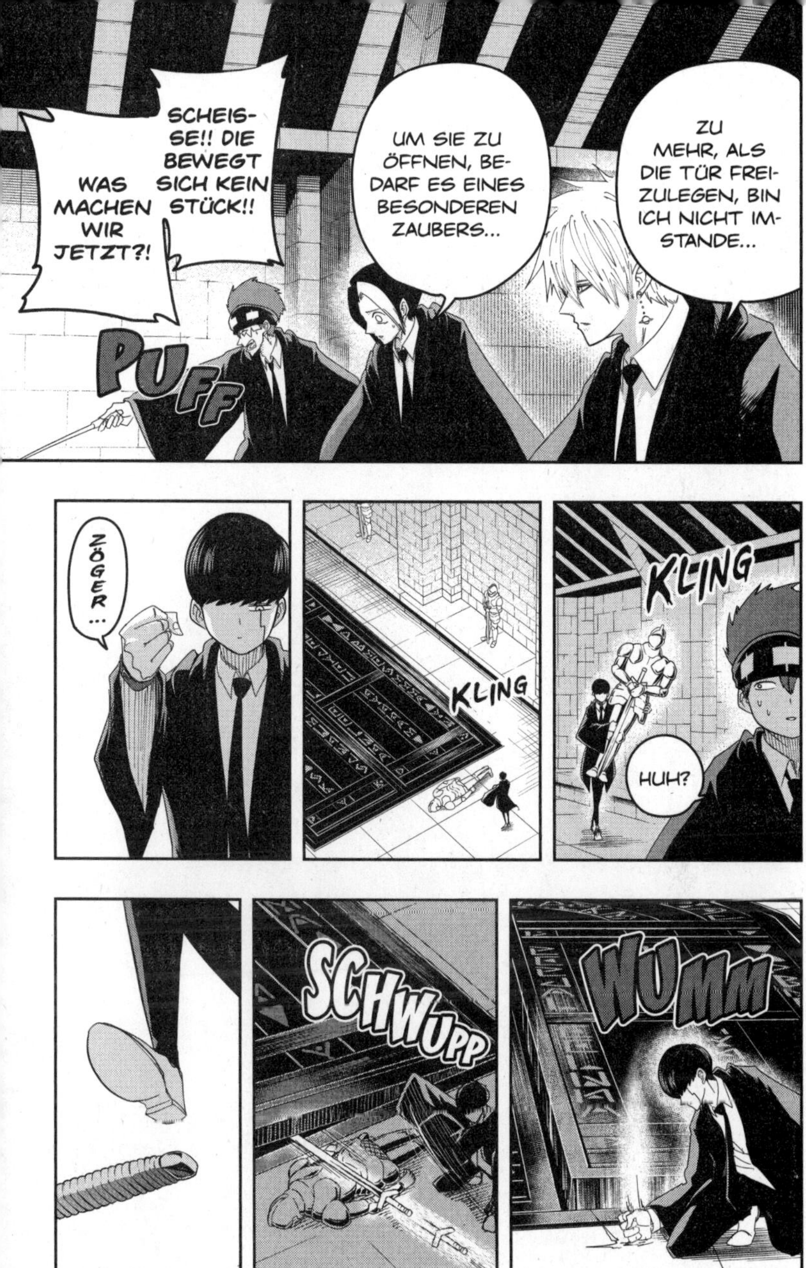
ZU MEHR, ALS DIE TÜR FREI-ZULEGEN, BIN ICH NICHT IM-STANDE...
UM SIE ZU ÖFFNEN, BE-DARF ES EINES BESONDEREN ZAUBERS...
SCHEIS-SE!! DIE BEWEGT SICH KEIN STÜCK!!
WAS MACHEN WIR JETZT?!
PUFF
KLING
HUH?
KLING
ZÖGER...
WUMM
SCHWUPP

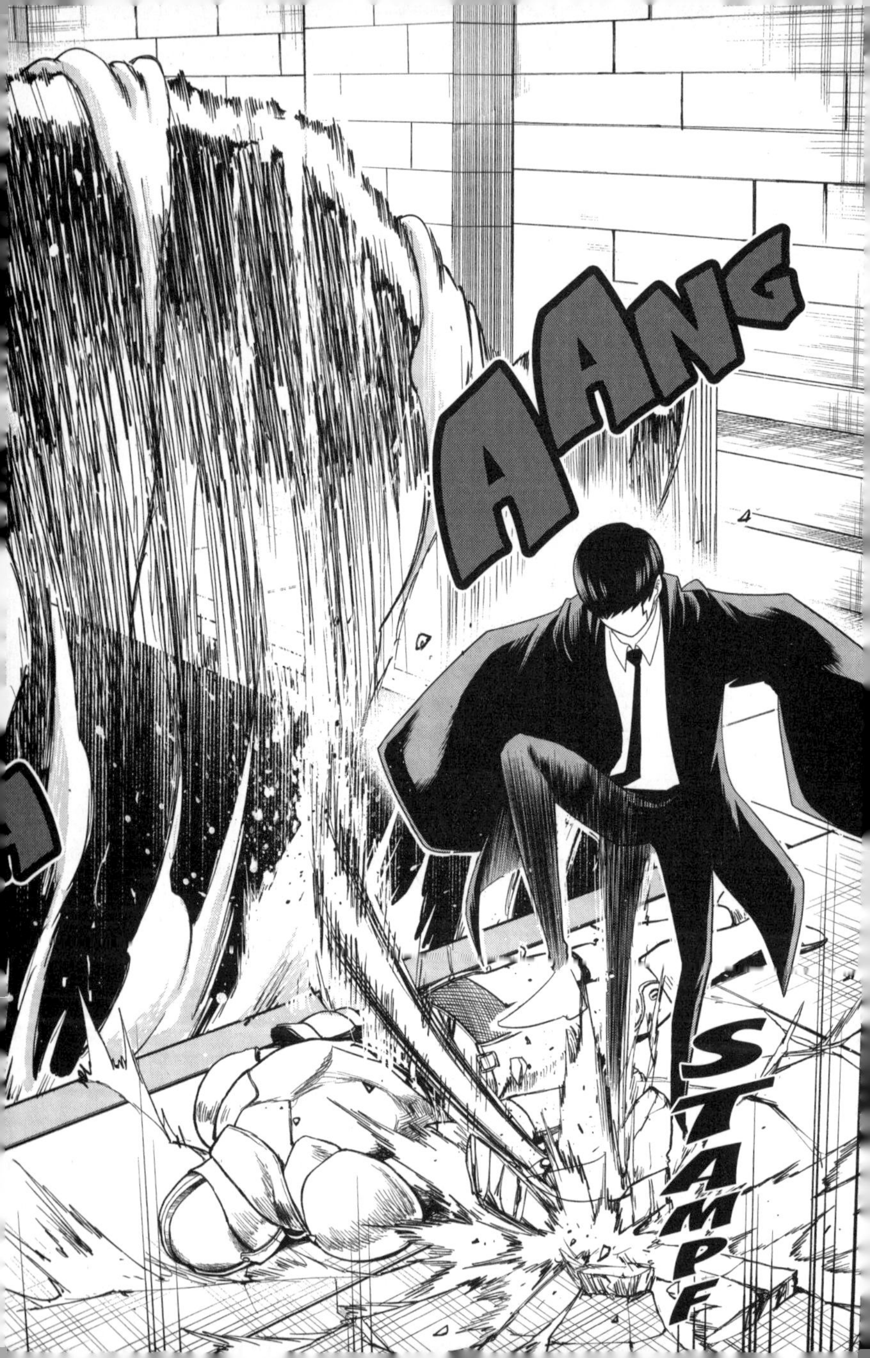
AANG
STAMPF

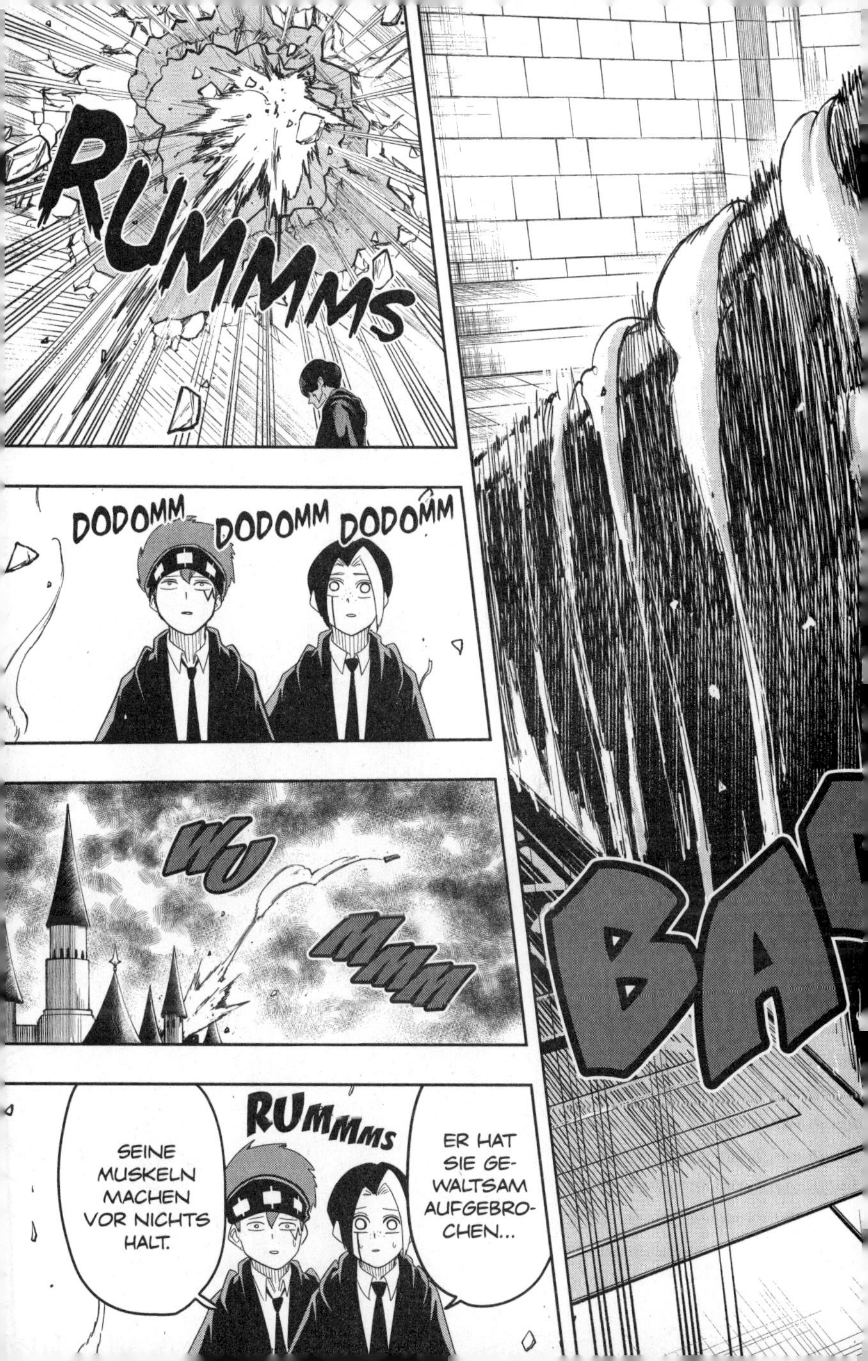
BA
RUMMMS
DODOMM
DODOMM
DODOMM
WUMMM
RUMMMS
ER HAT SIE GE-WALTSAM AUFGEBRO-CHEN...
SEINE MUSKELN MACHEN VOR NICHTS HALT.

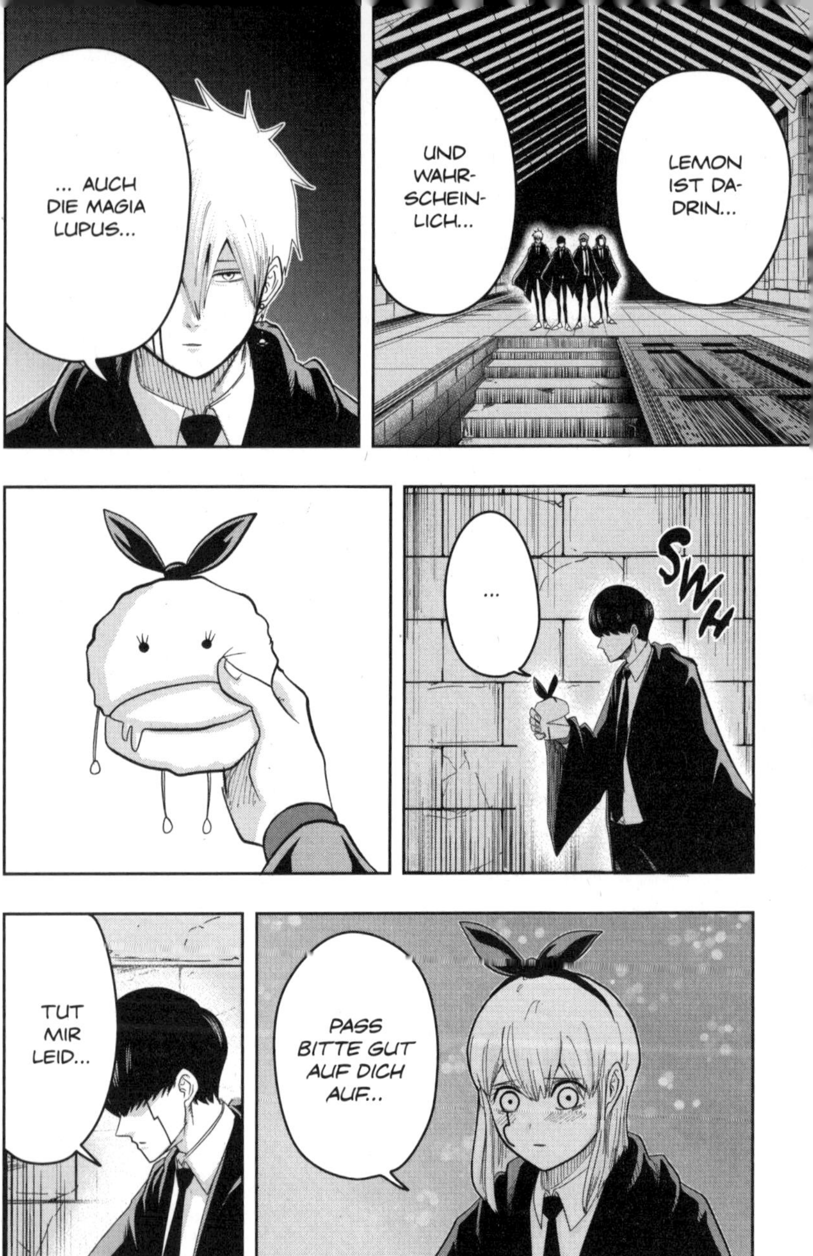
LEMON IST DA-DRIN...
UND WAHR-SCHEIN-LICH...
... AUCH DIE MAGIA LUPUS...
...
SWH
PASS BITTE GUT AUF DICH AUF...
TUT MIR LEID...

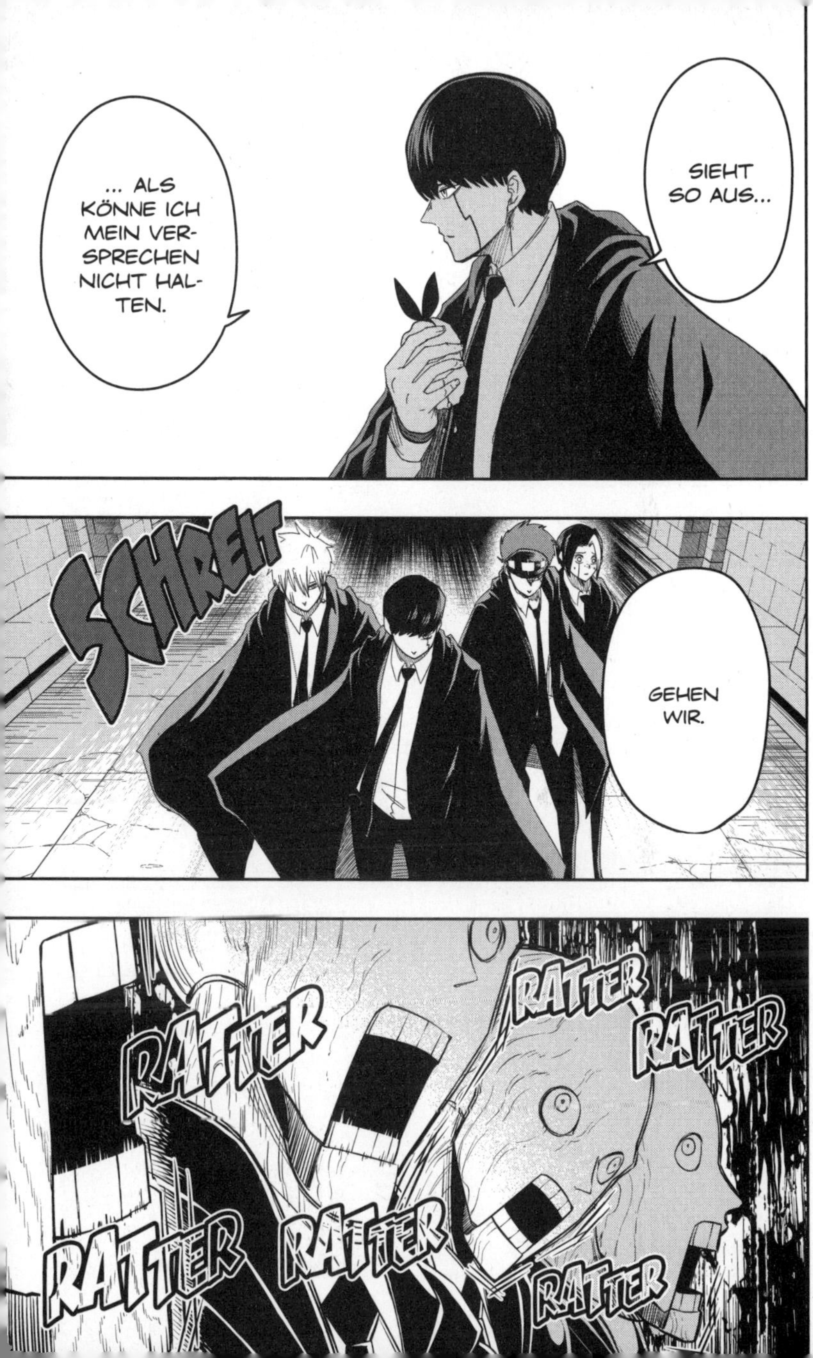
SIEHT SO AUS...
... ALS KÖNNE ICH MEIN VERSPRECHEN NICHT HALTEN.
GEHEN WIR.
SCHREIT
RATTER
RATTER
RATTER
RATTER
RATTER
RATTER

Extra ③

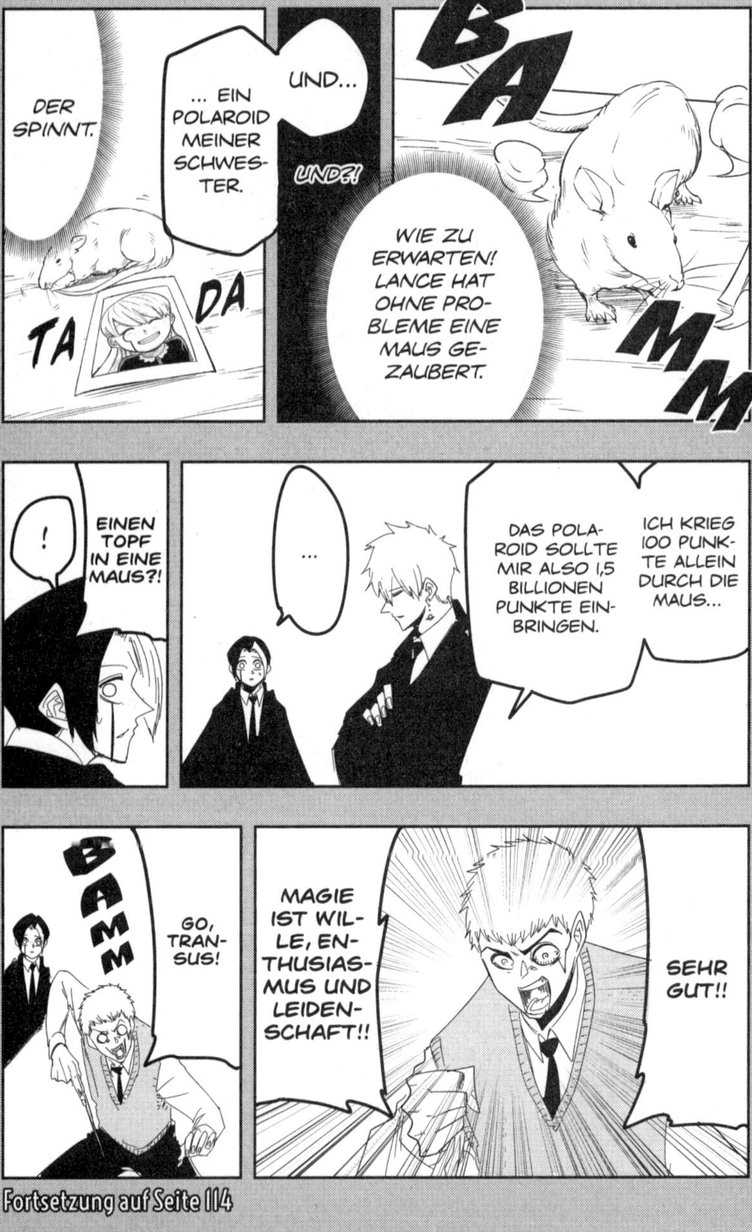

Fortsetzung auf Seite 114

22. Kapitel Dot Barrett und der Rosenmagier

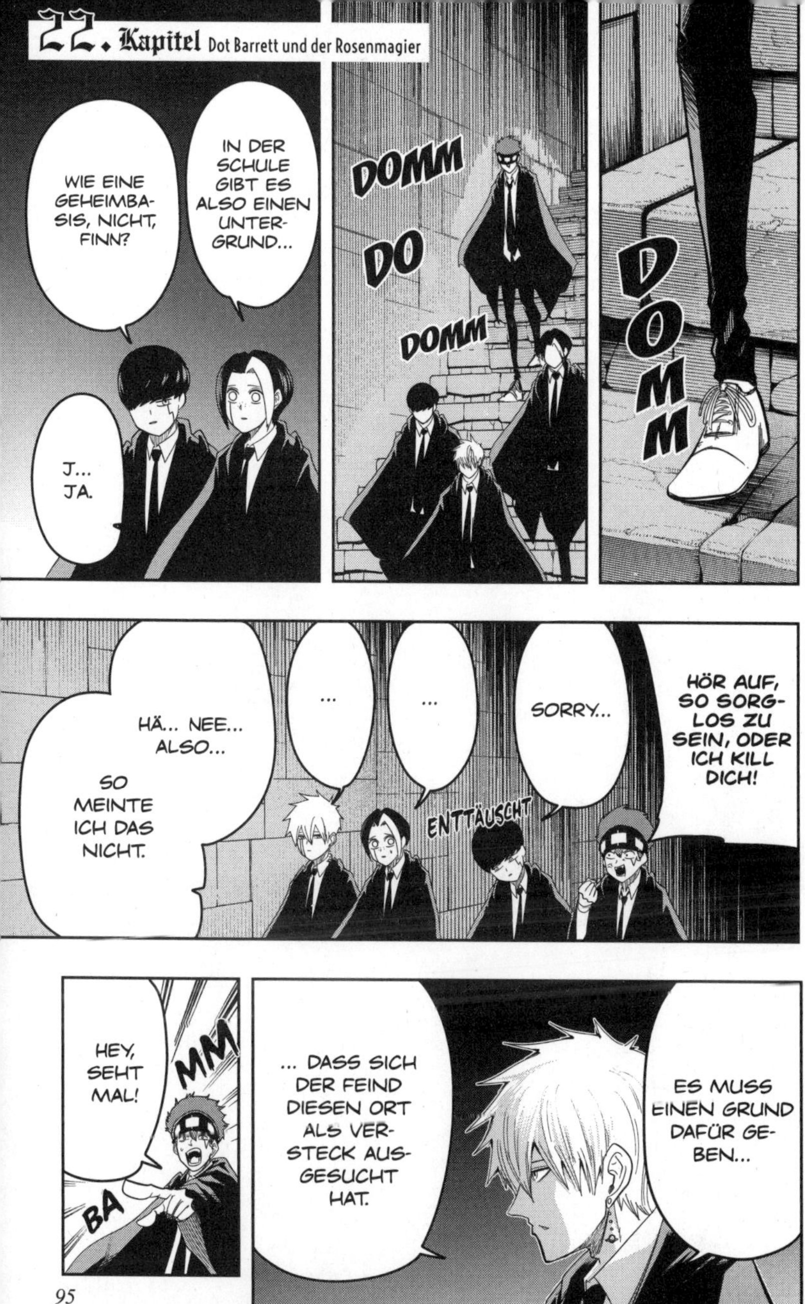

22. Kapitel Dot Barrett und der Rosenmagier

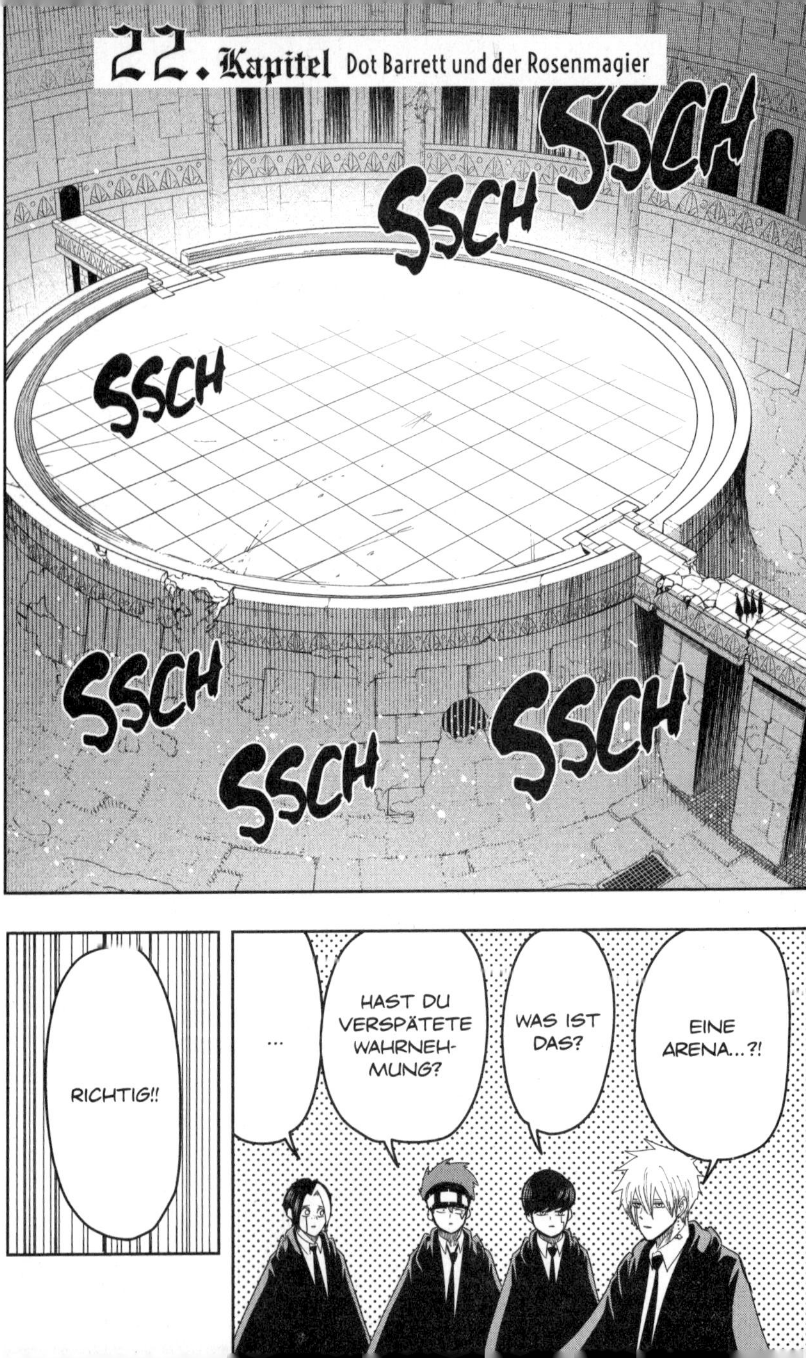

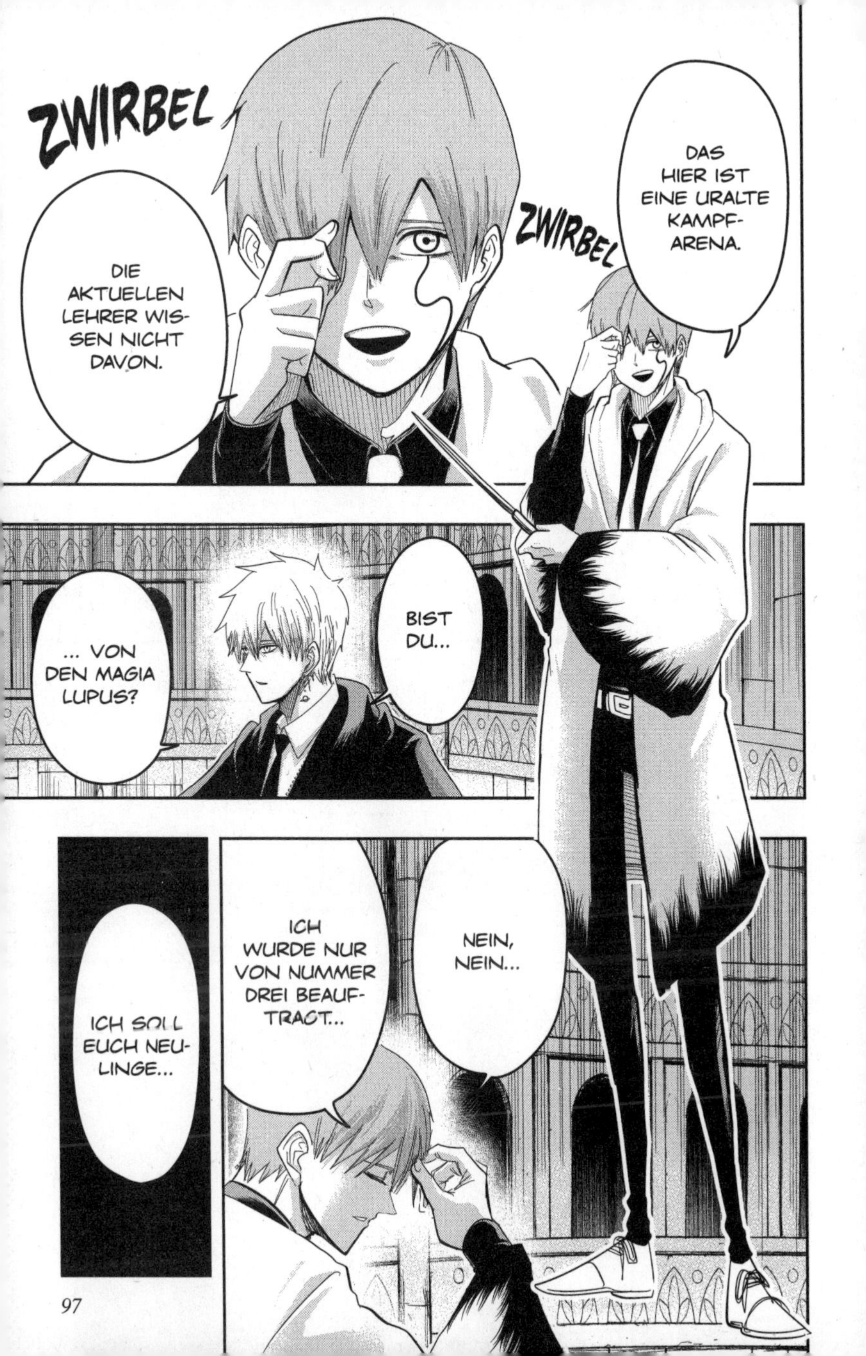
ZWIRBEL
DAS HIER IST EINE URALTE KAMPF-ARENA.
ZWIRBEL
DIE AKTUELLEN LEHRER WIS-SEN NICHT DAVON.
BIST DU...
... VON DEN MAGIA LUPUS?
NEIN, NEIN...
ICH WURDE NUR VON NUMMER DREI BEAUF-TRAGT...
ICH SOLL EUCH NEU-LINGE...

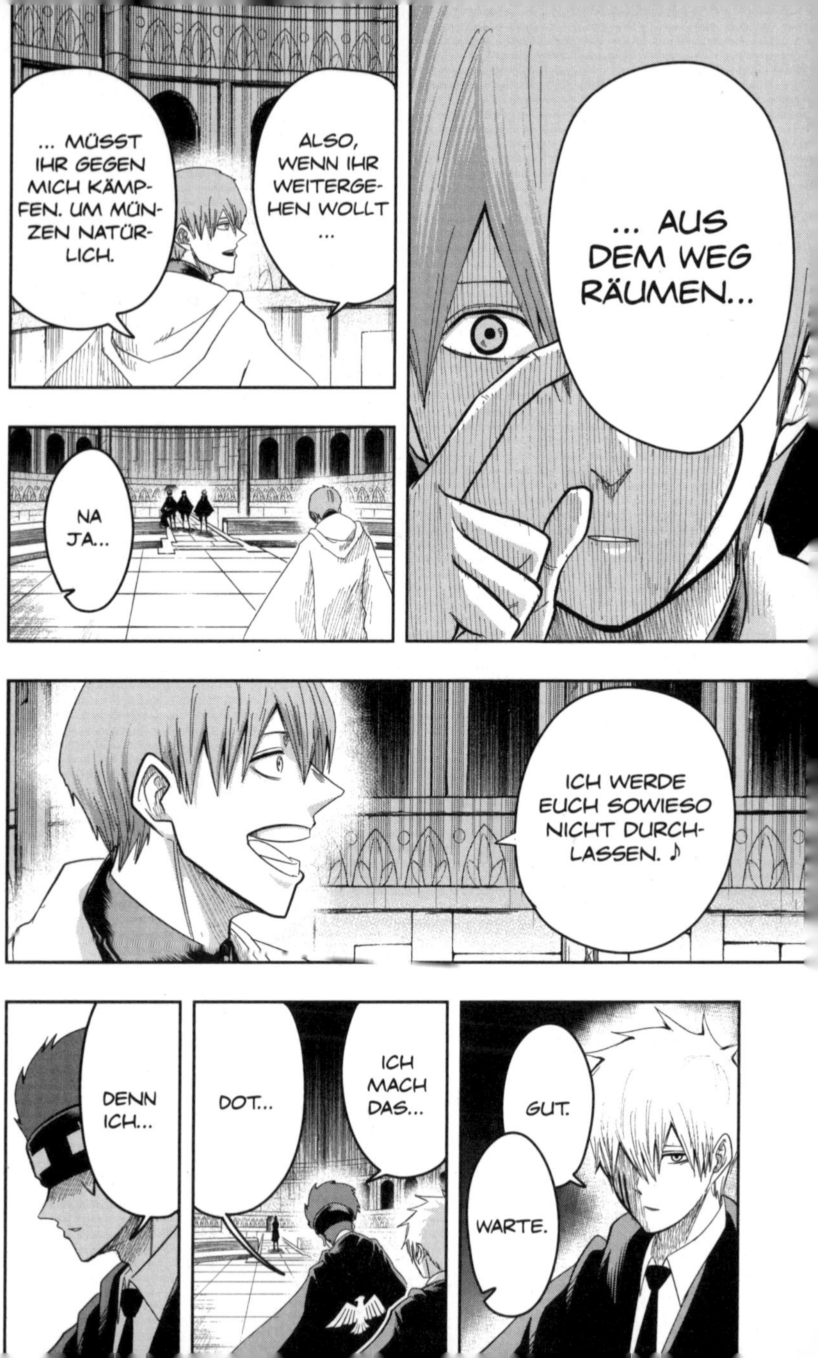
... AUS DEM WEG RÄUMEN...
ALSO, WENN IHR WEITERGEHEN WOLLT ...
... MÜSST IHR GEGEN MICH KÄMPFEN. UM MÜNZEN NATÜRLICH.
NA JA...
ICH WERDE EUCH SOWIESO NICHT DURCHLASSEN. ♪
GUT.
WARTE.
ICH MACH DAS...
DOT...
DENN ICH...

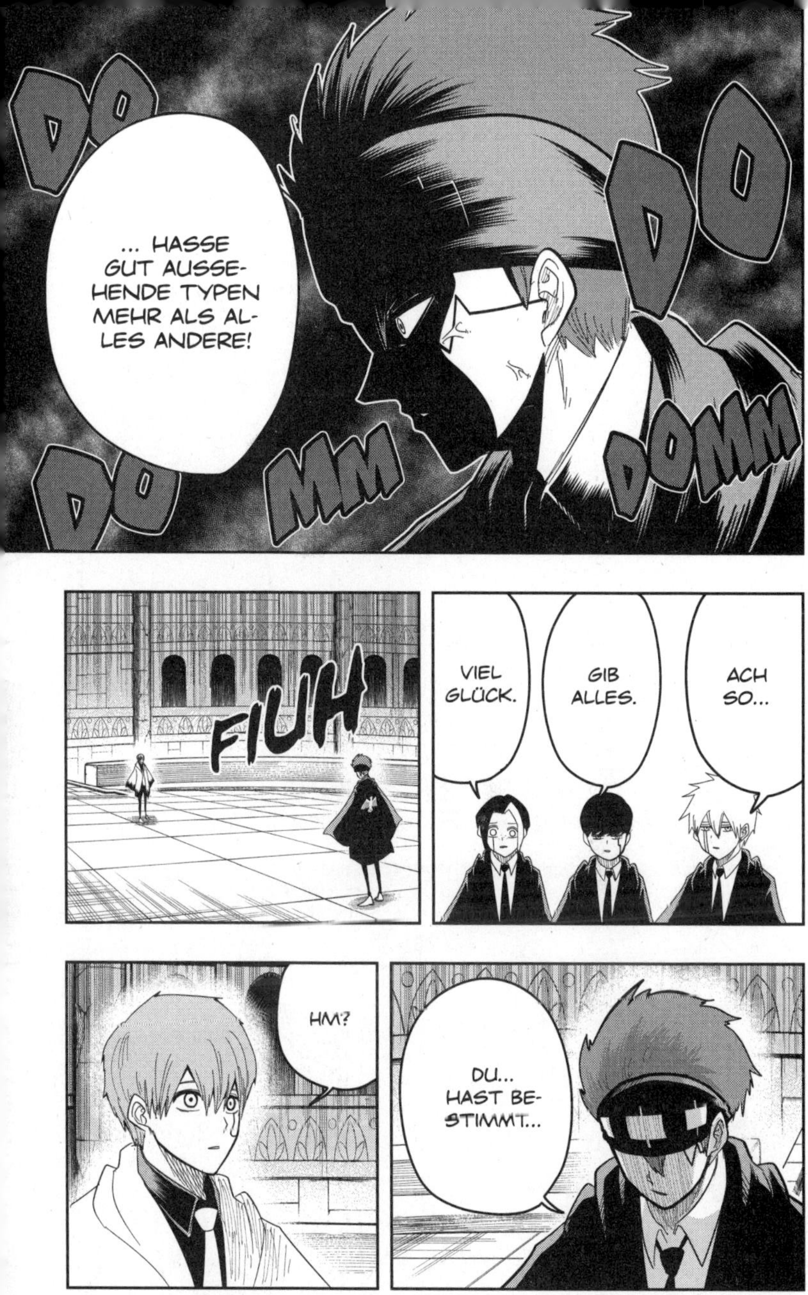
DO
DOMM
... HASSE GUT AUSSE-HENDE TYPEN MEHR ALS AL-LES ANDERE!
DO
DO
MM
ACH SO...
GIB ALLES.
VIEL GLÜCK.
FIUH
DU... HAST BE-STIMMT...
HM?

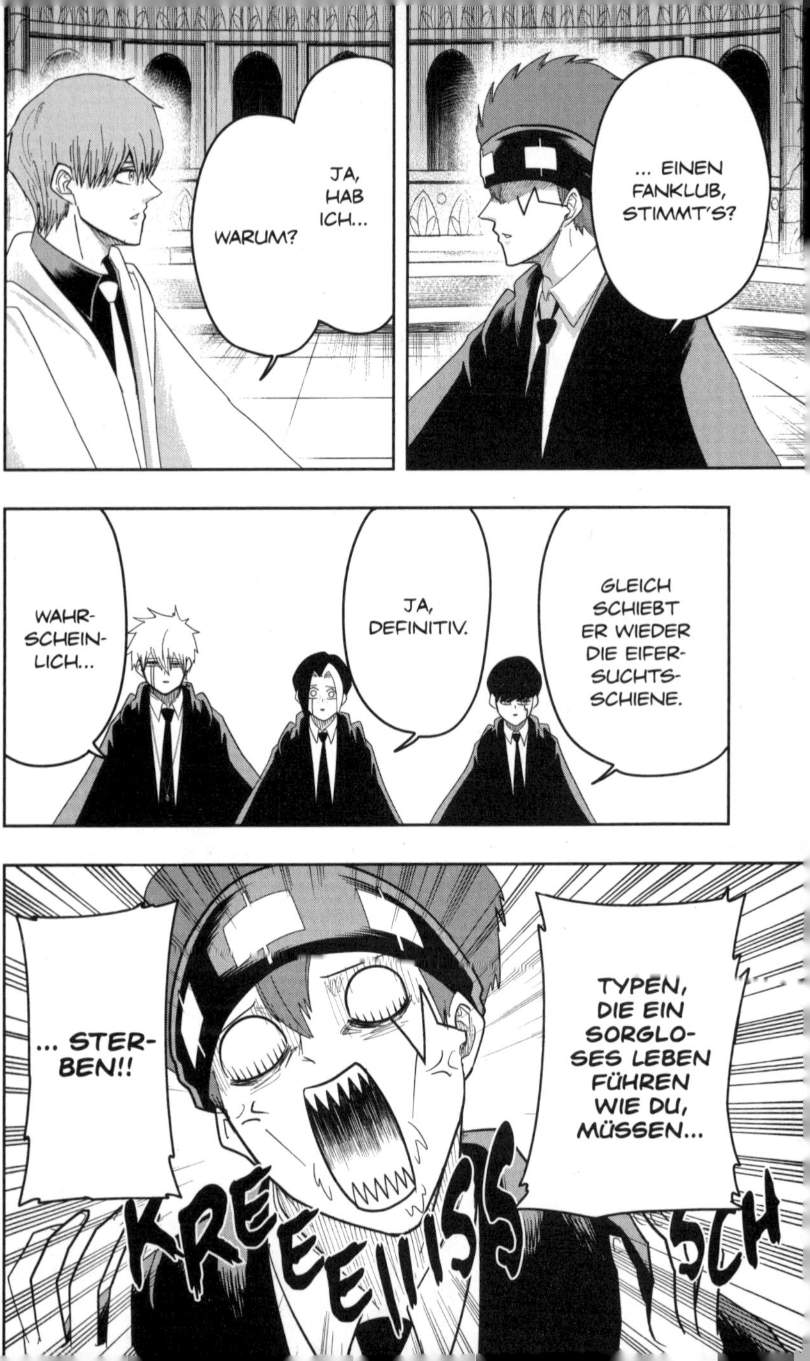

... EINEN FANKLUB, STIMMT'S?
JA, HAB ICH...
WARUM?
GLEICH SCHIEBT ER WIEDER DIE EIFER-SUCHTS-SCHIENE.
JA, DEFINITIV.
WAHR-SCHEIN-LICH...
TYPEN, DIE EIN SORGLO-SES LEBEN FÜHREN WIE DU, MÜSSEN...
... STER-BEN!!

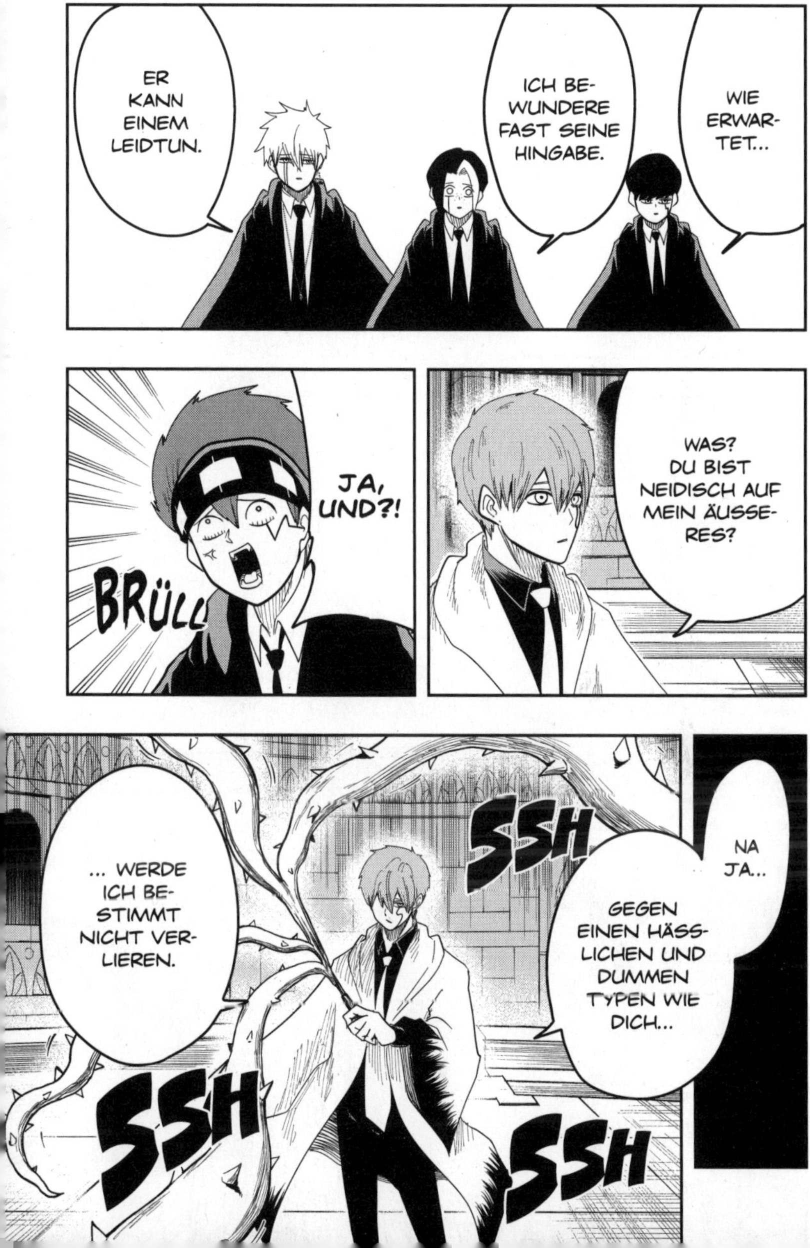
WIE ERWARTET...
ICH BEWUNDERE FAST SEINE HINGABE.
ER KANN EINEM LEIDTUN.
WAS? DU BIST NEIDISCH AUF MEIN ÄUSSERES?
JA, UND?!
BRÜLL
SSH
NA JA...
GEGEN EINEN HÄSSLICHEN UND DUMMEN TYPEN WIE DICH...
... WERDE ICH BESTIMMT NICHT VERLIEREN.
SSH
SSH

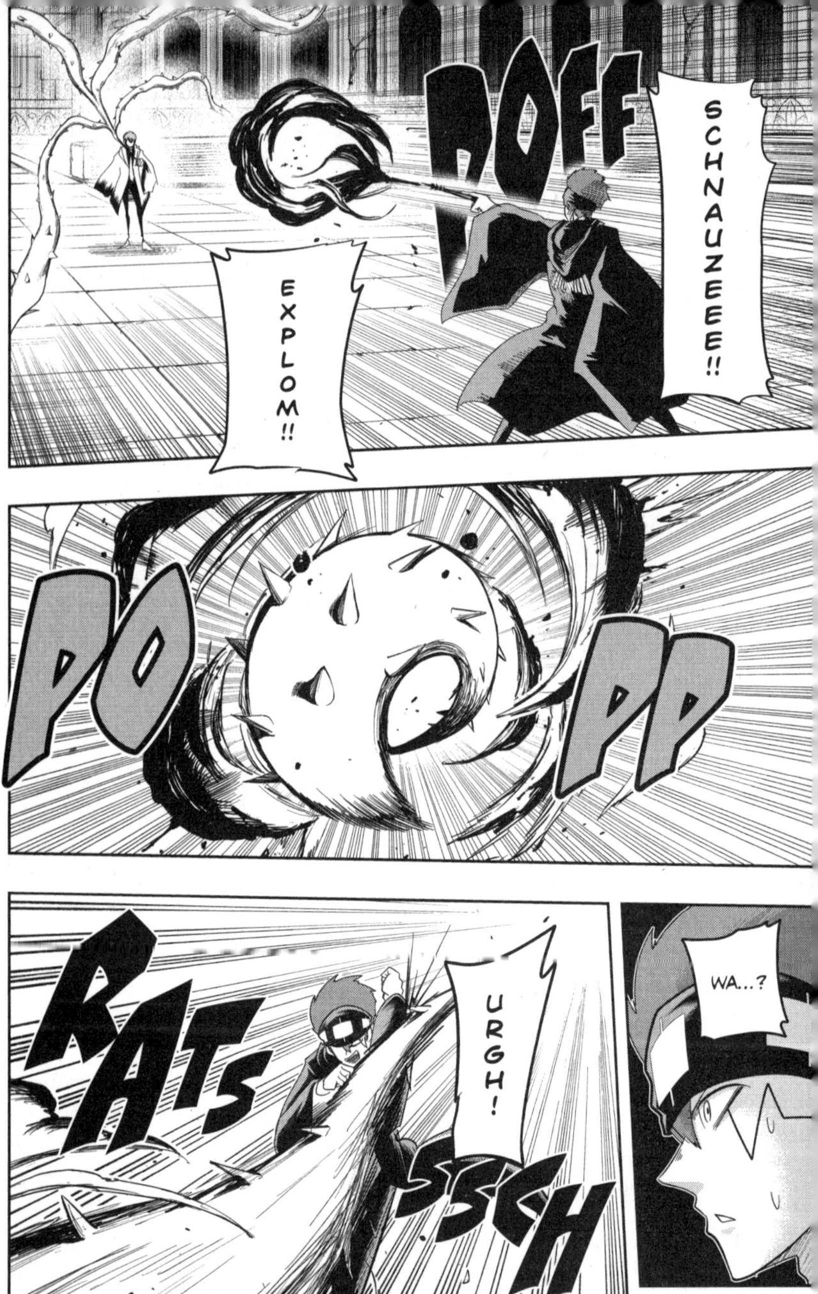
SCHNAUZEEE!!
ROFF
EXPLOM!!
POPP
WA...?
URGH!
RATSSCH

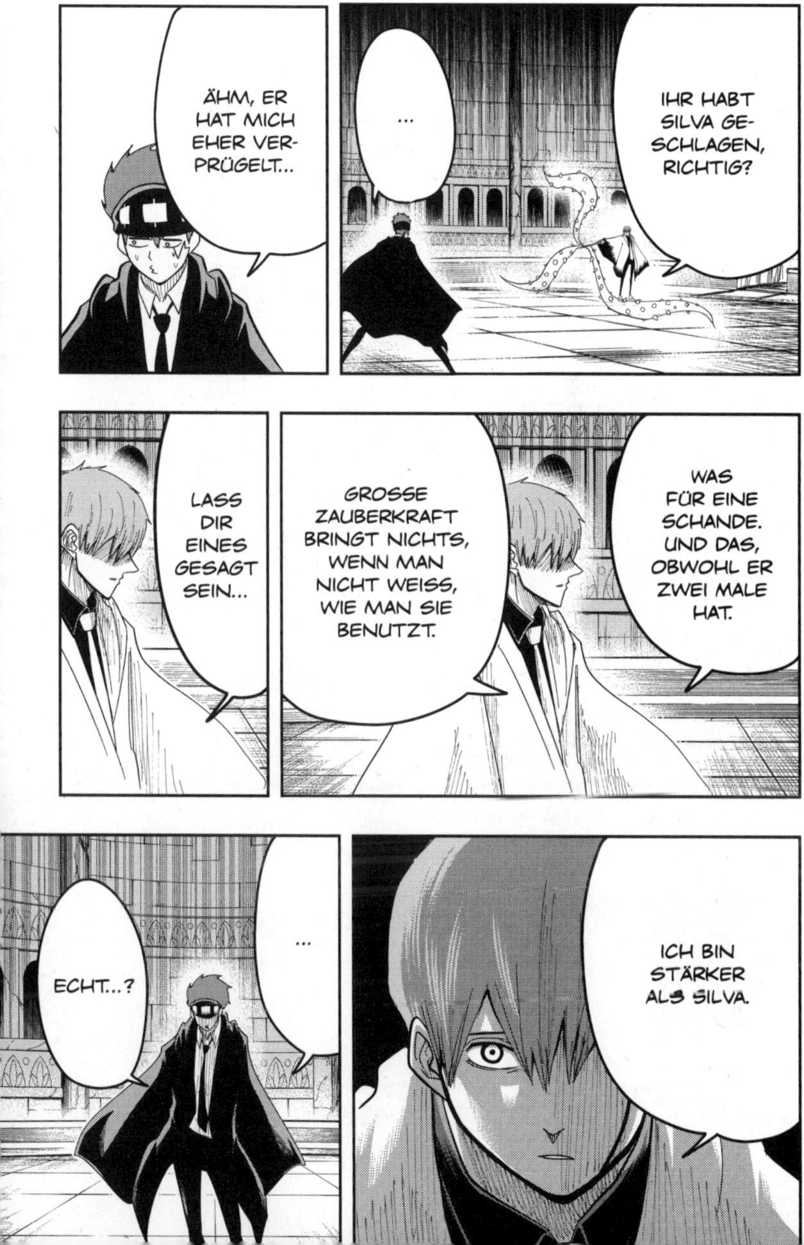
IHR HABT SILVA GESCHLAGEN, RICHTIG?
...
ÄHM, ER HAT MICH EHER VERPRÜGELT...
WAS FÜR EINE SCHANDE. UND DAS, OBWOHL ER ZWEI MALE HAT.
GROSSE ZAUBERKRAFT BRINGT NICHTS, WENN MAN NICHT WEISS, WIE MAN SIE BENUTZT.
LASS DIR EINES GESAGT SEIN...
ICH BIN STÄRKER ALS SILVA.
...
ECHT...?

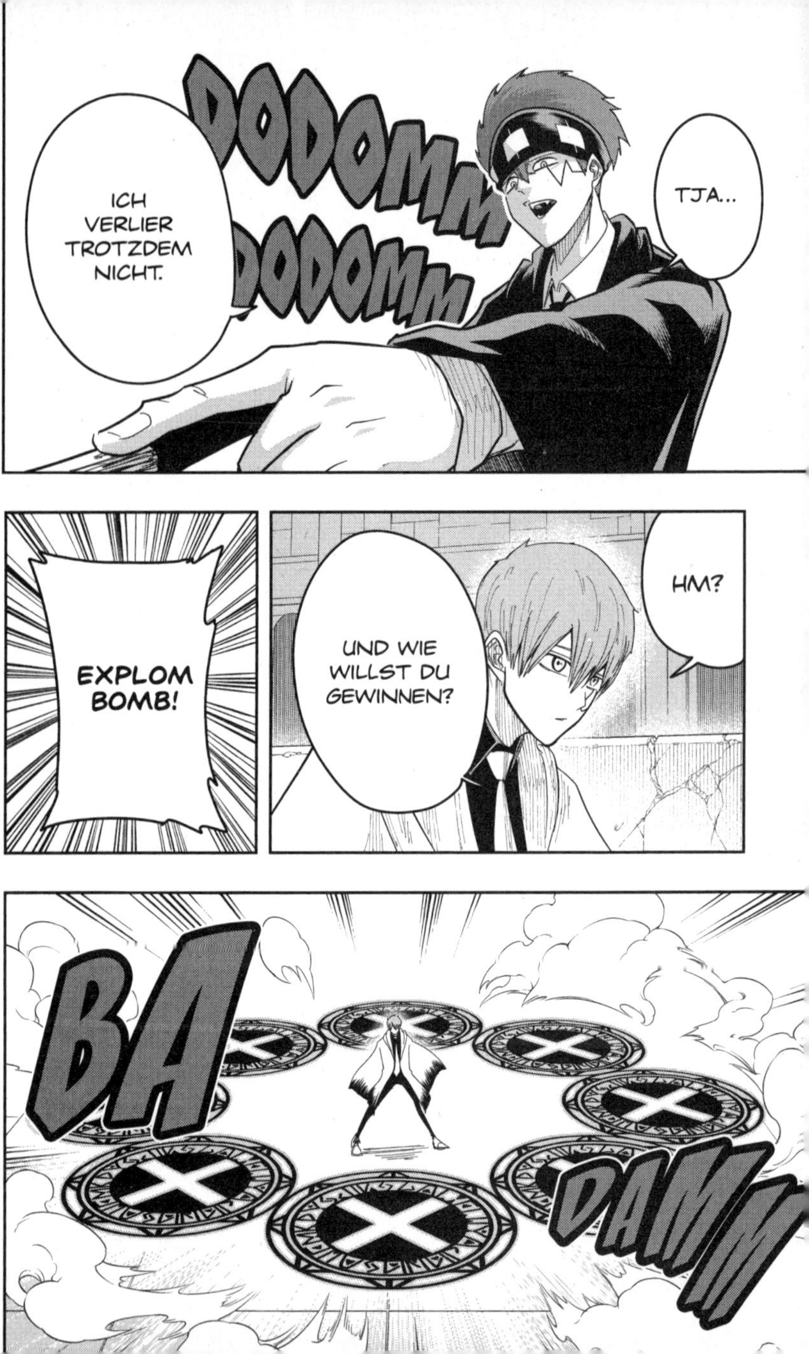
DODOMM
DODOMM
TJA...
ICH VERLIER TROTZDEM NICHT.
HM?
UND WIE WILLST DU GEWINNEN?
EXPLOM BOMB!
BA
DAMM

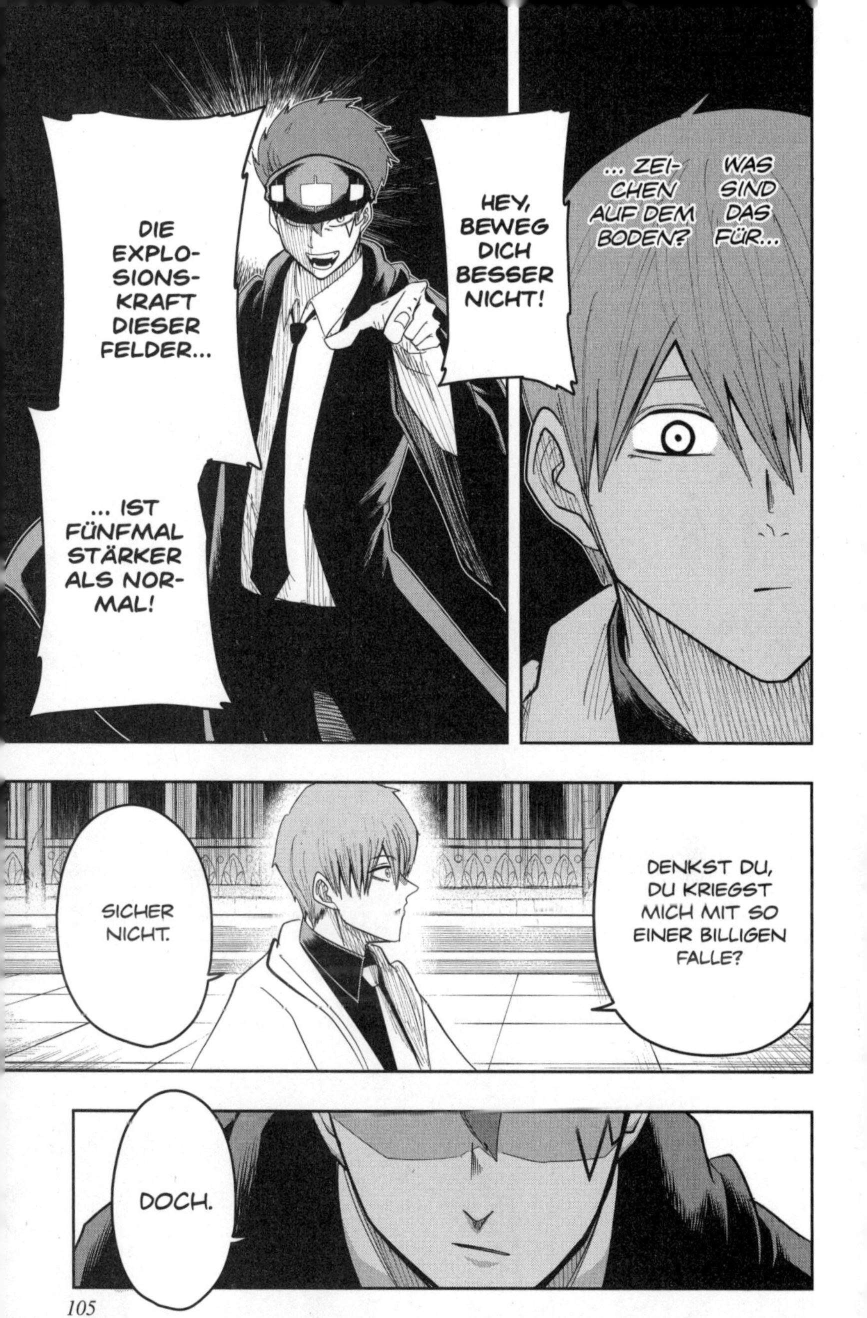
WAS SIND DAS FÜR...
... ZEICHEN AUF DEM BODEN?
HEY, BEWEG DICH BESSER NICHT!
DIE EXPLOSIONSKRAFT DIESER FELDER...
... IST FÜNFMAL STÄRKER ALS NORMAL!
DENKST DU, DU KRIEGST MICH MIT SO EINER BILLIGEN FALLE?
SICHER NICHT.
DOCH.

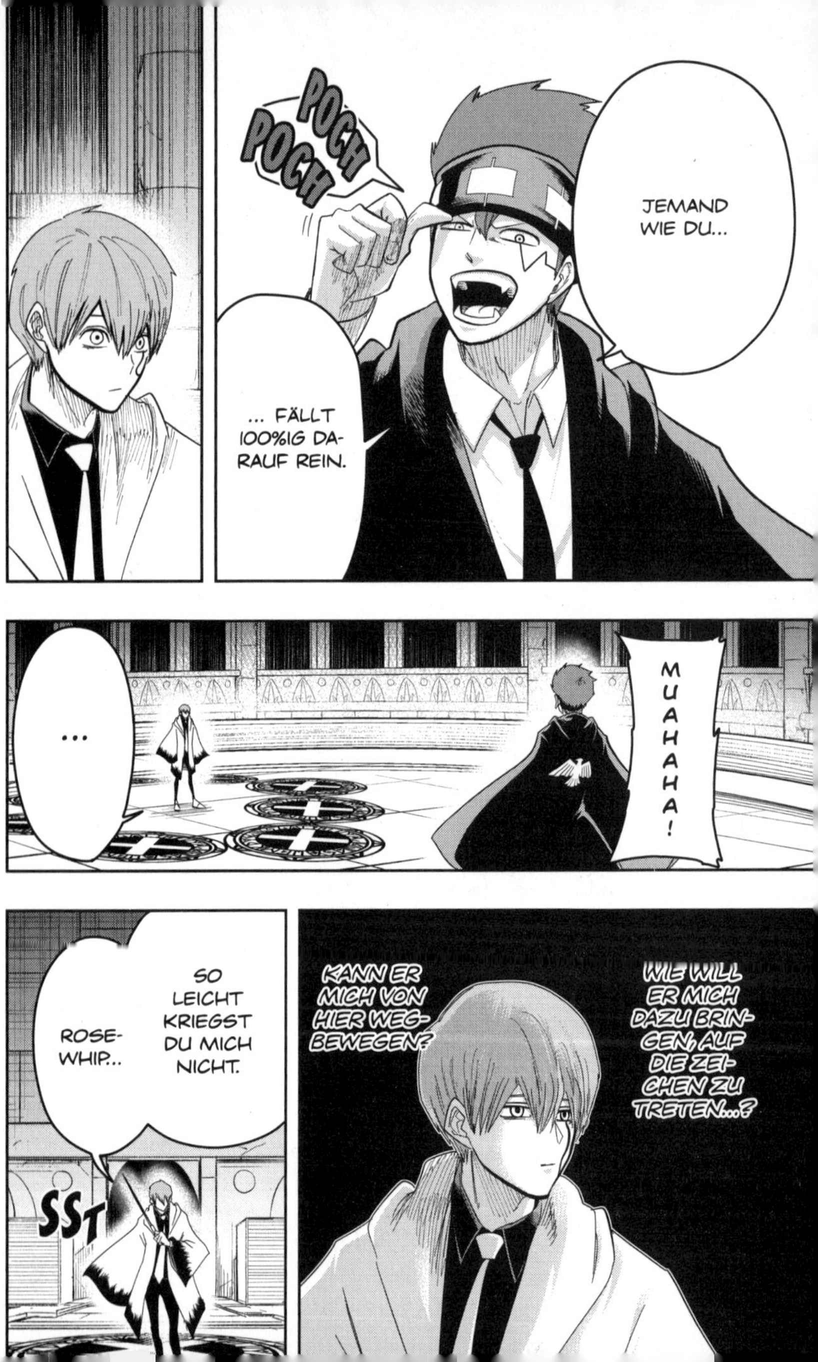

JEMAND WIE DU...
POCH POCH
... FÄLLT 100%IG DA-RAUF REIN.
MUAHAHA!
...
WIE WILL ER MICH DAZU BRIN-GEN, AUF DIE ZEI-CHEN ZU TRETEN...?
KANN ER MICH VON HIER WEG-BEWEGEN?
SO LEICHT KRIEGST DU MICH NICHT.
ROSE-WHIP...
SST

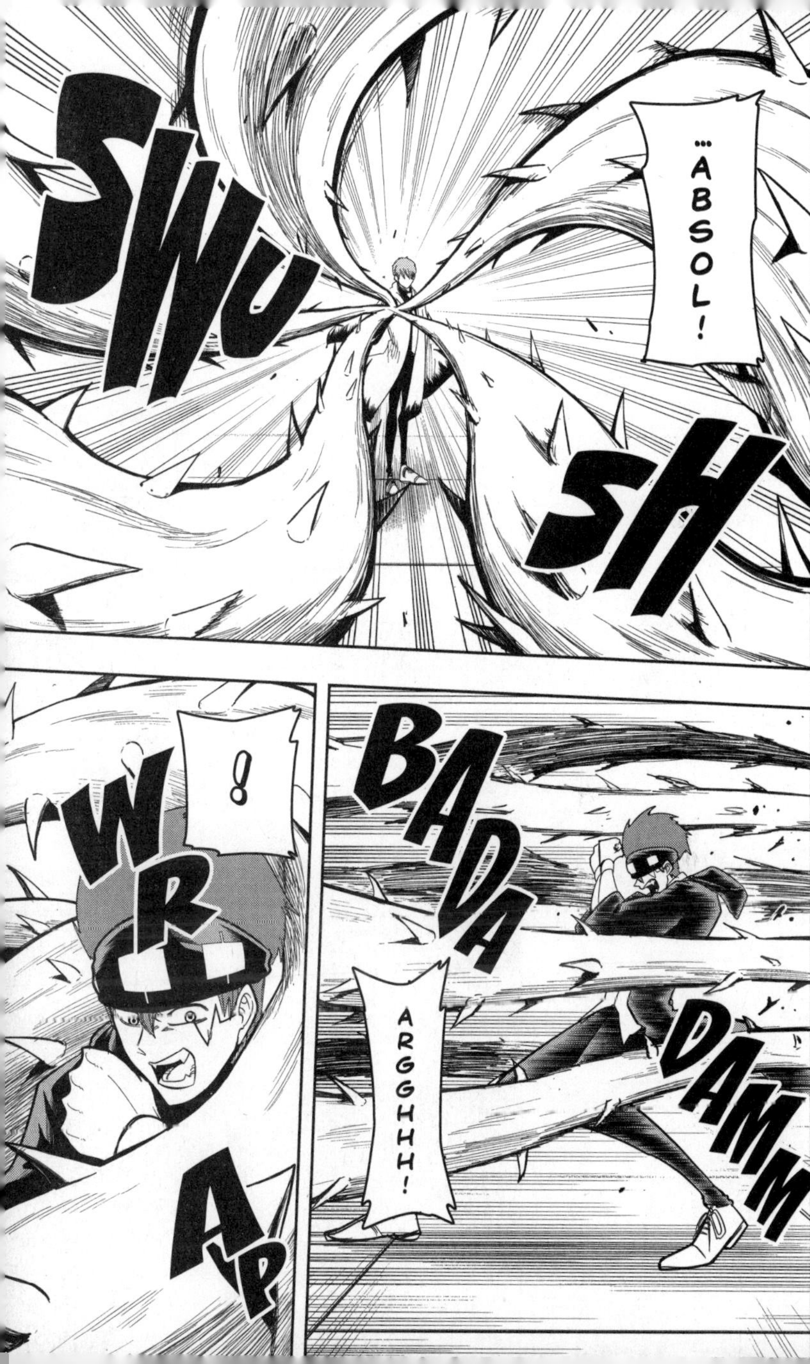
...ABSOL!
SWU
SH
BADA
DAMM
ARGGHHH!
!
WR
AP

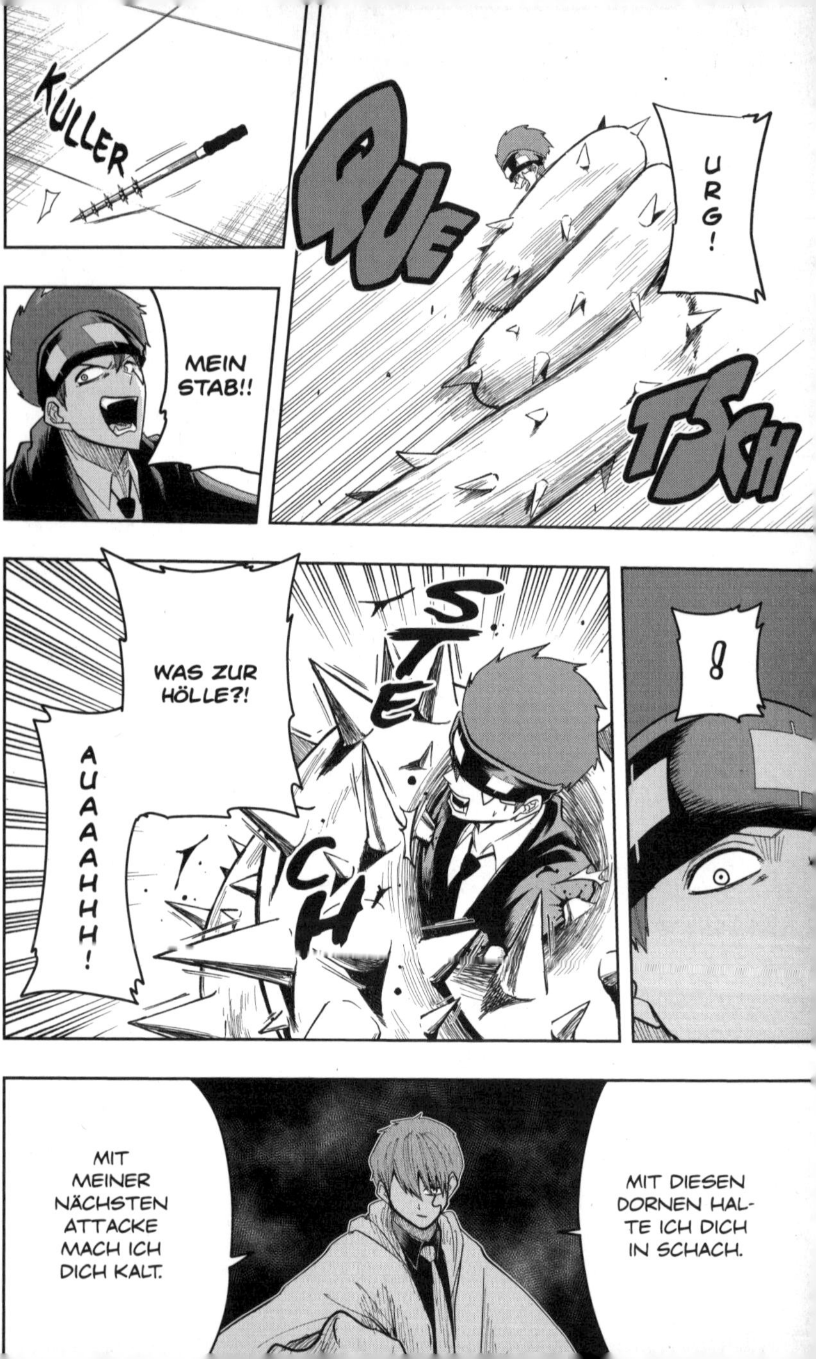
QUE
TSCH
URG!
KULLER
MEIN STAB!!
!
STE
CH
WAS ZUR HÖLLE?!
AUAAAAHHH!
MIT DIESEN DORNEN HALTE ICH DICH IN SCHACH.
MIT MEINER NÄCHSTEN ATTACKE MACH ICH DICH KALT.

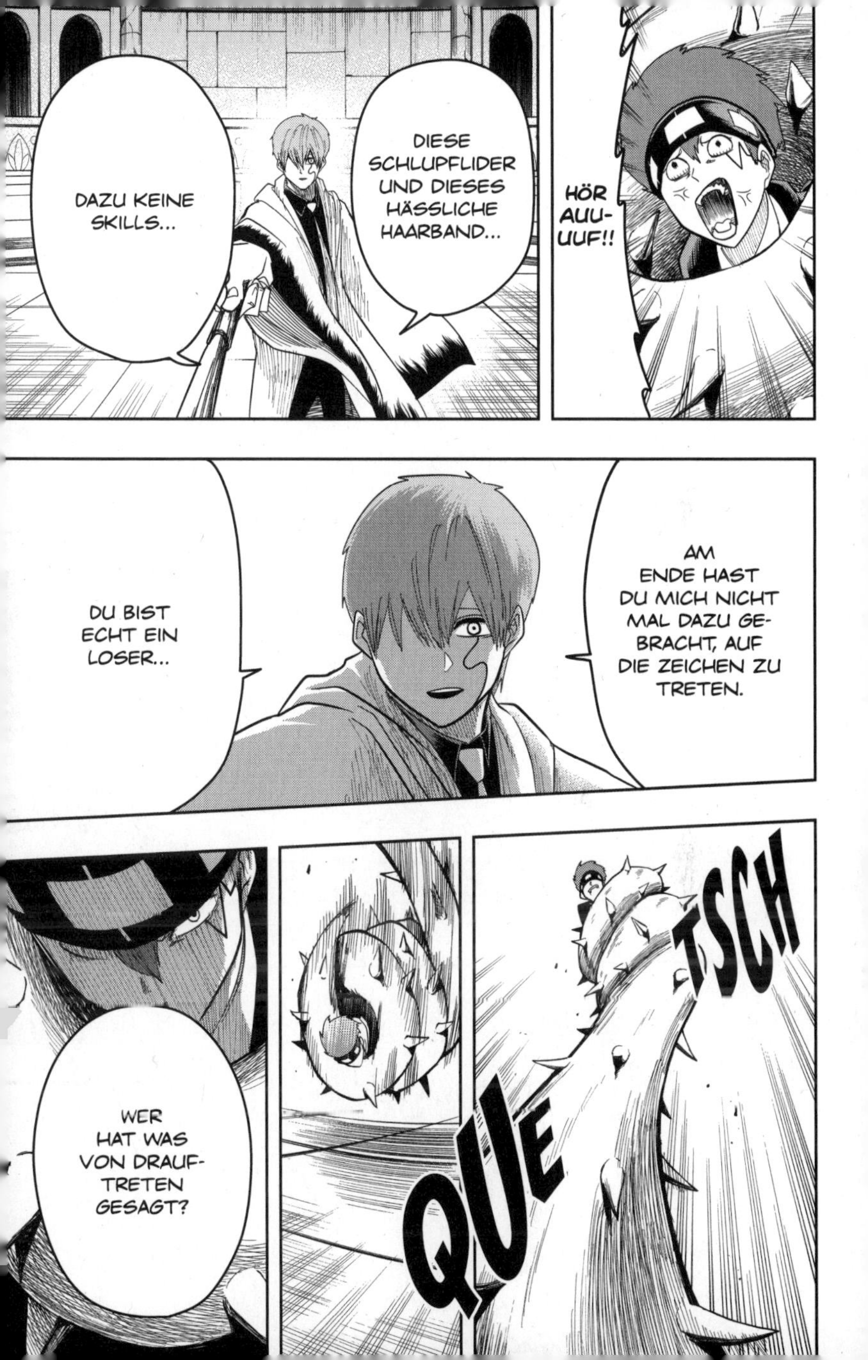
HÖR AUU-UUF!!
DIESE SCHLUPFLIDER UND DIESES HÄSSLICHE HAARBAND...
DAZU KEINE SKILLS...
AM ENDE HAST DU MICH NICHT MAL DAZU GE-BRACHT, AUF DIE ZEICHEN ZU TRETEN.
DU BIST ECHT EIN LOSER...
QUETSCH
WER HAT WAS VON DRAUF-TRETEN GESAGT?

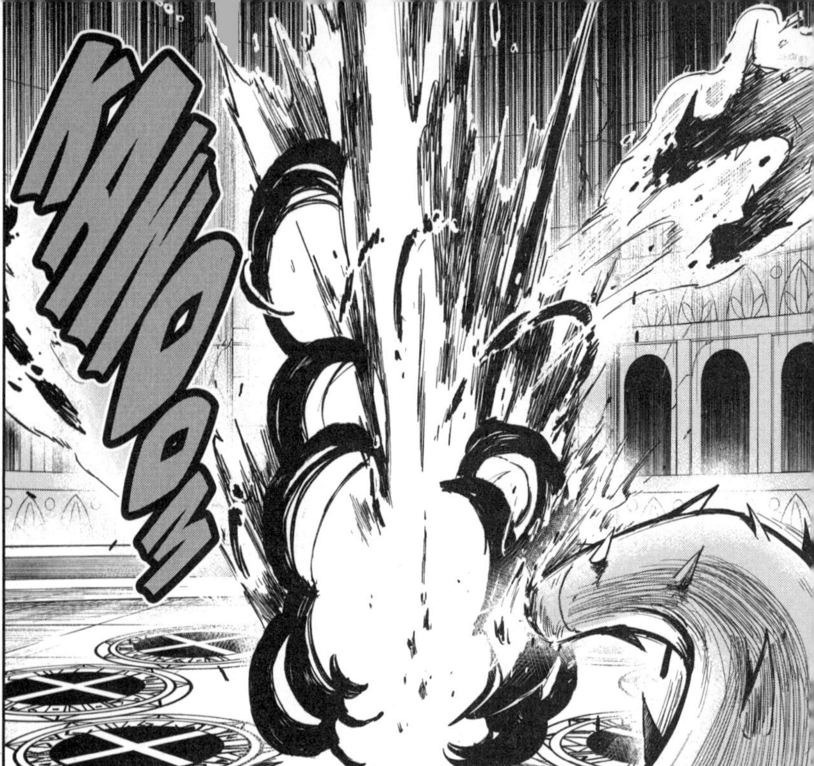
KAWOOM
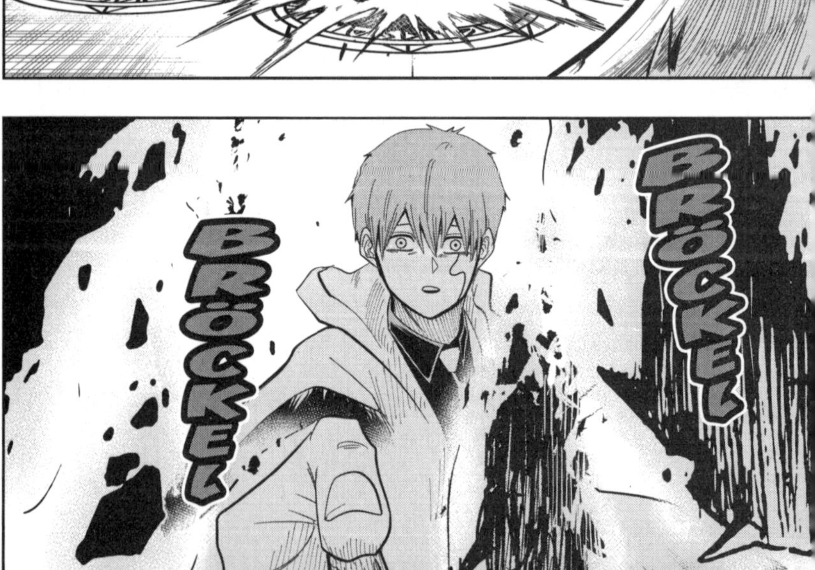
BRÖCKEL
BRÖCKEL

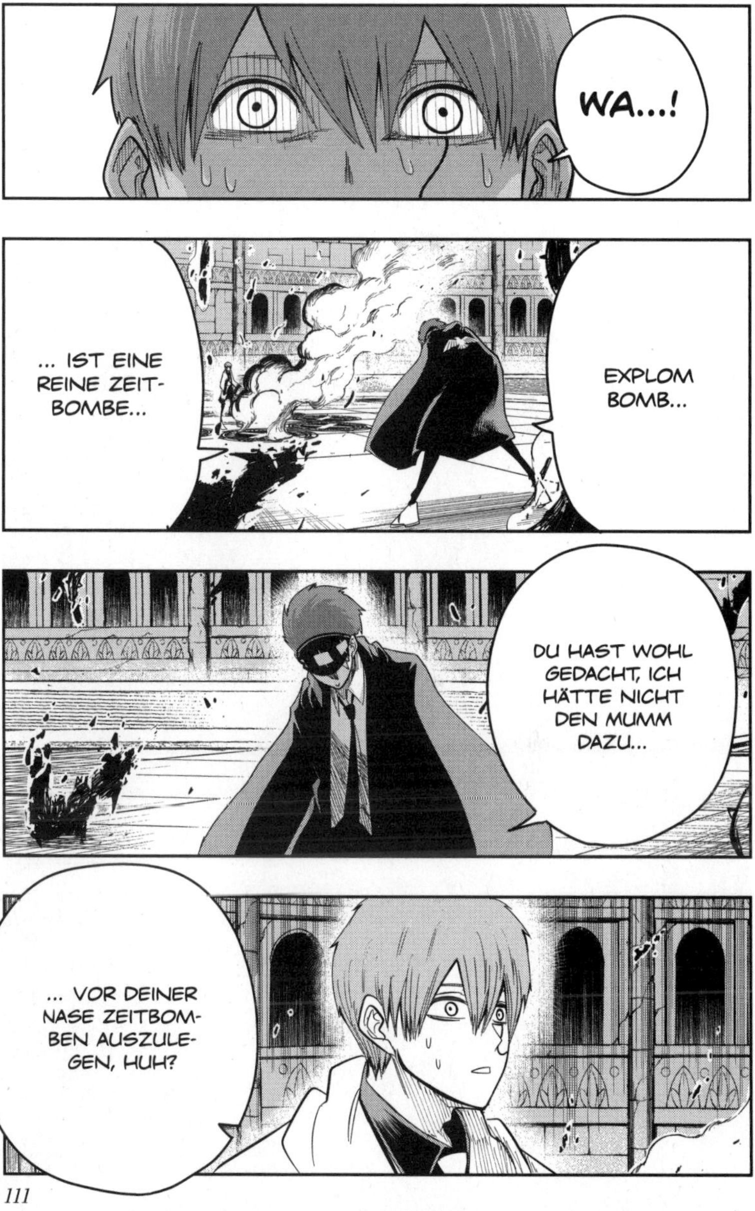
WA...!
EXPLOM BOMB...
... IST EINE REINE ZEIT-BOMBE...
DU HAST WOHL GEDACHT, ICH HÄTTE NICHT DEN MUMM DAZU...
... VOR DEINER NASE ZEITBOMBEN AUSZULEGEN, HUH?

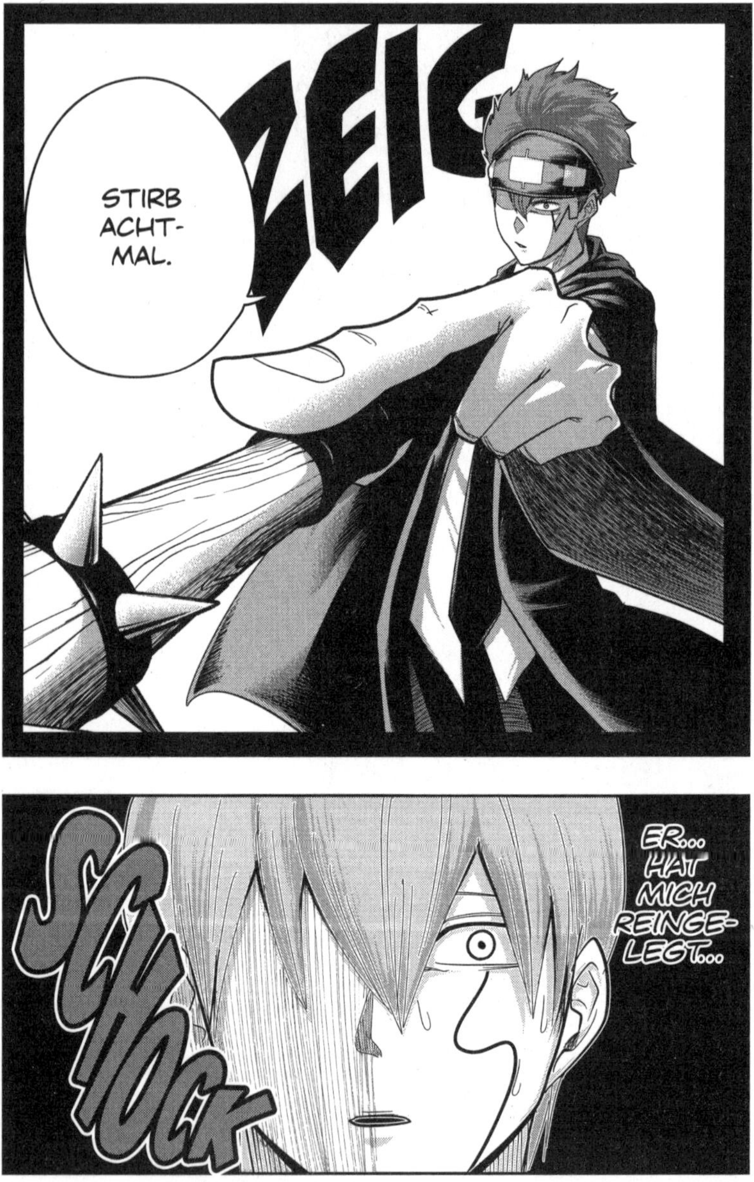
ZEIG
STIRB ACHT-MAL.
ER... HAT MICH REINGE-LEGT...
SCHOCK

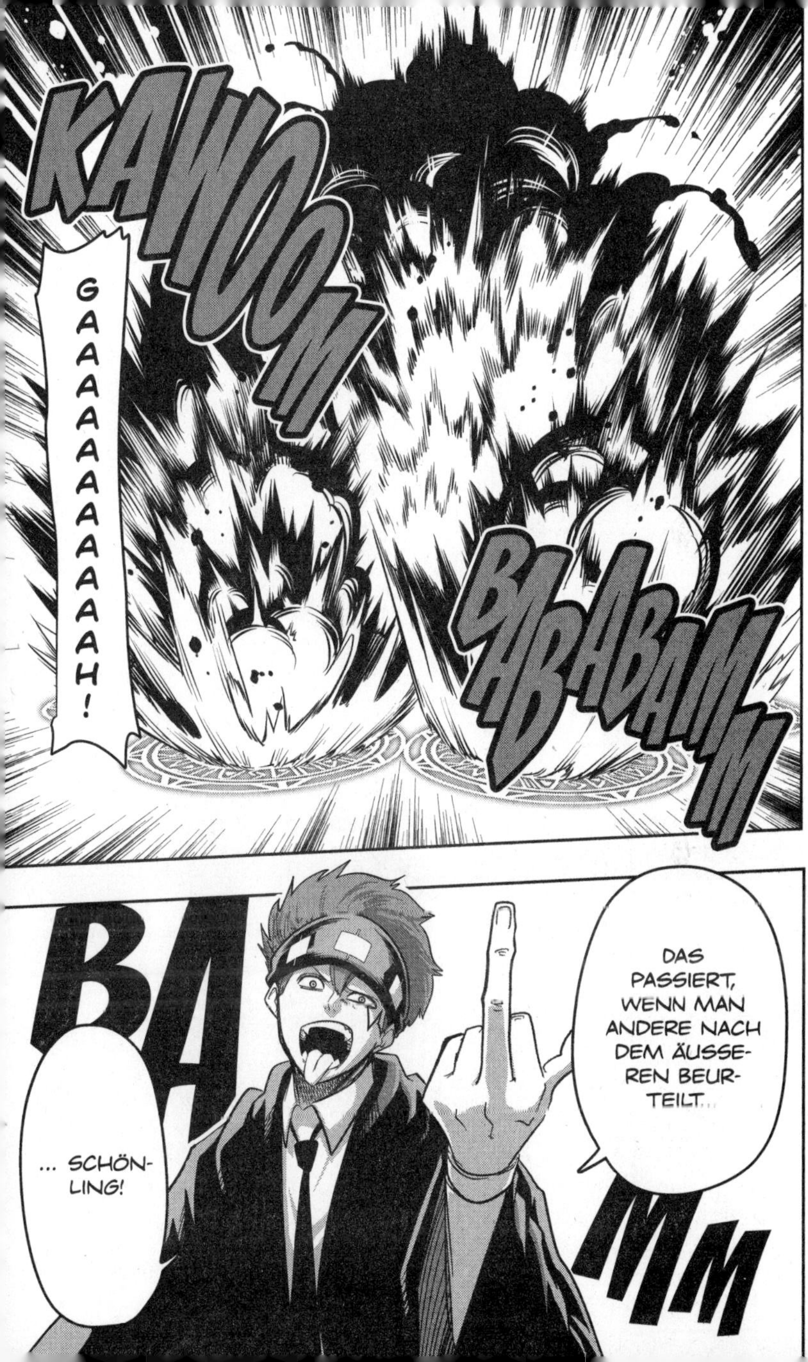
KAWOOOM
GAAAAAAAAAAAAAAAH!
BABABABAMMM
DAS PASSIERT, WENN MAN ANDERE NACH DEM ÄUSSE-REN BEUR-TEILT...
... SCHÖN-LING!
BAMM

Extra 4

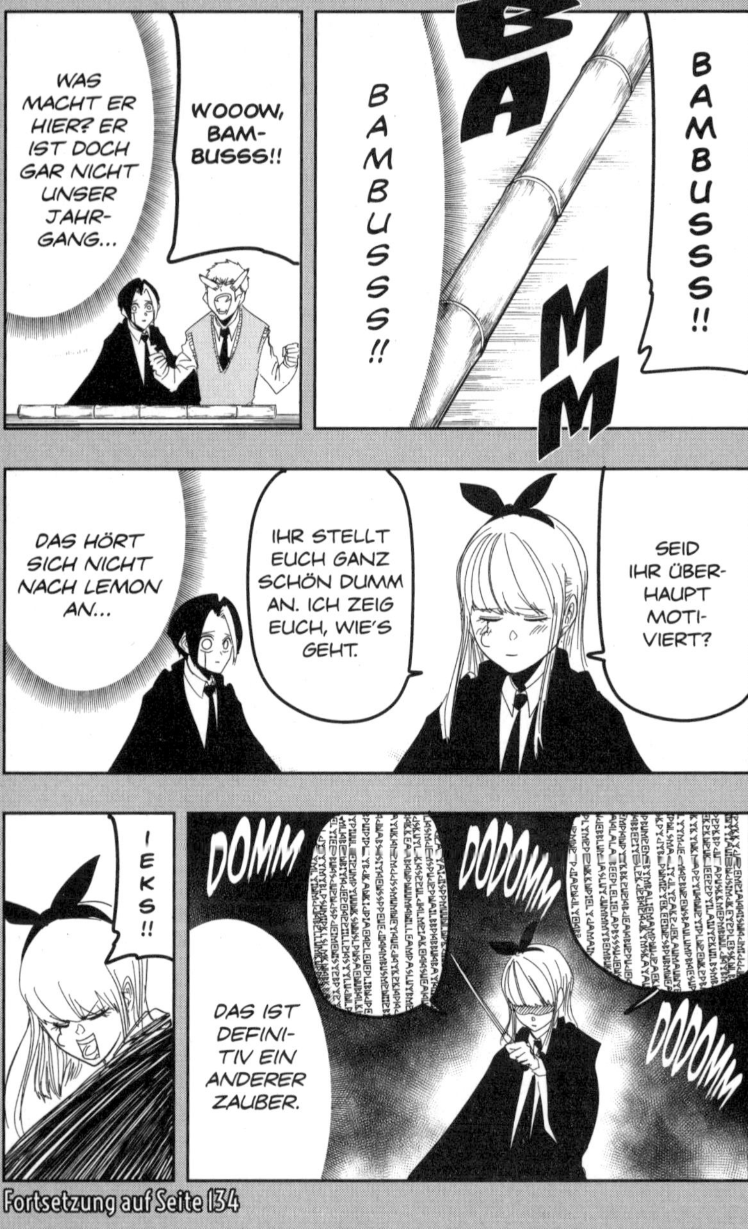

Fortsetzung auf Seite 134

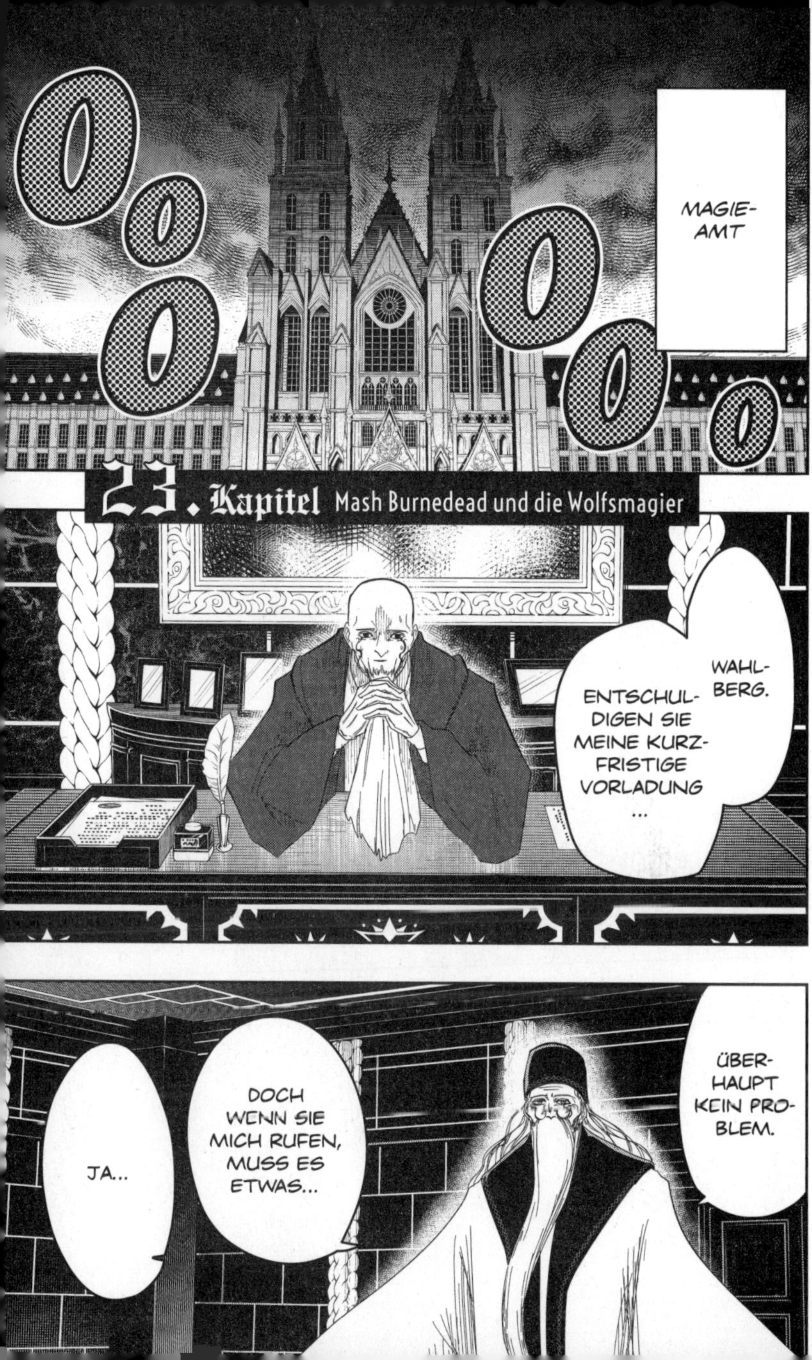
MAGIE-
AMT
23. Kapitel Mash Burnedead und die Wolfsmagier
WAHL-
BERG.
ENTSCHUL-
DIGEN SIE
MEINE KURZ-
FRISTIGE
VORLADUNG
...
ÜBER-
HAUPT
KEIN PRO-
BLEM.
DOCH
WENN SIE
MICH RUFEN,
MUSS ES
ETWAS...
JA...

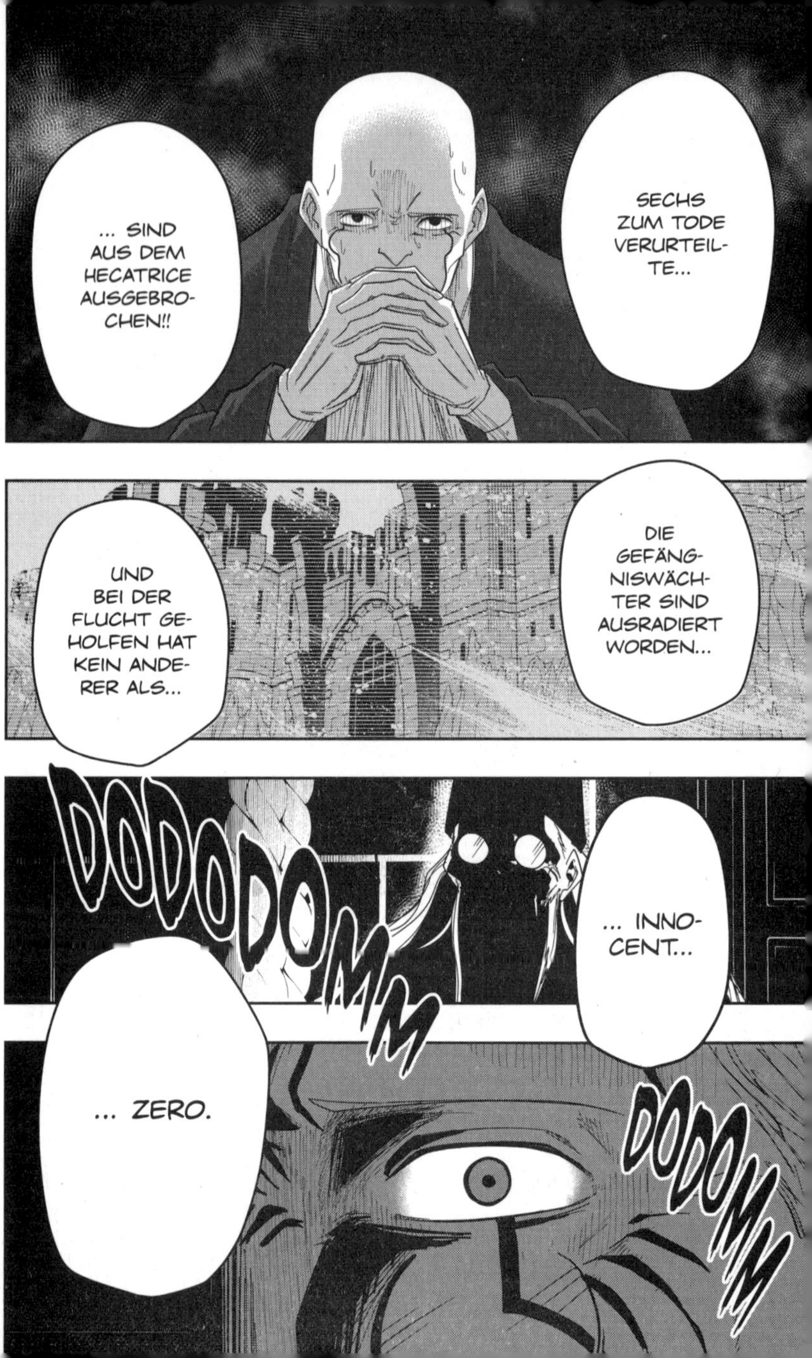
SECHS ZUM TODE VERURTEIL-TE...
... SIND AUS DEM HECATRICE AUSGEBRO-CHEN!!
DIE GEFÄNG-NISWÄCH-TER SIND AUSRADIERT WORDEN...
UND BEI DER FLUCHT GE-HOLFEN HAT KEIN ANDE-RER ALS...
DODODOMM
... INNO-CENT...
... ZERO.
DODOMM

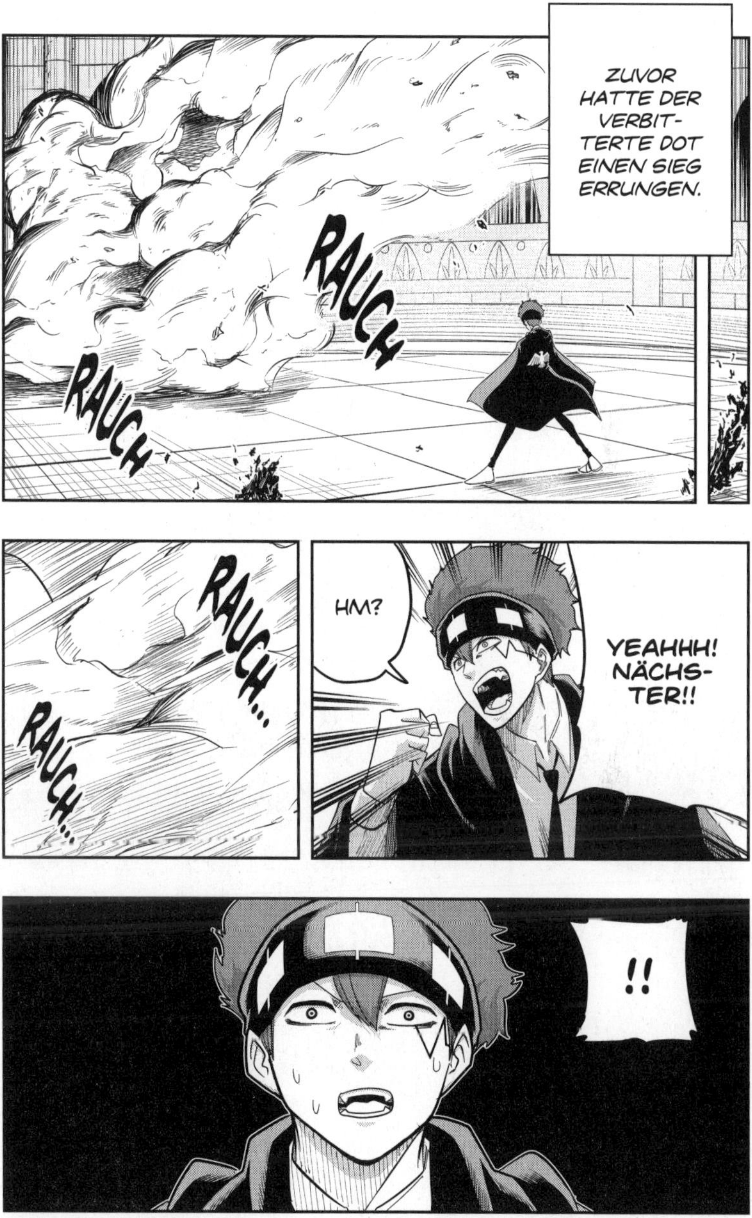
ZUVOR HATTE DER VERBIT-TERTE DOT EINEN SIEG ERRUNGEN.
RAUCH
RAUCH
RAUCH...
RAUCH...
YEAHHH! NÄCHS-TER!!
HM?
!!

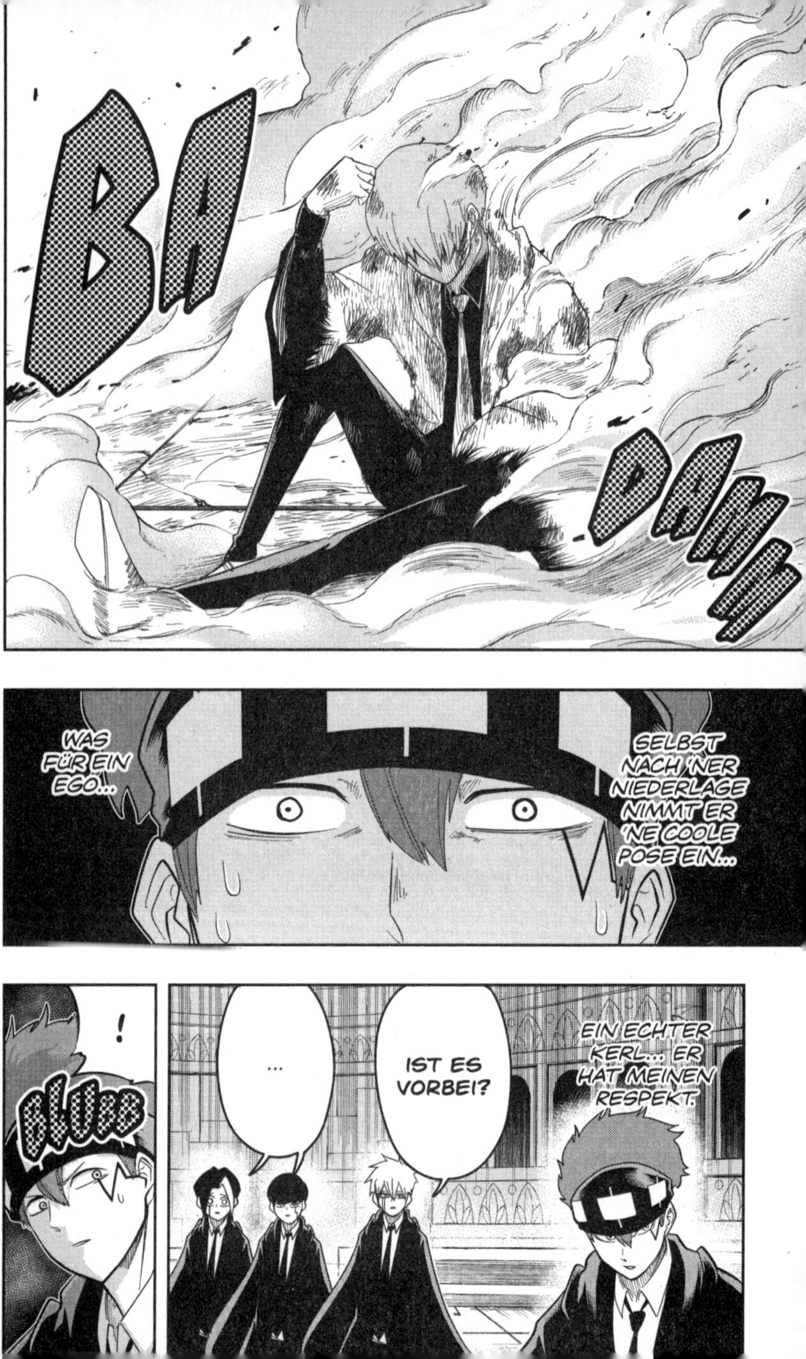

BA
DAMM
WAS FÜR EIN EGO...
SELBST NACH 'NER NIEDERLAGE NIMMT ER 'NE COOLE POSE EIN...
EIN ECHTER KERL... ER HAT MEINEN RESPEKT.
IST ES VORBEI?
...
!
BLUBB

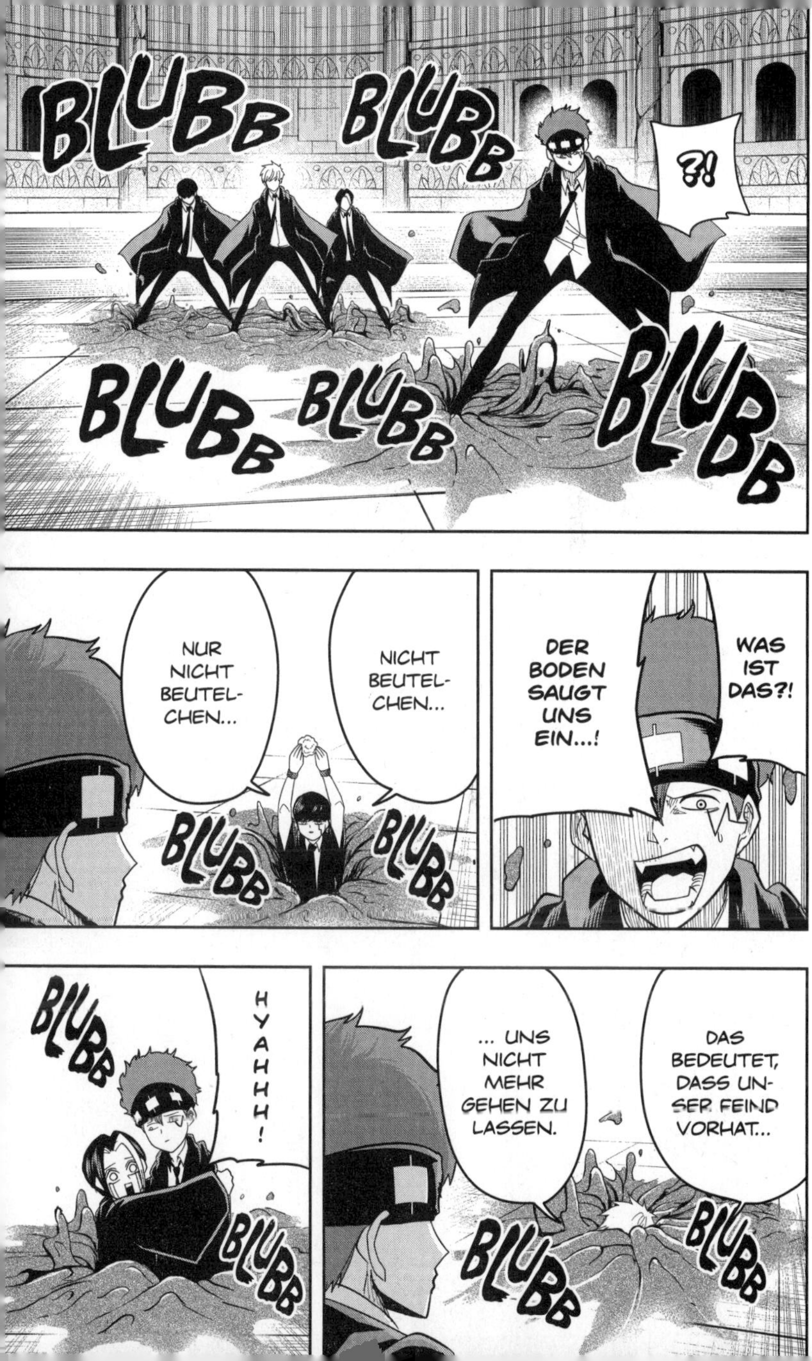
BLUBB
BLUBB
?!
BLUBB
BLUBB
BLUBB
WAS IST DAS?!
DER BODEN SAUGT UNS EIN...!
NICHT BEUTEL-CHEN...
NUR NICHT BEUTEL-CHEN...
BLUBB
BLUBB
DAS BEDEUTET, DASS UN-SER FEIND VORHAT...
... UNS NICHT MEHR GEHEN ZU LASSEN.
BLUBB
BLUBB
HYAHHH!
BLUBB
BLUBB

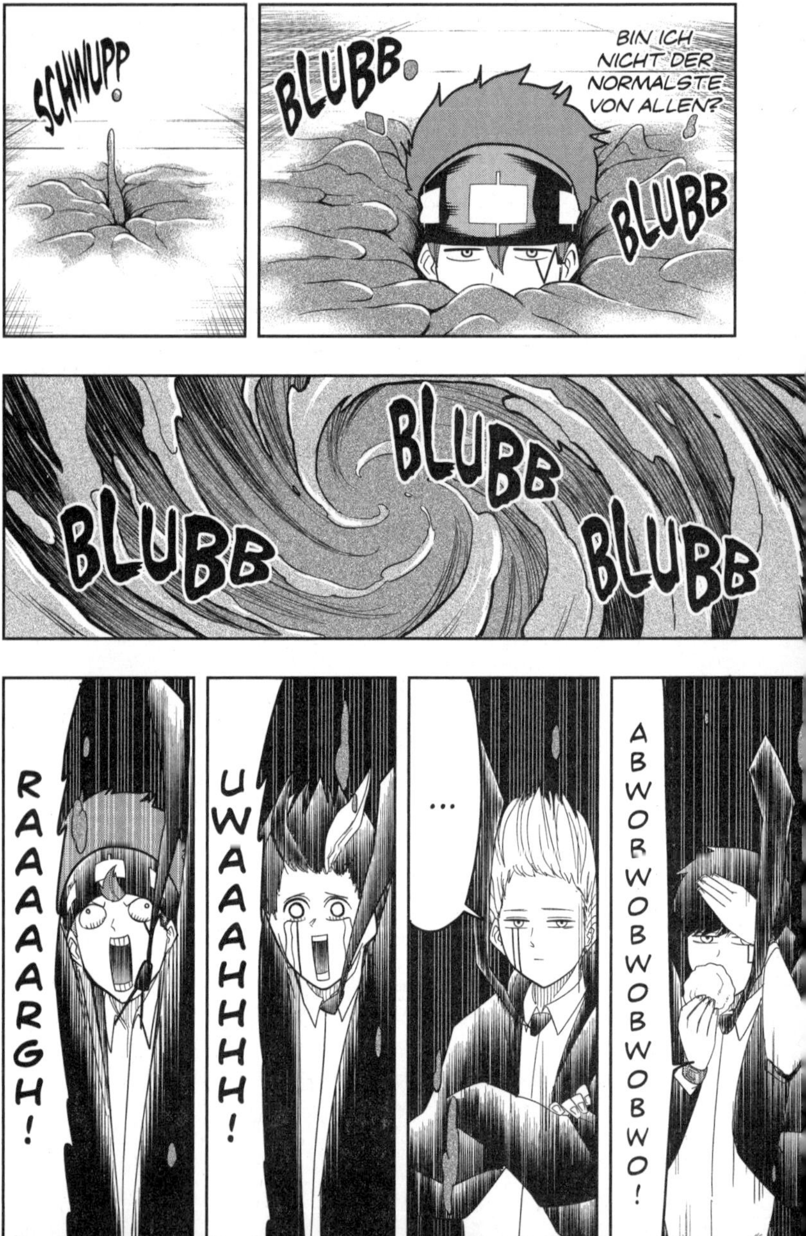
BLUBB
BIN ICH NICHT DER NORMALSTE VON ALLEN?
BLUBB
SCHWUPP
BLUBB
BLUBB
BLUBB
ABWOBWOBWOBWOBWO!
...
UWAAAAHHHHH!
RAAAAAAARGH!

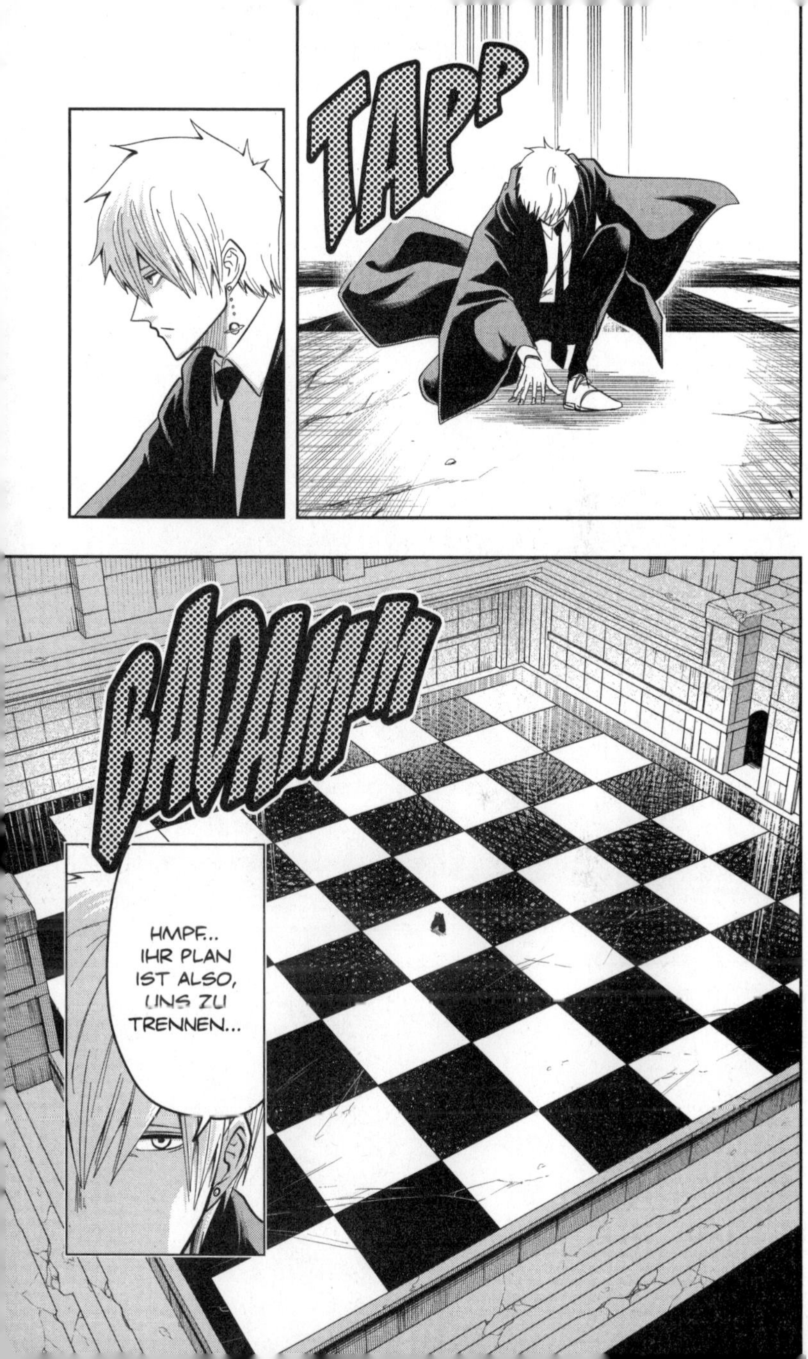
TAPP
HMPF...
IHR PLAN
IST ALSO,
UNS ZU
TRENNEN...

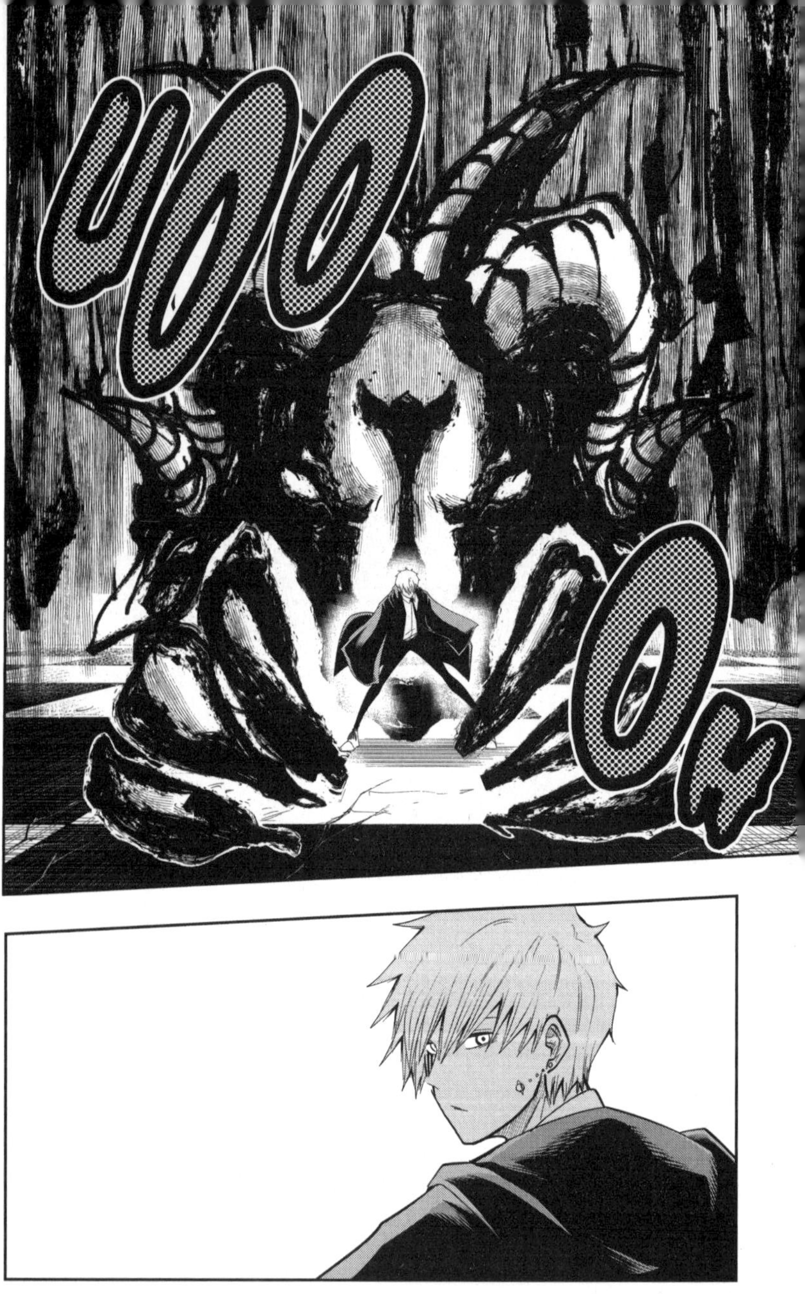

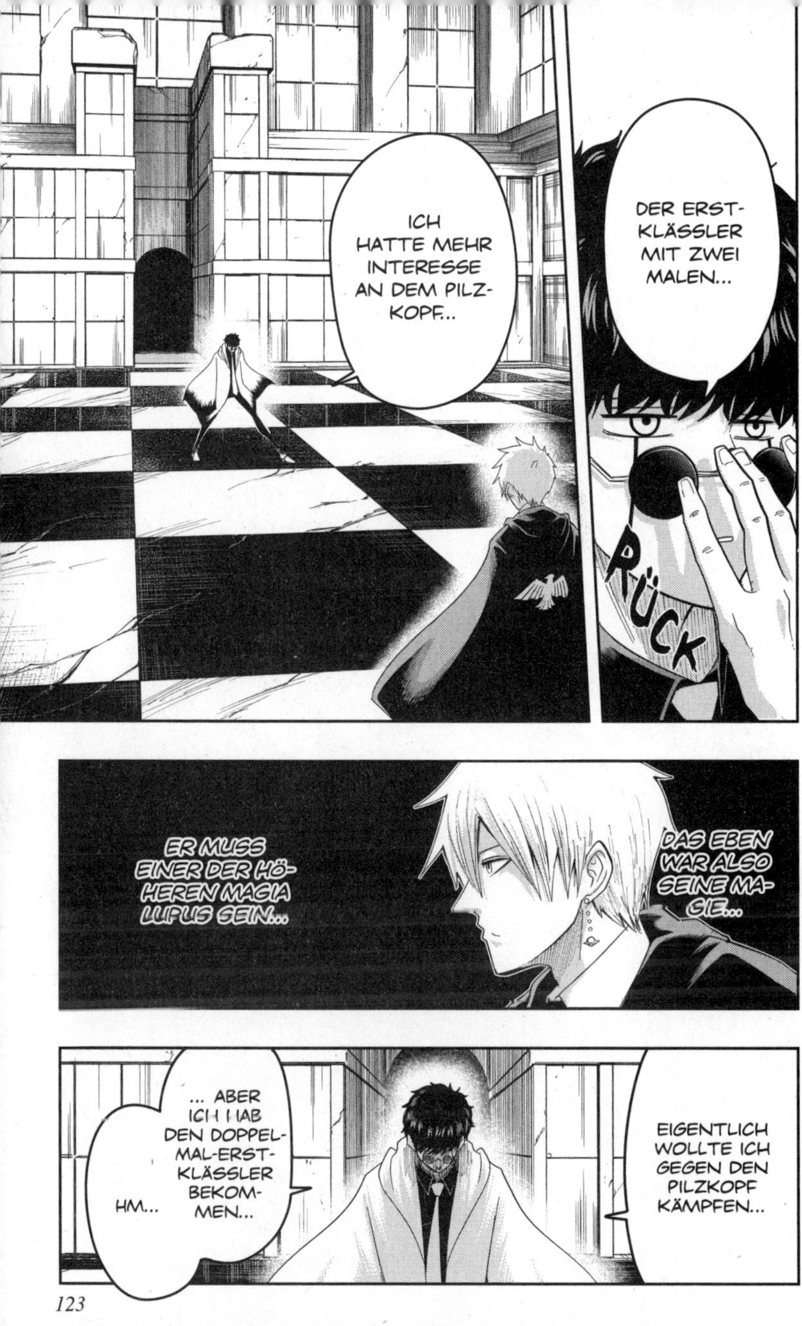
DER ERST-KLÄSSLER MIT ZWEI MALEN...
ICH HATTE MEHR INTERESSE AN DEM PILZ-KOPF...
RÜCK
DAS EBEN WAR ALSO SEINE MA-GIE...
ER MUSS EINER DER HÖ-HEREN MAGIA LUPUS SEIN...
EIGENTLICH WOLLTE ICH GEGEN DEN PILZKOPF KÄMPFEN...
... ABER ICH HAB DEN DOPPEL-MAL-ERST-KLÄSSLER BEKOM-MEN...
HM...

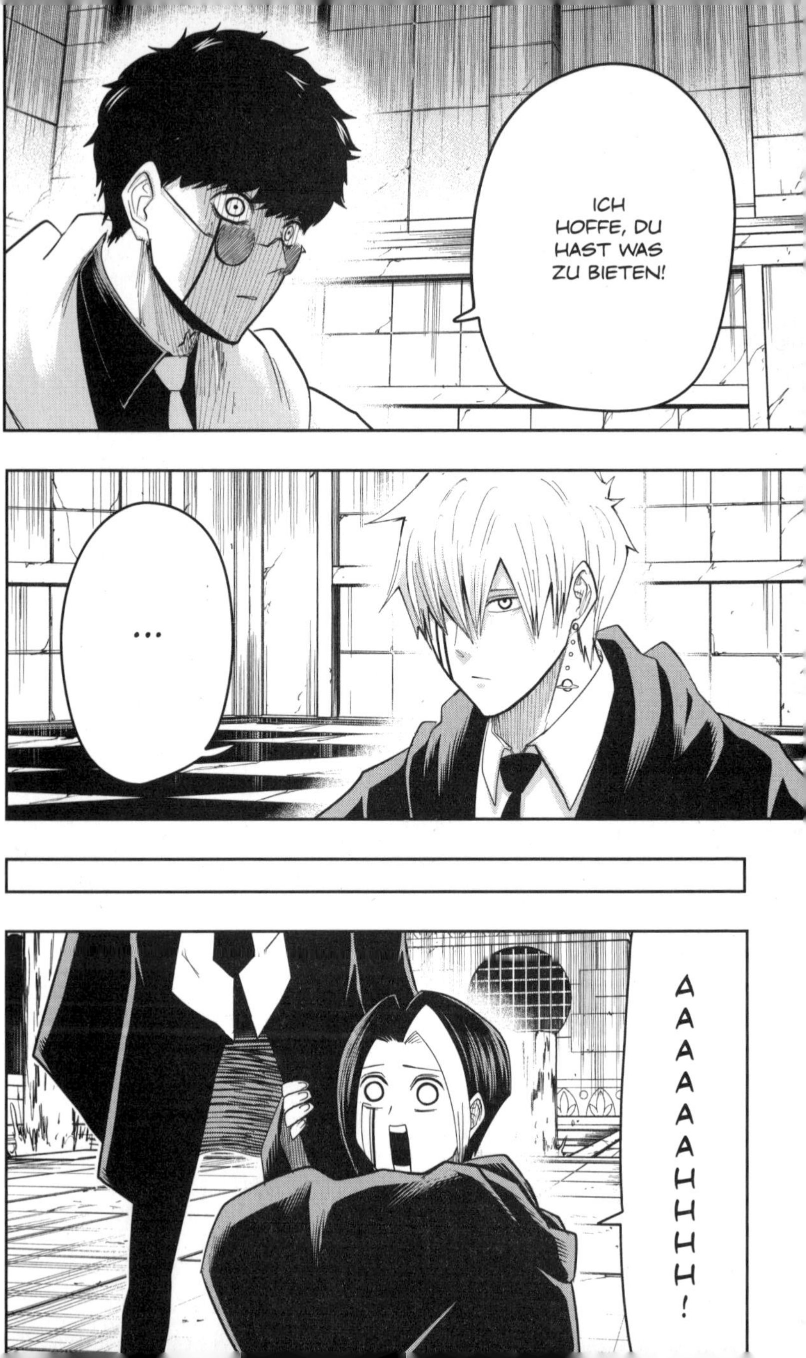
ICH HOFFE, DU HAST WAS ZU BIETEN!
...
AAAAAAAHHHH!

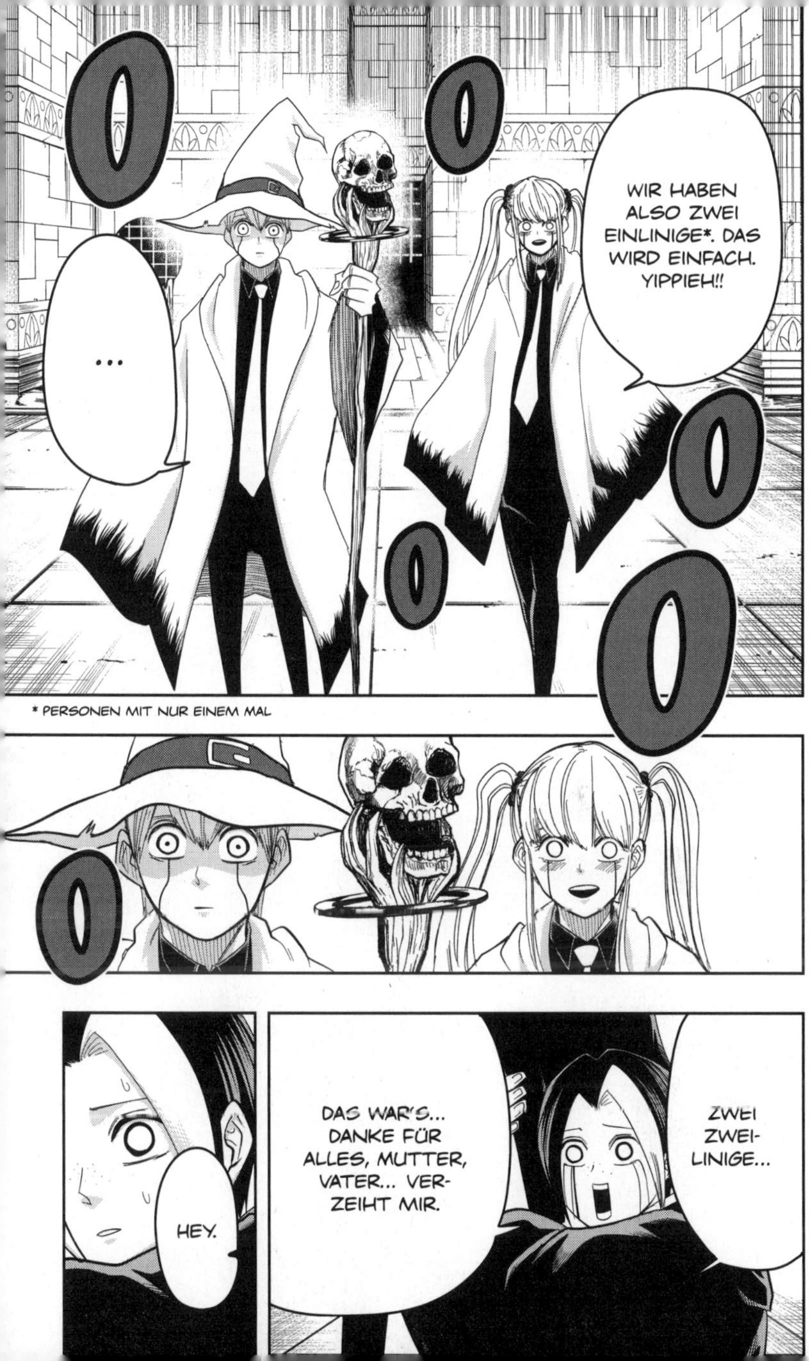

* PERSONEN MIT NUR EINEM MAL

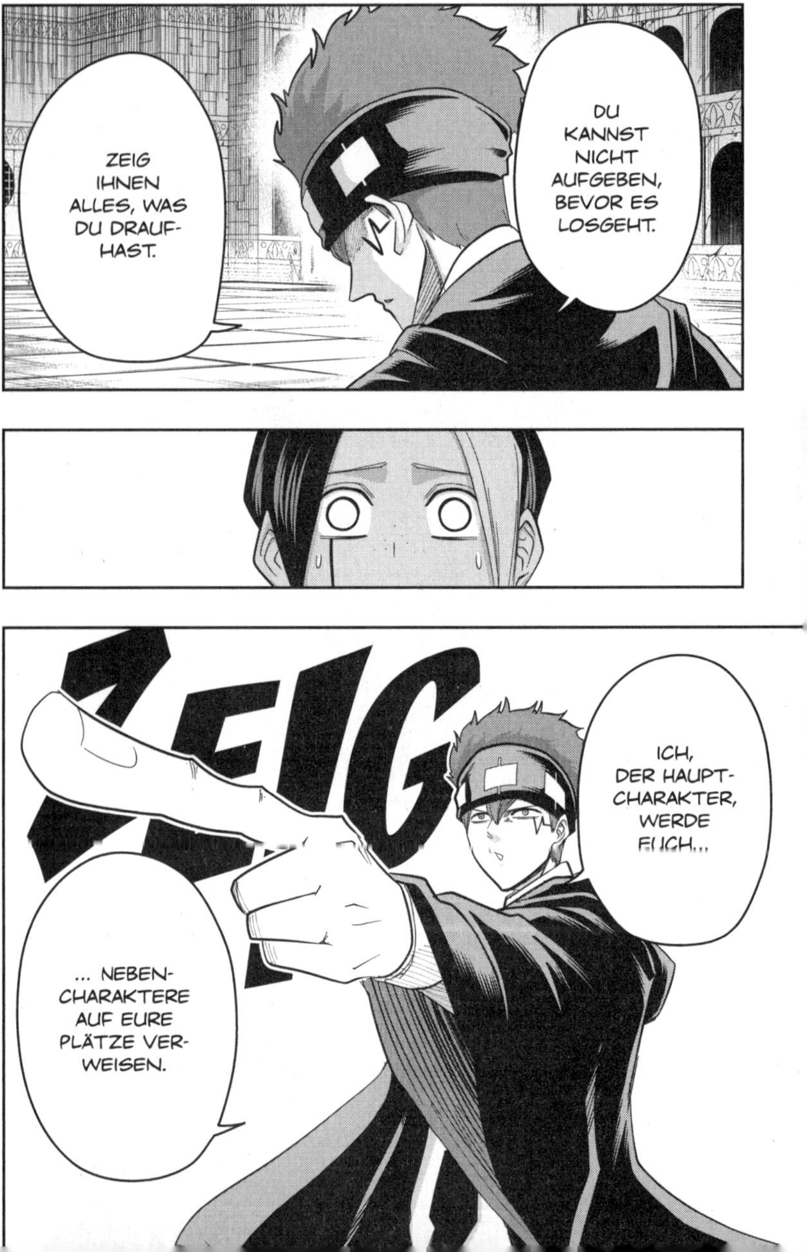
DU KANNST NICHT AUFGEBEN, BEVOR ES LOSGEHT.
ZEIG IHNEN ALLES, WAS DU DRAUFHAST.
ZEIG
ICH, DER HAUPTCHARAKTER, WERDE EUCH...
... NEBENCHARAKTERE AUF EURE PLÄTZE VERWEISEN.

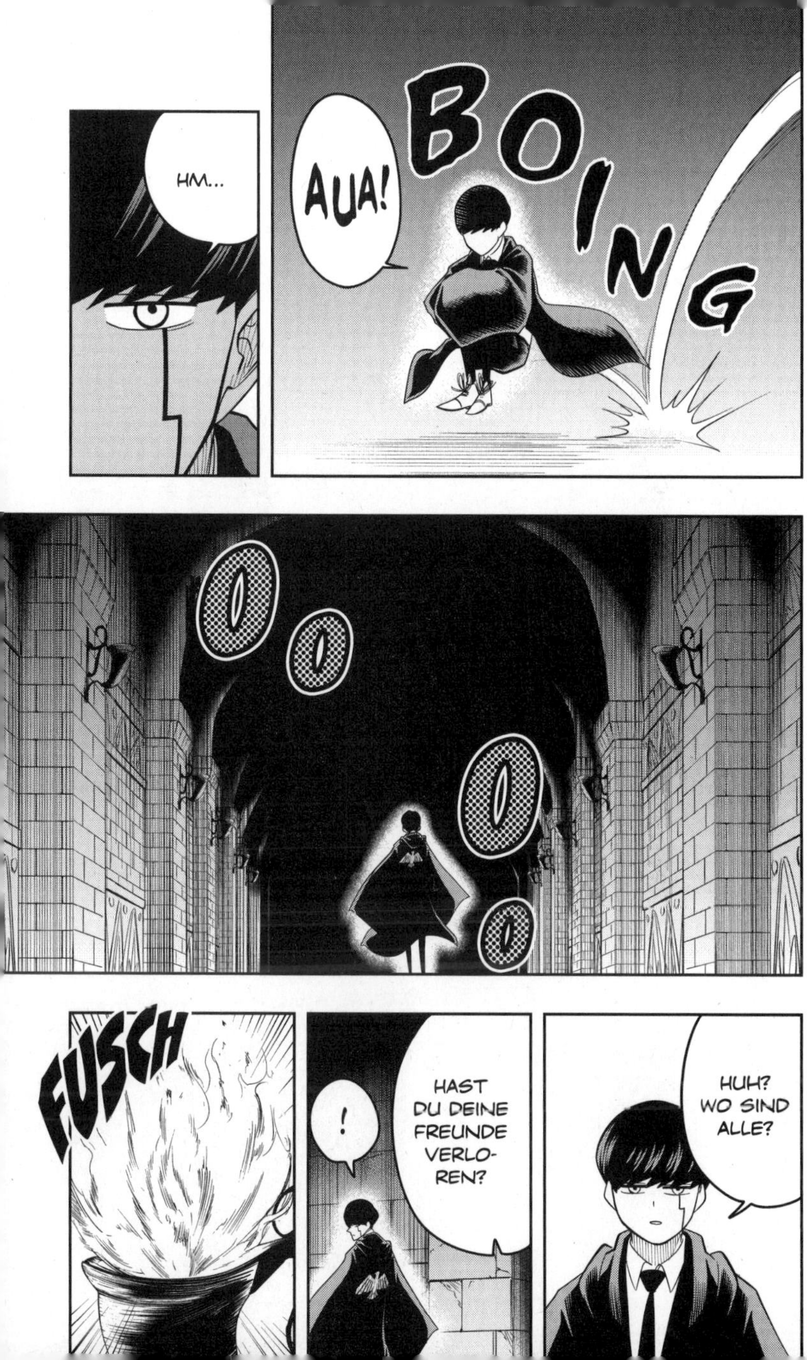
BOING
AUA!
HM...
HUH? WO SIND ALLE?
HAST DU DEINE FREUNDE VERLOREN?
!
FUSCH

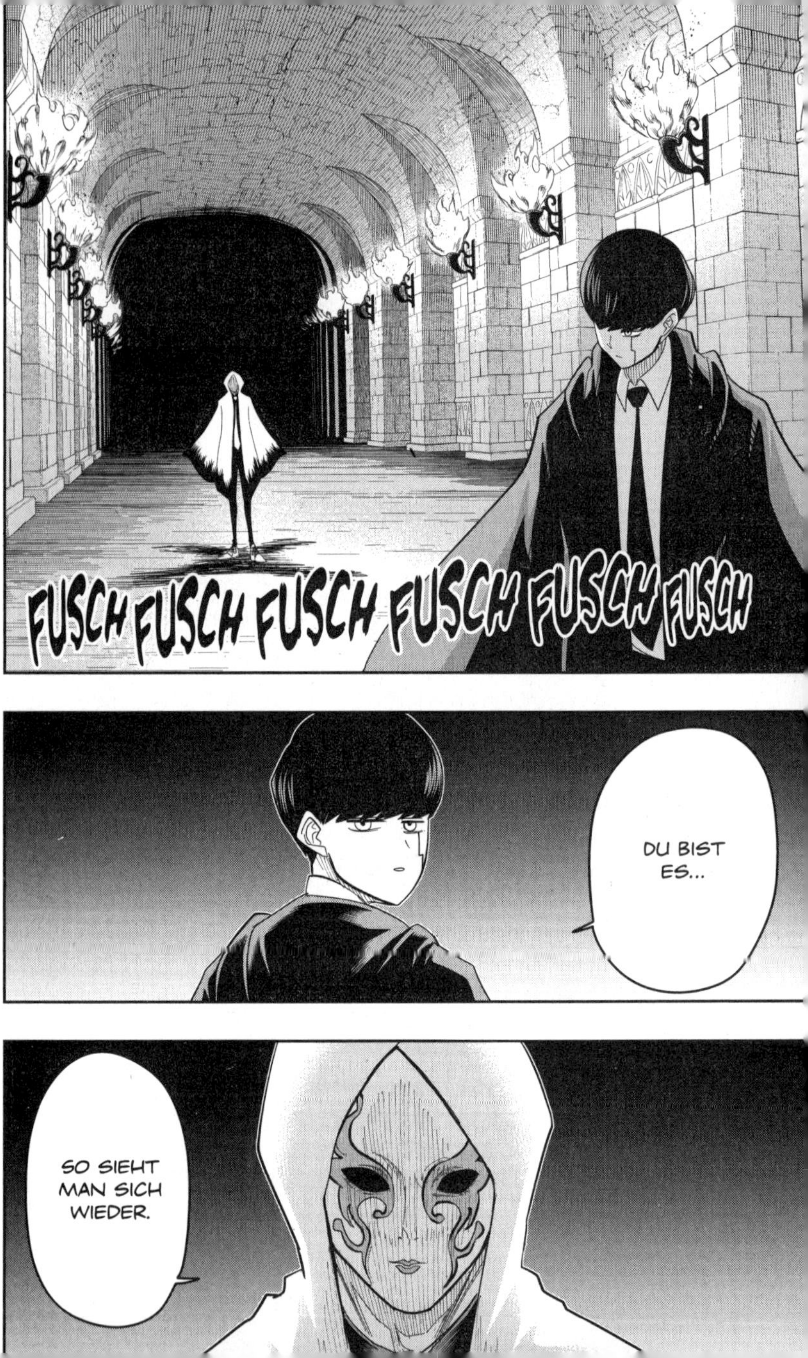
FUSCH FUSCH FUSCH FUSCH FUSCH FUSCH
DU BIST ES...
SO SIEHT MAN SICH WIEDER.

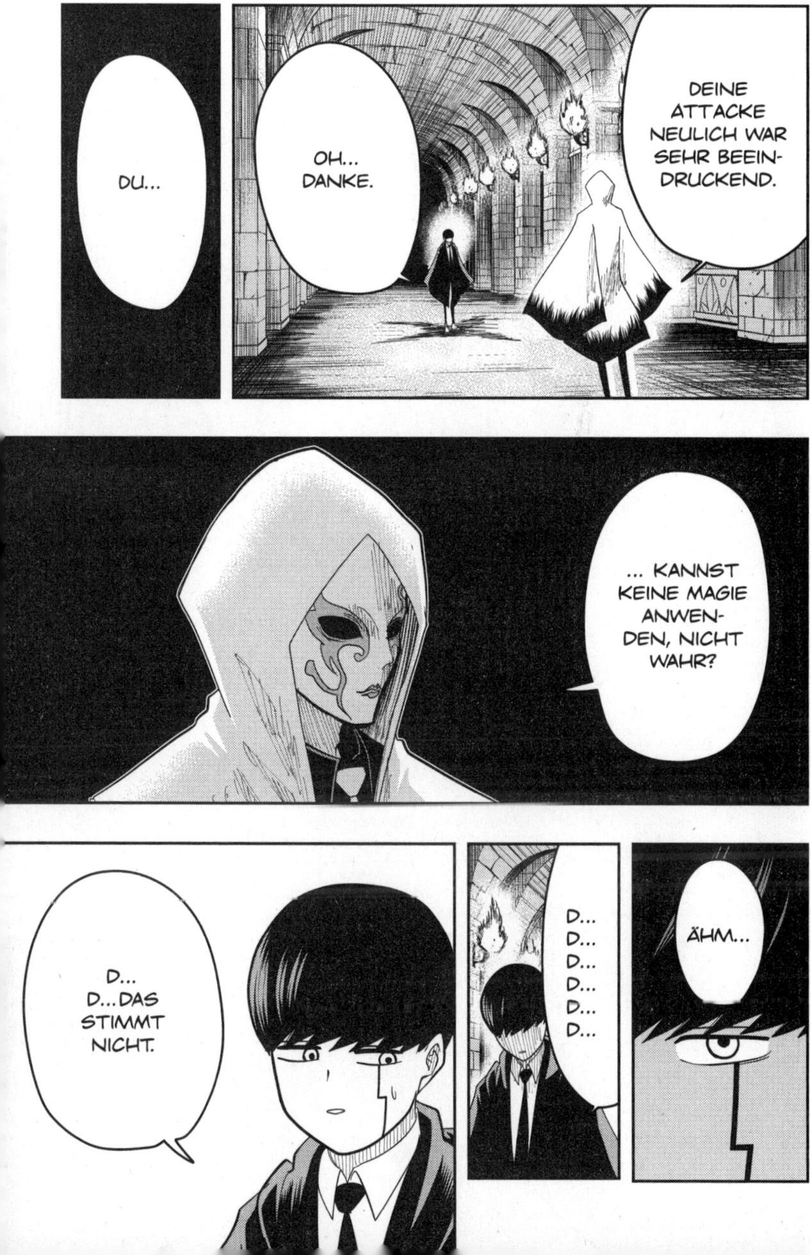
DEINE ATTACKE NEULICH WAR SEHR BEEIN-DRUCKEND.
OH... DANKE.
DU...
... KANNST KEINE MAGIE ANWEN-DEN, NICHT WAHR?
ÄHM...
D... D... D... D... D... D...
D... D...DAS STIMMT NICHT.

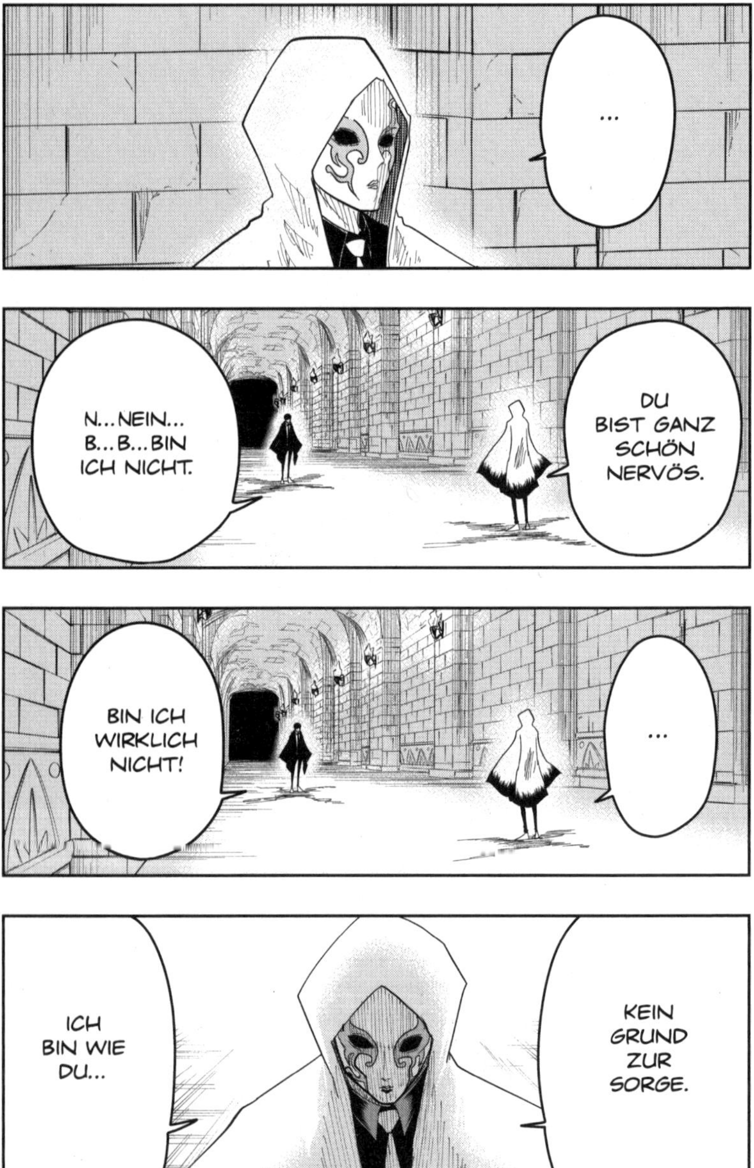
...
DU BIST GANZ SCHÖN NERVÖS.
N...NEIN... B...B...BIN ICH NICHT.
...
BIN ICH WIRKLICH NICHT!
KEIN GRUND ZUR SORGE.
ICH BIN WIE DU...

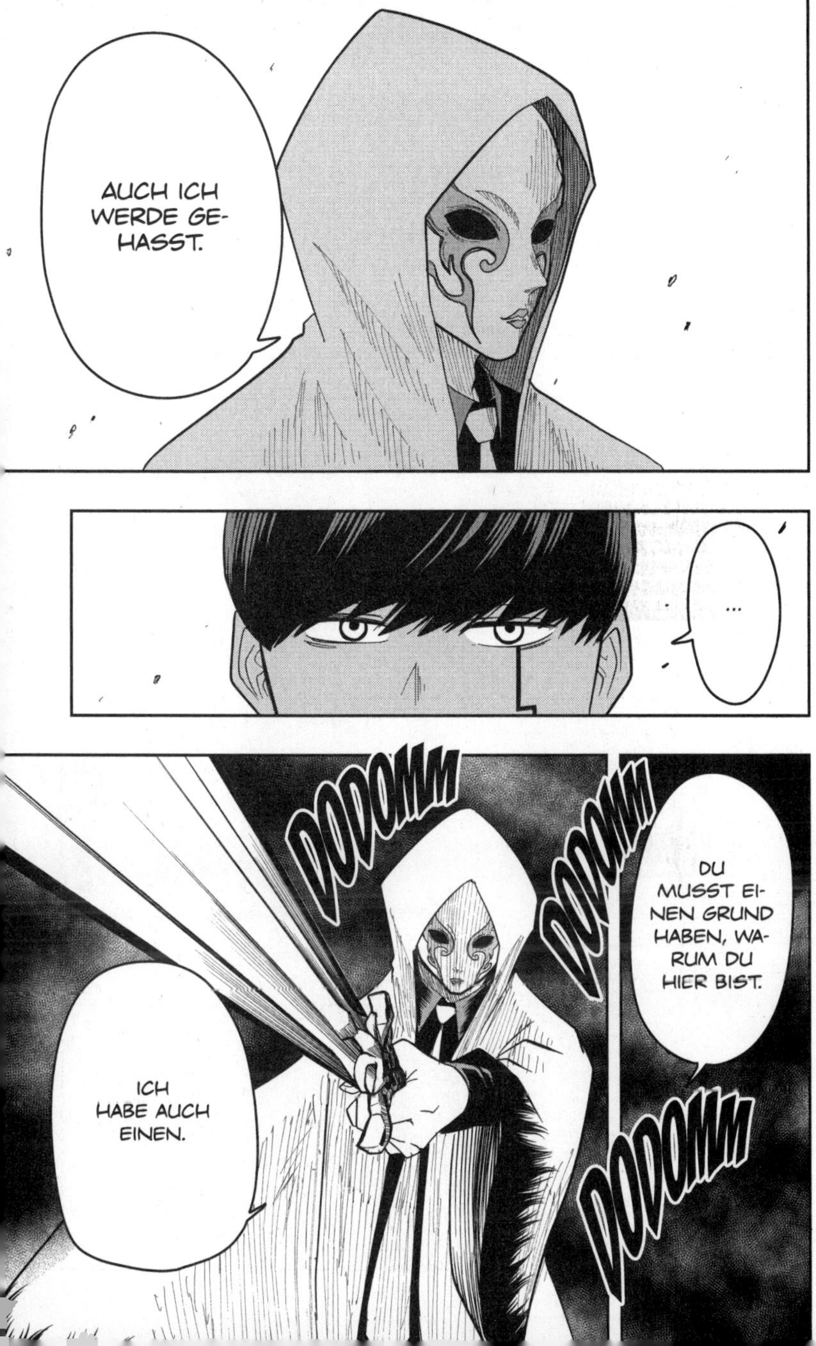
AUCH ICH WERDE GE-HASST.
...
DODOMM
DODOMM
DU MUSST EI-NEN GRUND HABEN, WA-RUM DU HIER BIST.
DODOMM
ICH HABE AUCH EINEN.

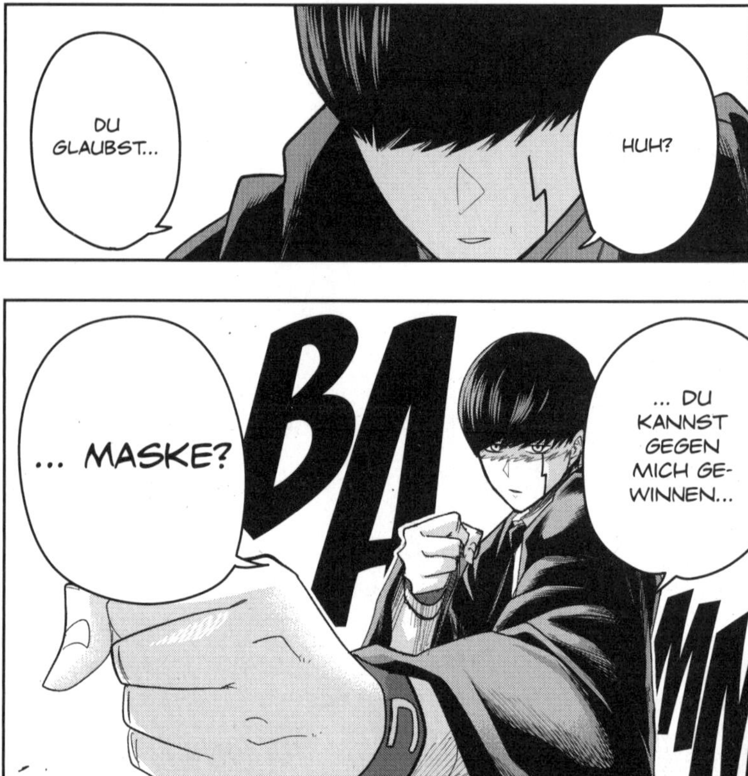
HUH?
DU GLAUBST...
... DU KANNST GEGEN MICH GE-WINNEN...
BAMM
... MASKE?
...
ICH HAU DICH WIN-DELWEICH.

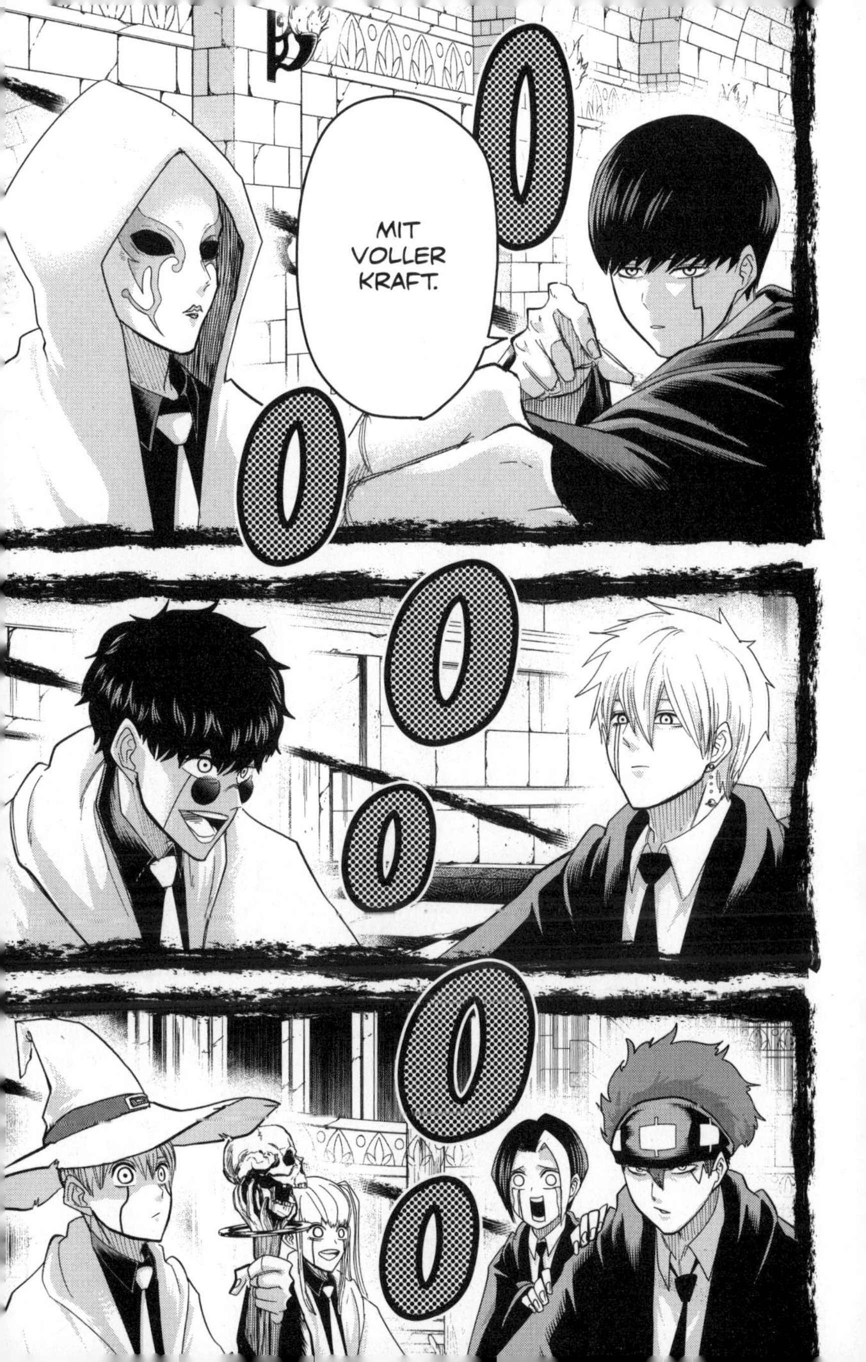
MIT VOLLER KRAFT.

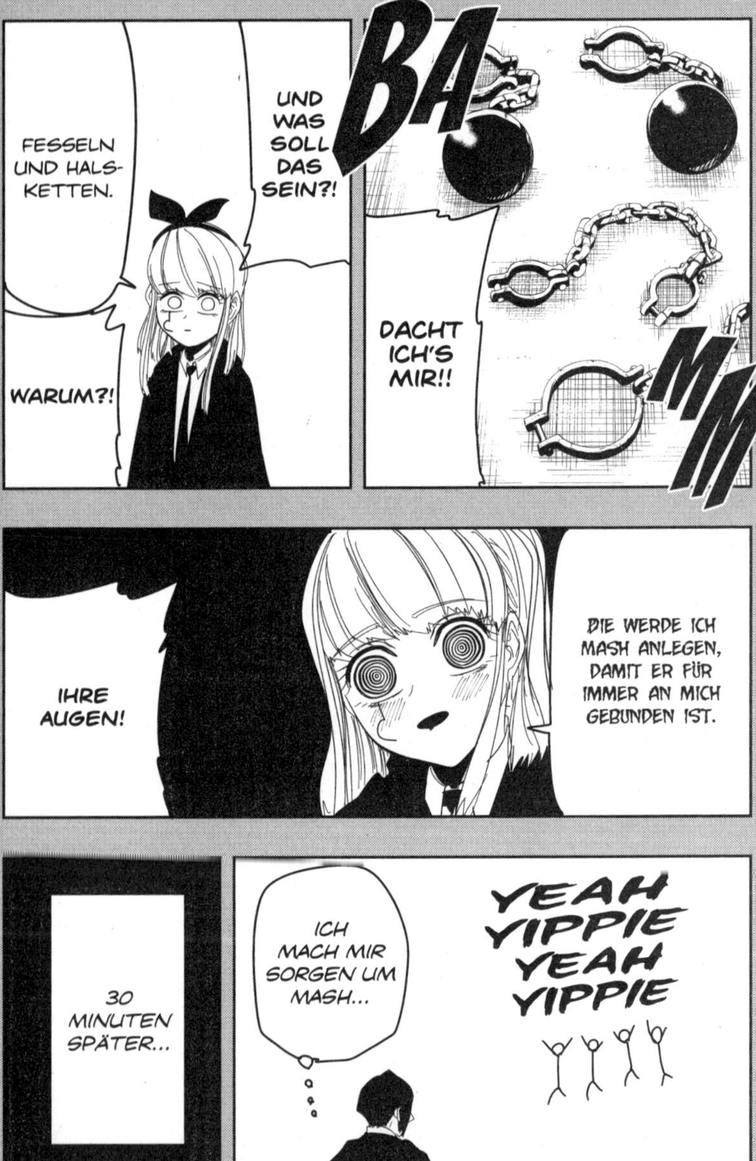

Fortsetzung auf Seite 156

24. Kapitel Lance Crown und der Schlammmagier

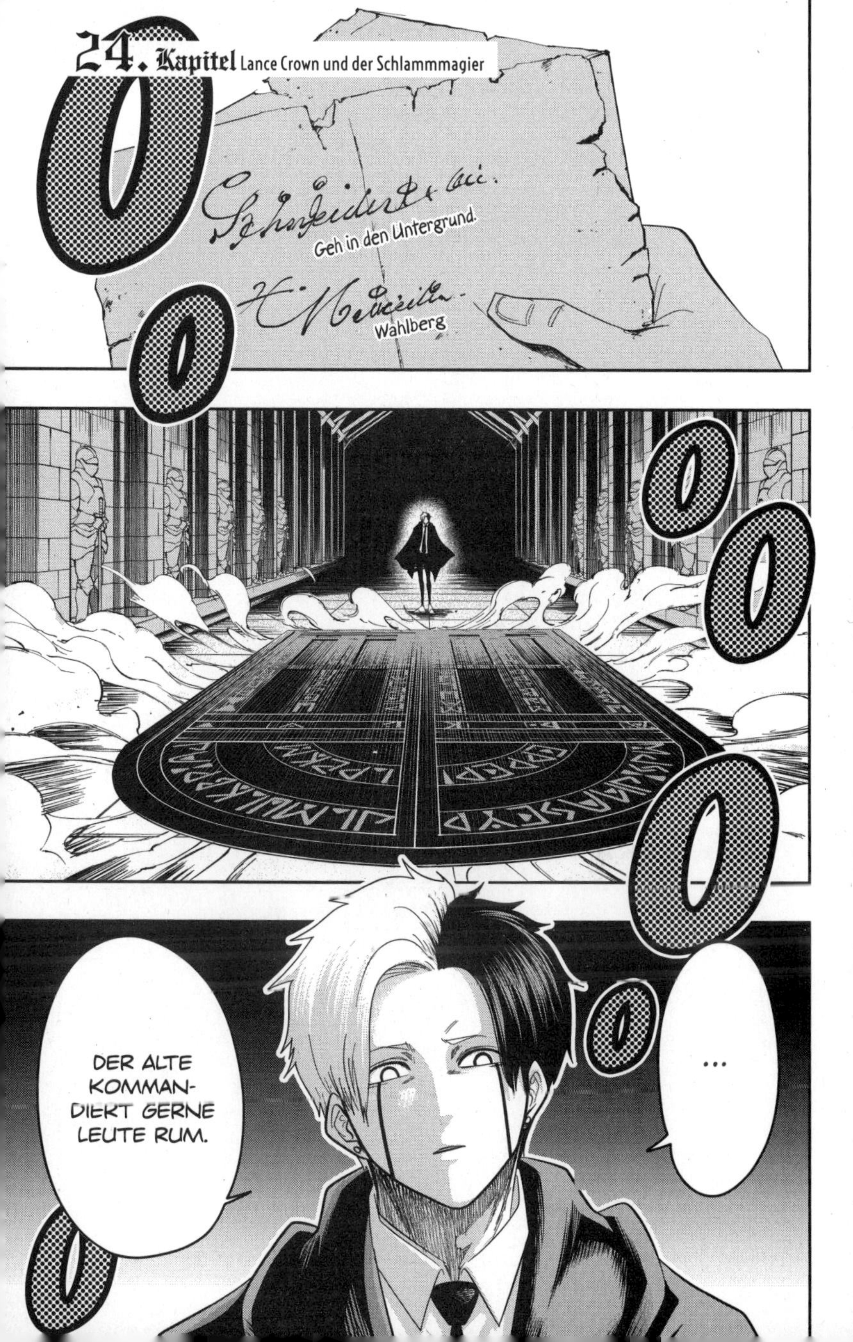

24. Kapitel Lance Crown und der Schlammmagier

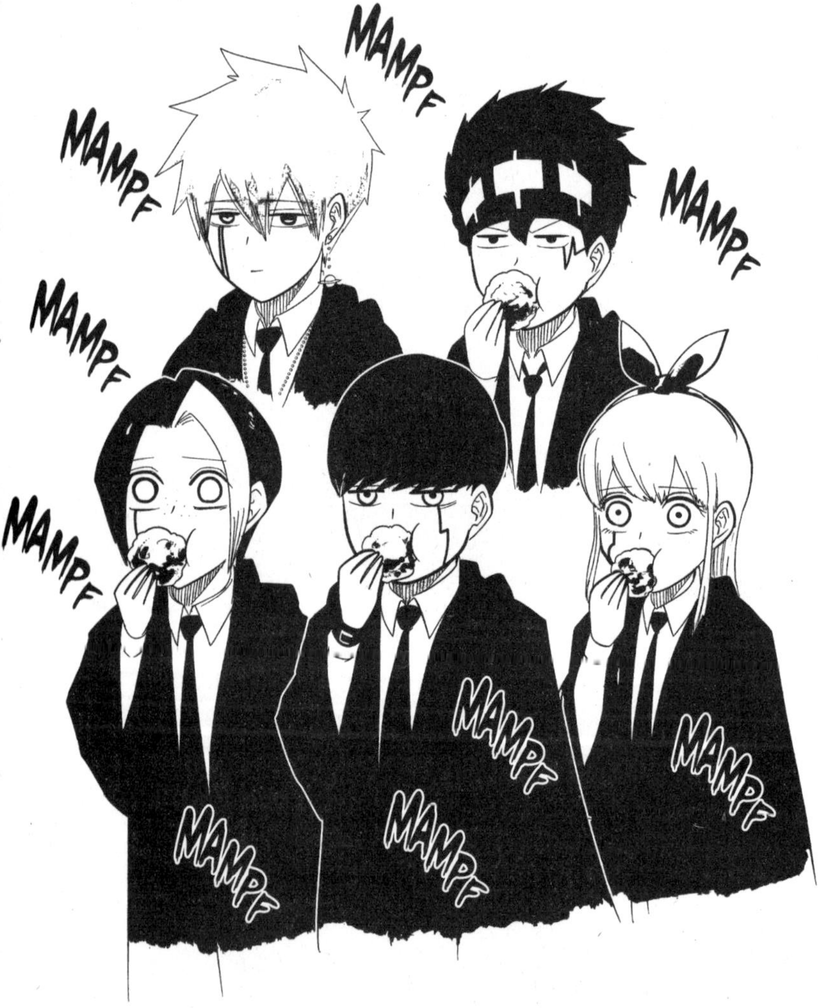

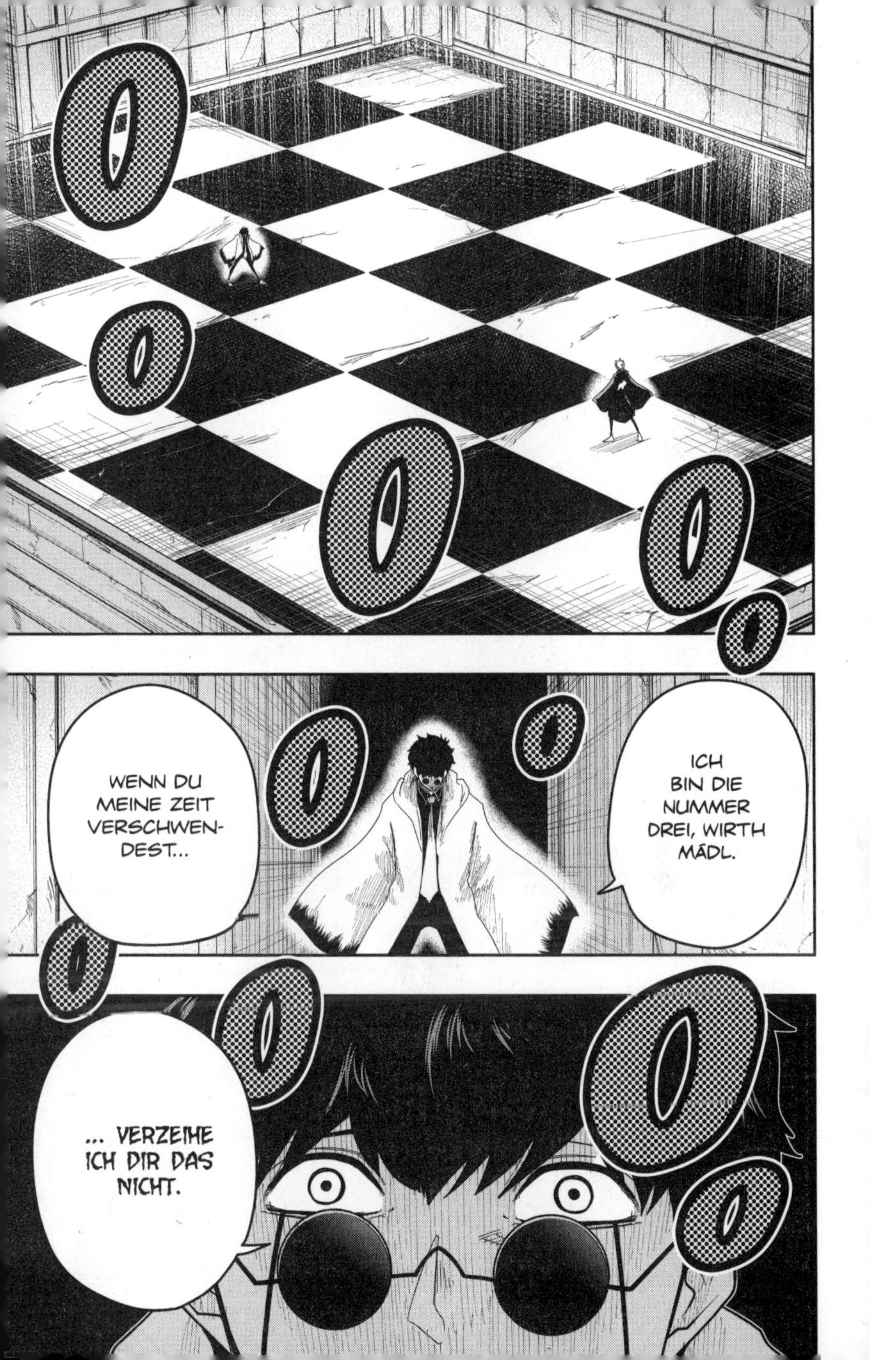
ICH BIN DIE NUMMER DREI, WIRTH MÄDL.
WENN DU MEINE ZEIT VERSCHWEN-DEST...
... VERZEIHE ICH DIR DAS NICHT.

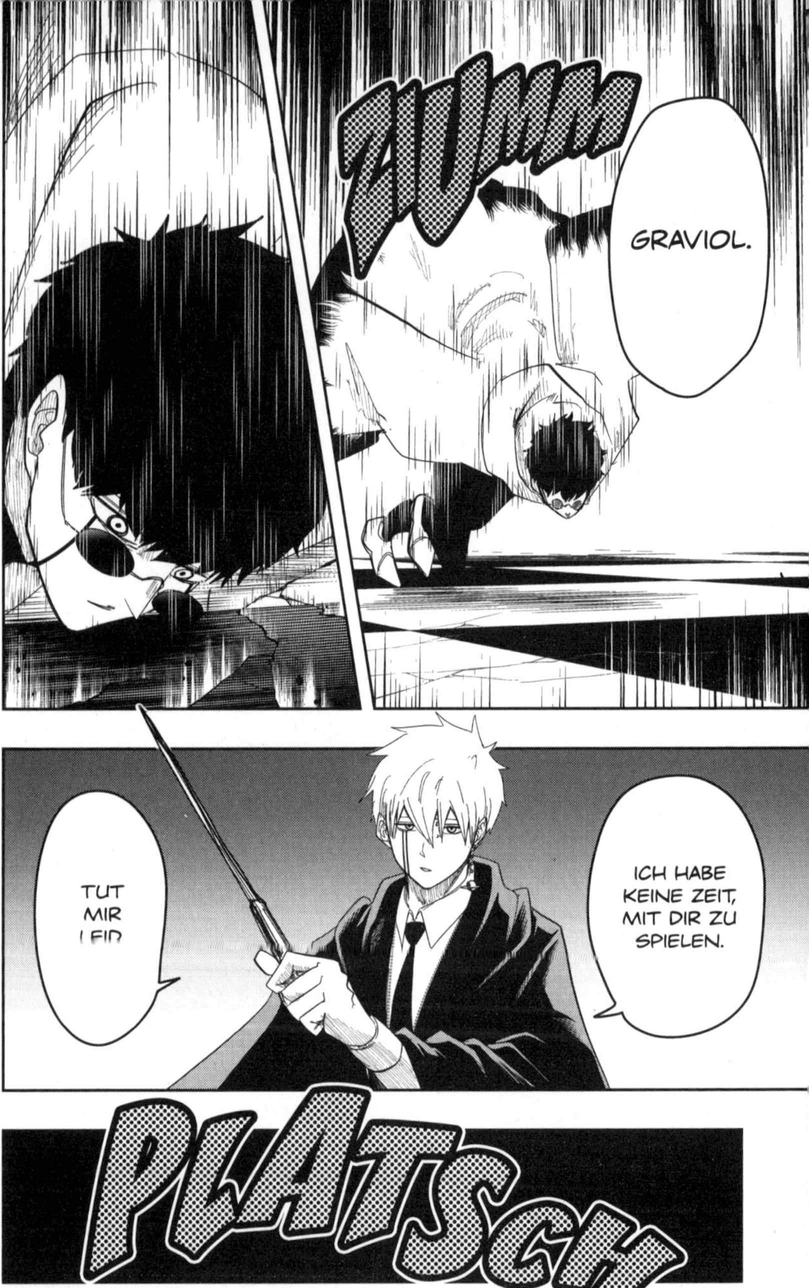
ZUMM
GRAVIOL.
ICH HABE KEINE ZEIT, MIT DIR ZU SPIELEN.
TUT MIR LEID
PLATSCH

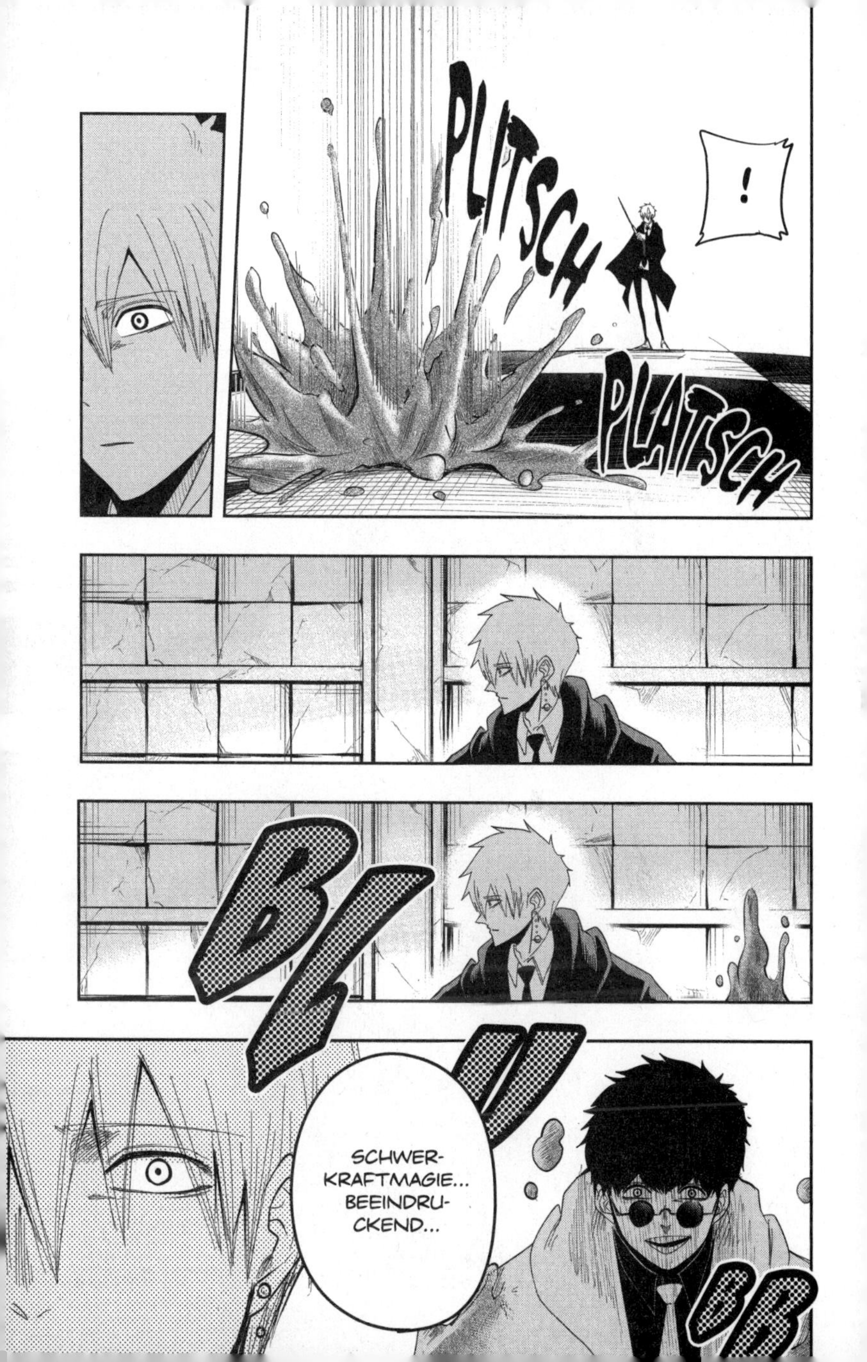
PLITSCH
PLATSCH
!
BLUBB
SCHWER-KRAFTMAGIE... BEEINDRUCKEND...

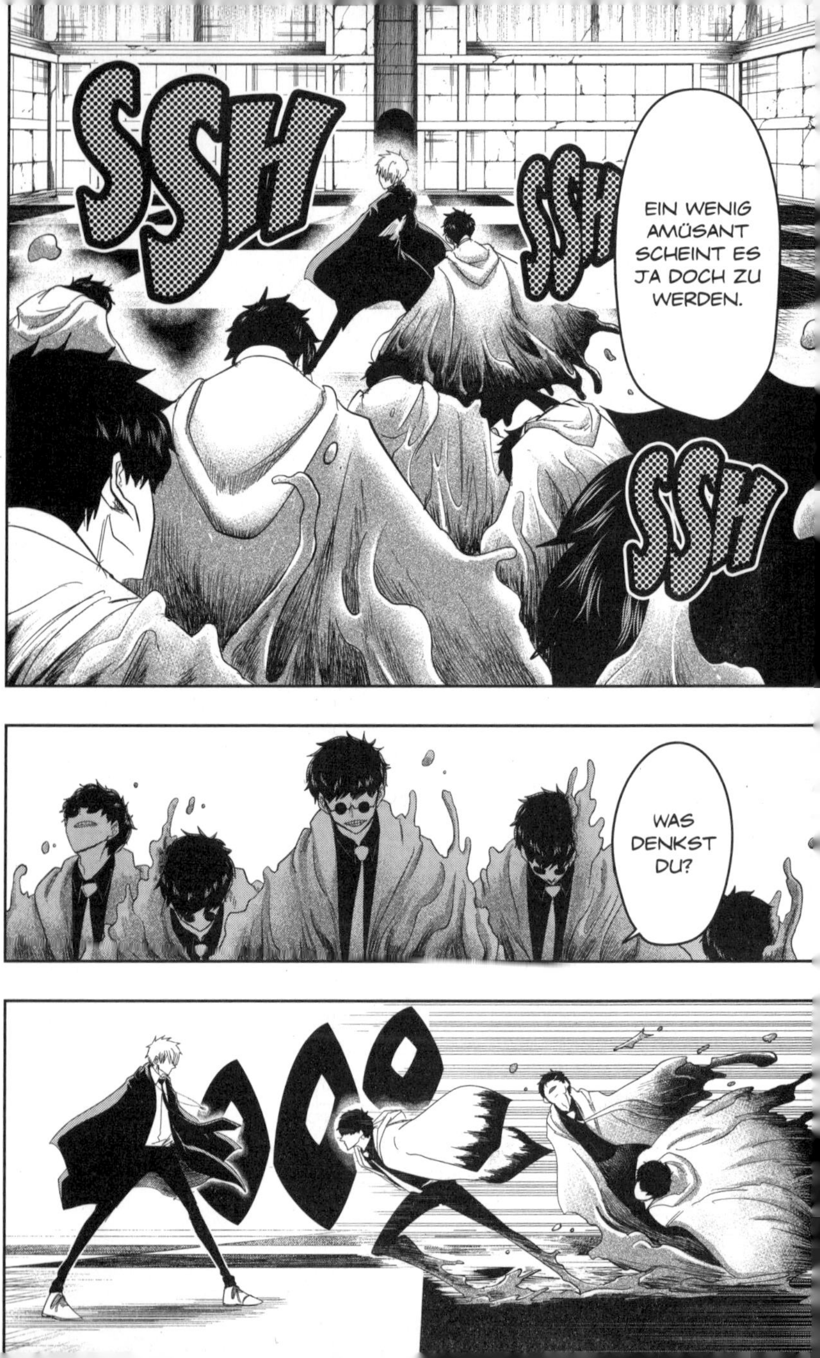
EIN WENIG AMÜSANT SCHEINT ES JA DOCH ZU WERDEN.
SSH
SSH
WAS DENKST DU?

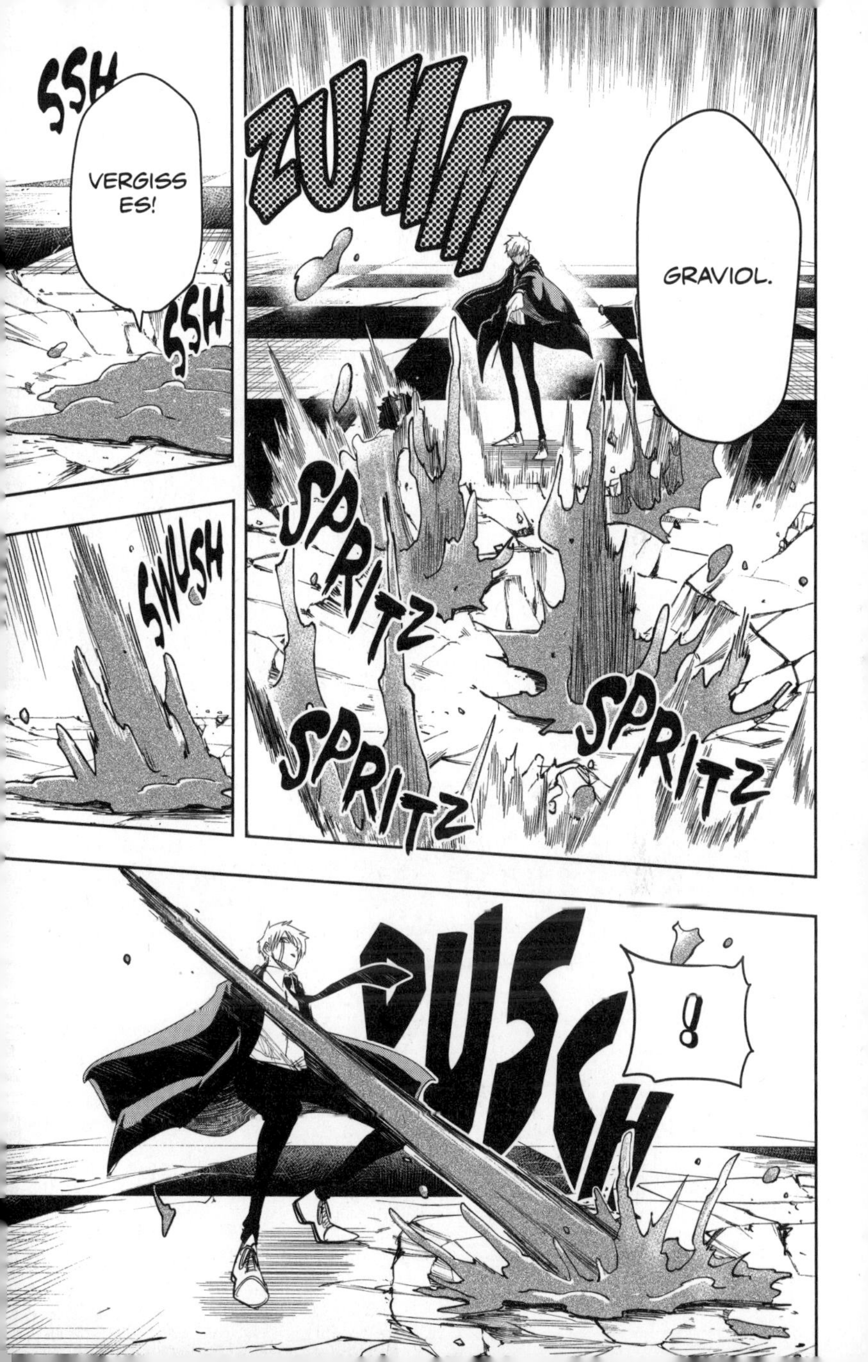

ZUMM
GRAVIOL.
SPRITZ
SPRITZ
SPRITZ
SSH
VERGISS ES!
SSH
SWUSH
!
DUSCH

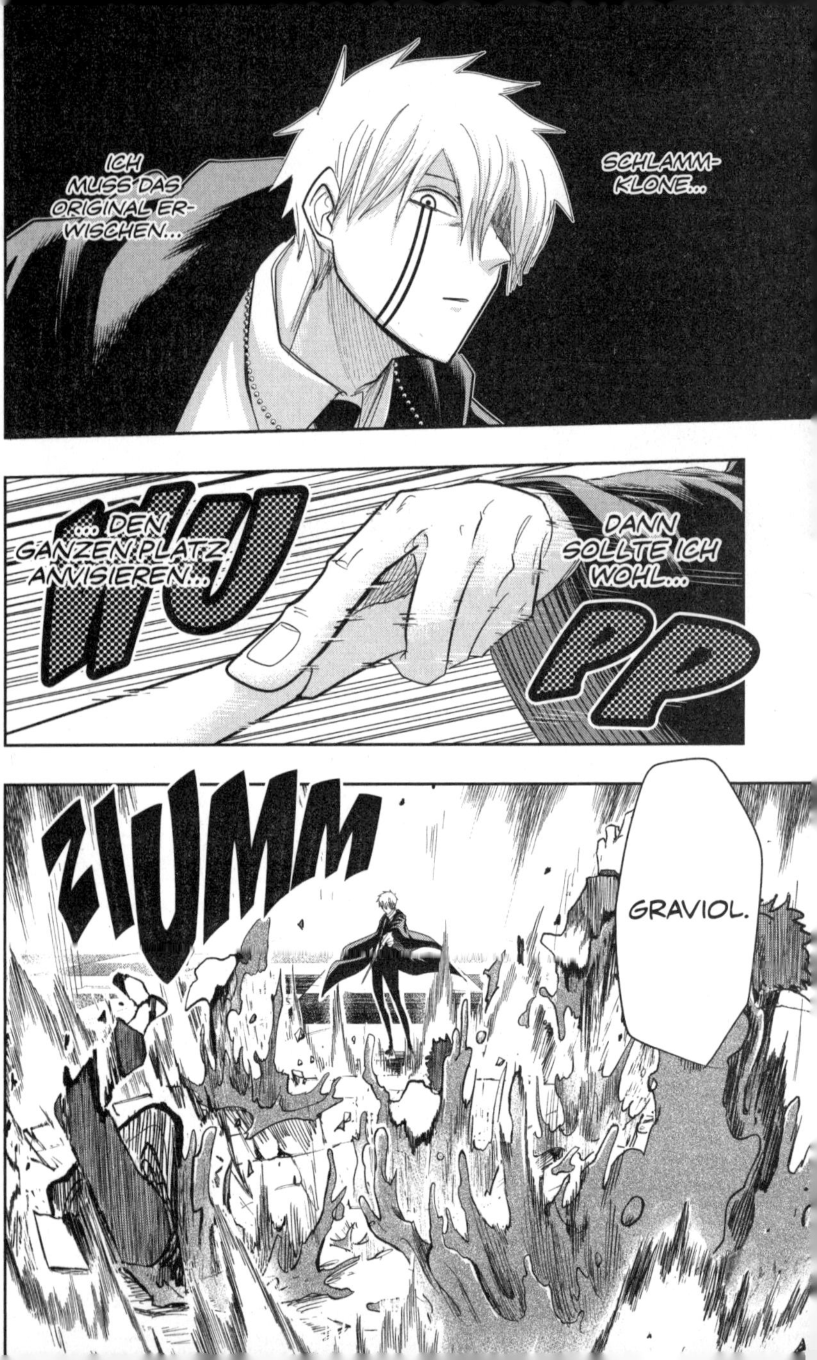
SCHLAMM-
KLONE...
ICH
MUSS DAS
ORIGINAL ER-
WISCHEN...
DANN
SOLLTE ICH
WOHL...
... DEN
GANZEN PLATZ
ANVISIEREN...
WUPP
GRAVIOL.
ZIUMM

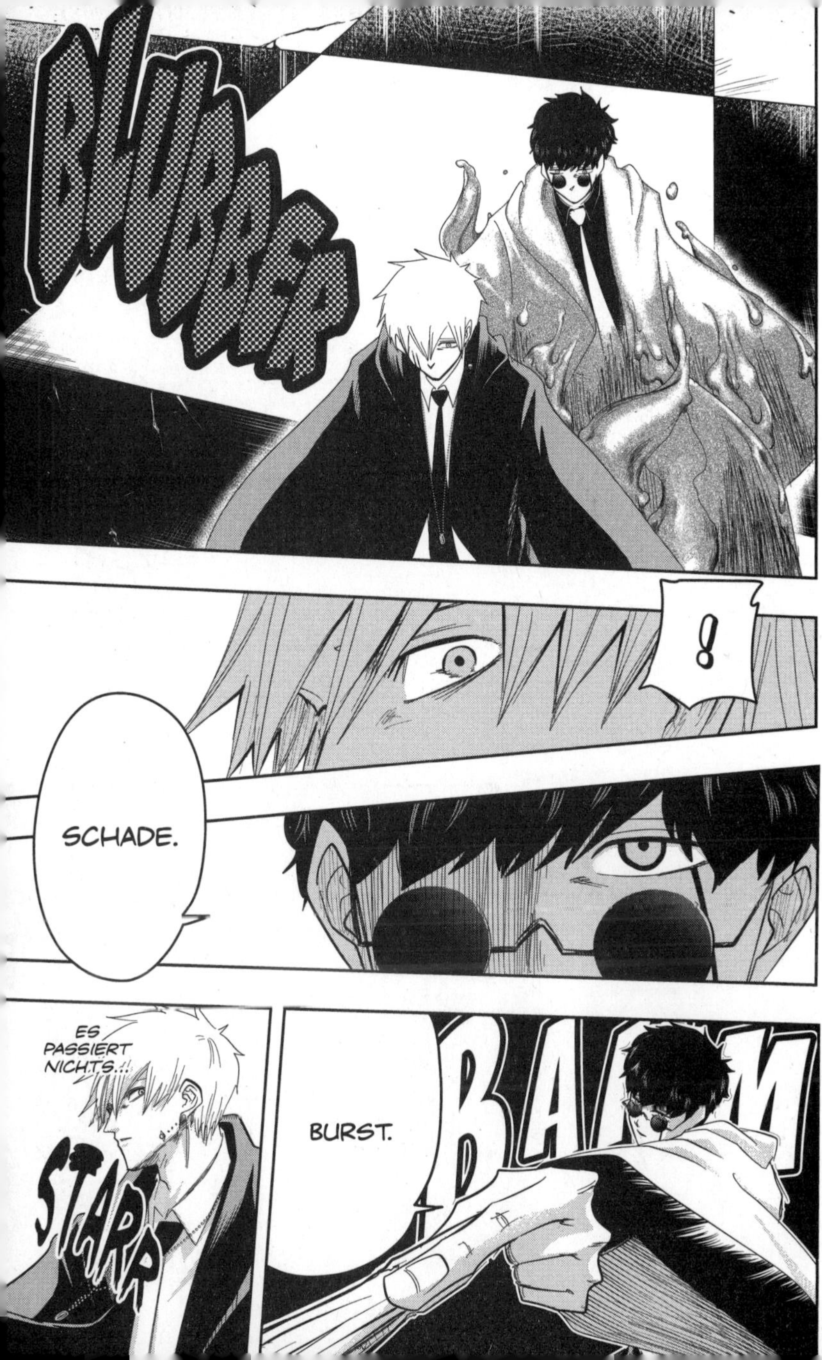
!
SCHADE.
BURST.
ES PASSIERT NICHTS...!
STARR

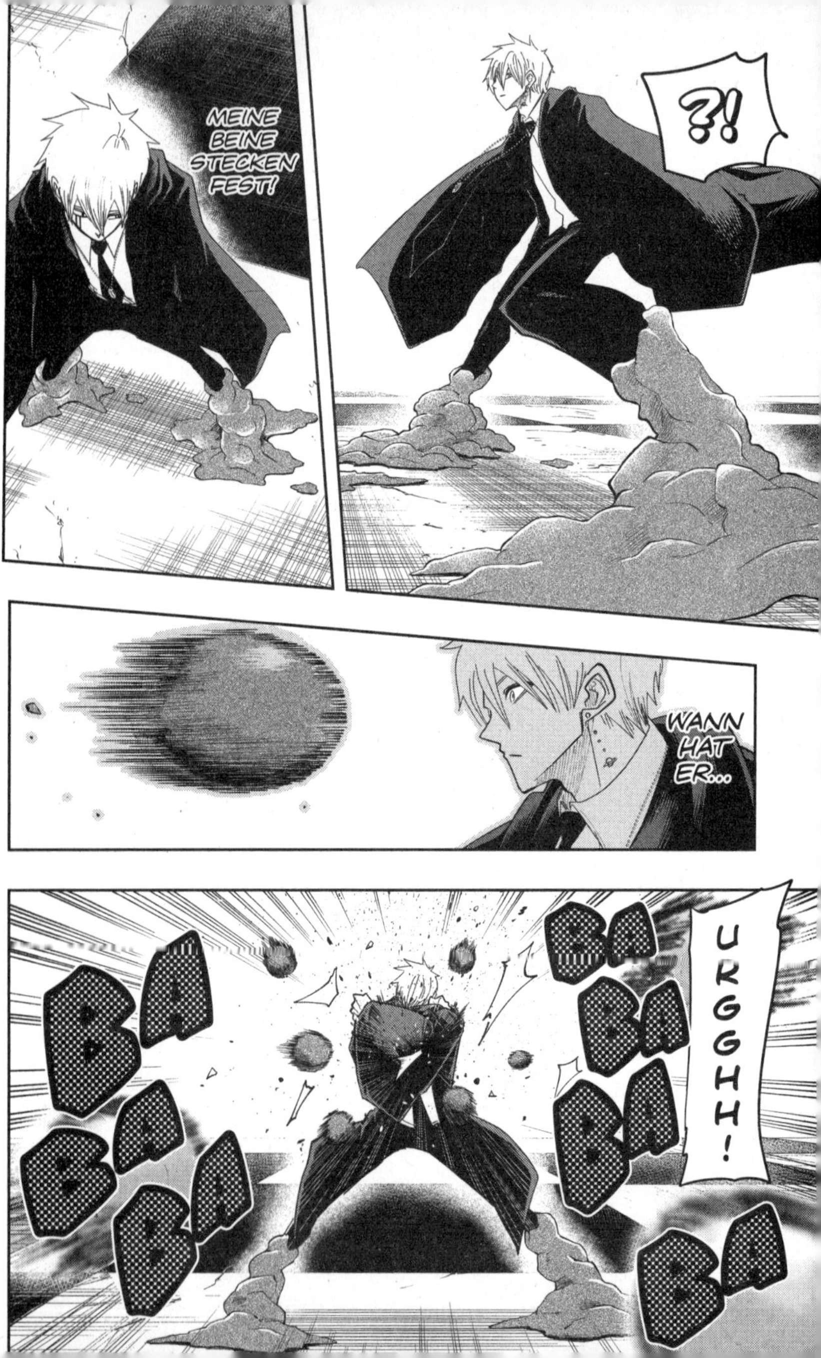
?!
MEINE BEINE STECKEN FEST!
WANN HAT ER...
URGGHH!
BA BA BA BA BA
BA BA BA BA

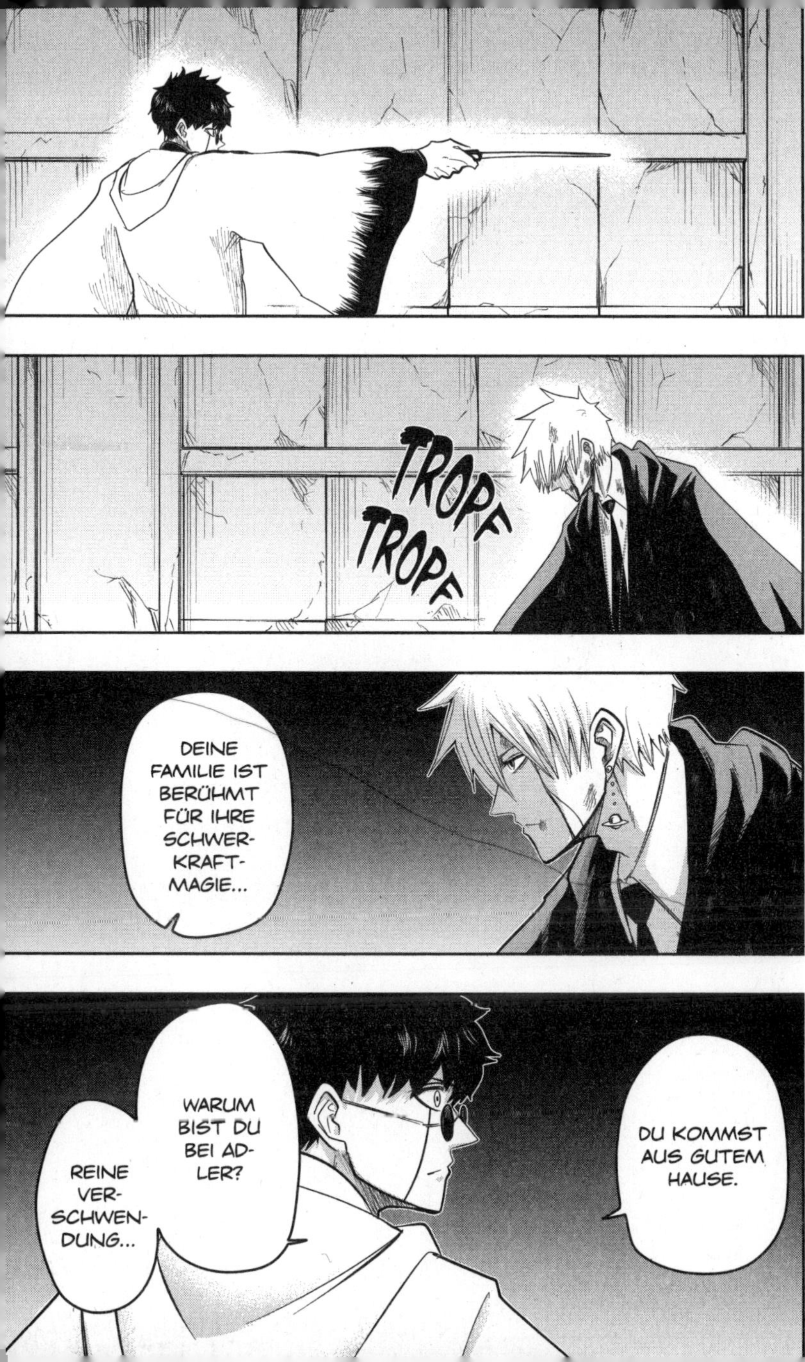
TROPF
TROPF
DEINE FAMILIE IST BERÜHMT FÜR IHRE SCHWER-KRAFT-MAGIE...
DU KOMMST AUS GUTEM HAUSE.
WARUM BIST DU BEI AD-LER?
REINE VER-SCHWEN-DUNG...

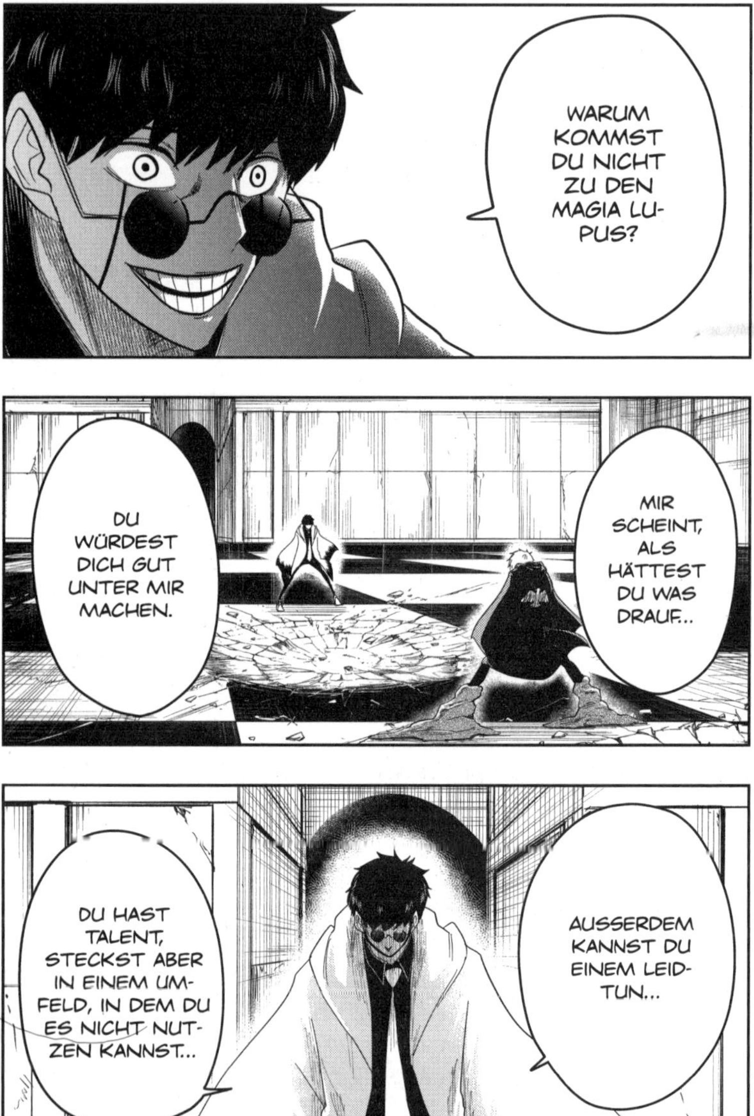
WARUM KOMMST DU NICHT ZU DEN MAGIA LU-PUS?
MIR SCHEINT, ALS HÄTTEST DU WAS DRAUF...
DU WÜRDEST DICH GUT UNTER MIR MACHEN.
AUSSERDEM KANNST DU EINEM LEID-TUN...
DU HAST TALENT, STECKST ABER IN EINEM UM-FELD, IN DEM DU ES NICHT NUT-ZEN KANNST...

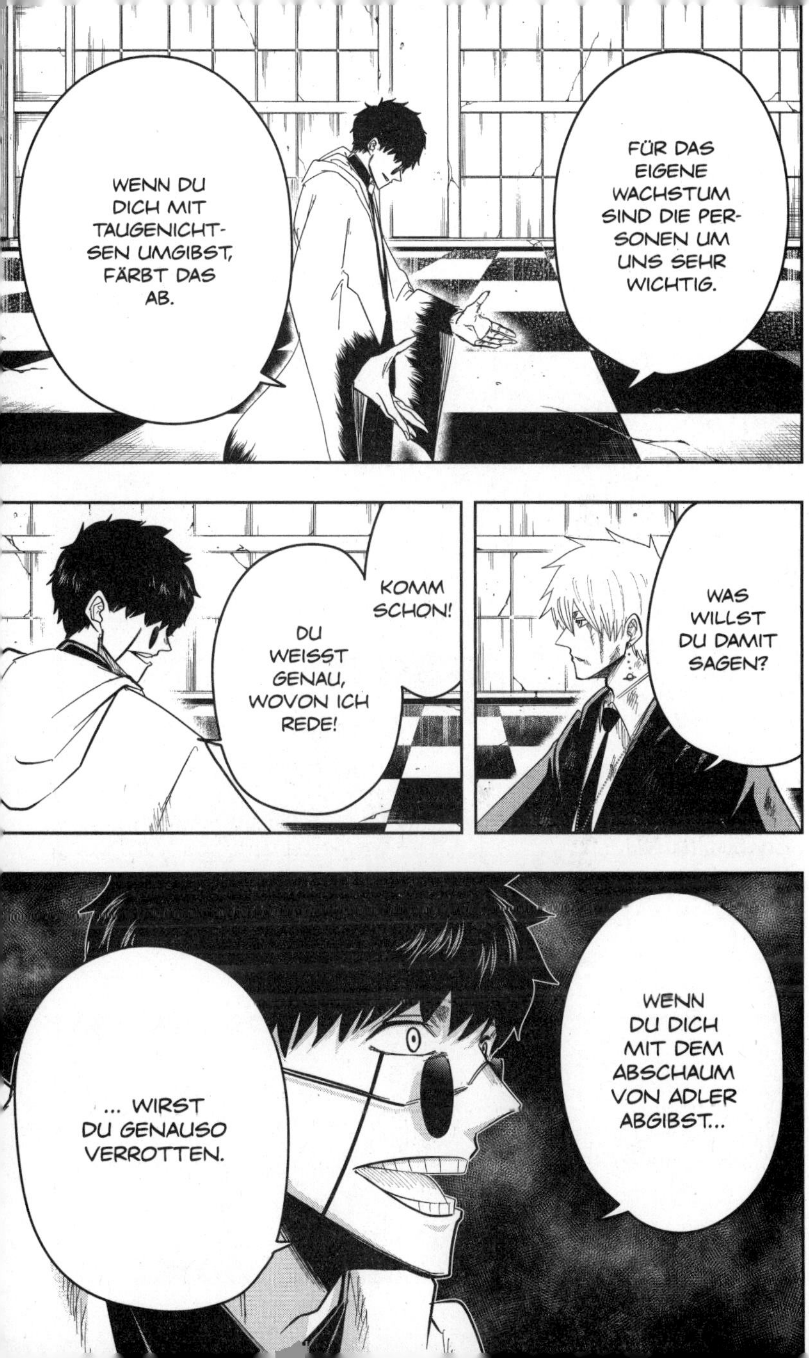
FÜR DAS EIGENE WACHSTUM SIND DIE PER-SONEN UM UNS SEHR WICHTIG.
WENN DU DICH MIT TAUGENICHT-SEN UMGIBST, FÄRBT DAS AB.
WAS WILLST DU DAMIT SAGEN?
KOMM SCHON!
DU WEISST GENAU, WOVON ICH REDE!
WENN DU DICH MIT DEM ABSCHAUM VON ADLER ABGIBST...
... WIRST DU GENAUSO VERROTTEN.

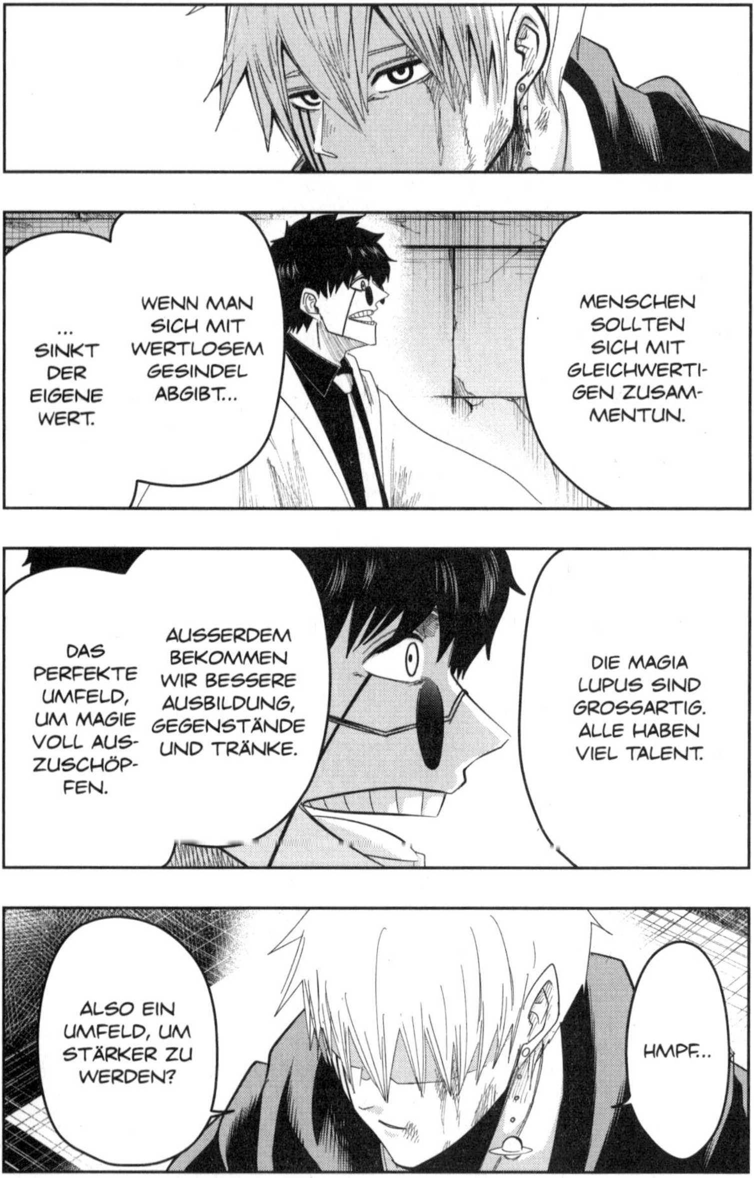
MENSCHEN SOLLTEN SICH MIT GLEICHWERTIGEN ZUSAMMENTUN.
WENN MAN SICH MIT WERTLOSEM GESINDEL ABGIBT...
... SINKT DER EIGENE WERT.
DIE MAGIA LUPUS SIND GROSSARTIG. ALLE HABEN VIEL TALENT.
AUSSERDEM BEKOMMEN WIR BESSERE AUSBILDUNG, GEGENSTÄNDE UND TRÄNKE.
DAS PERFEKTE UMFELD, UM MAGIE VOLL AUSZUSCHÖPFEN.
HMPF...
ALSO EIN UMFELD, UM STÄRKER ZU WERDEN?

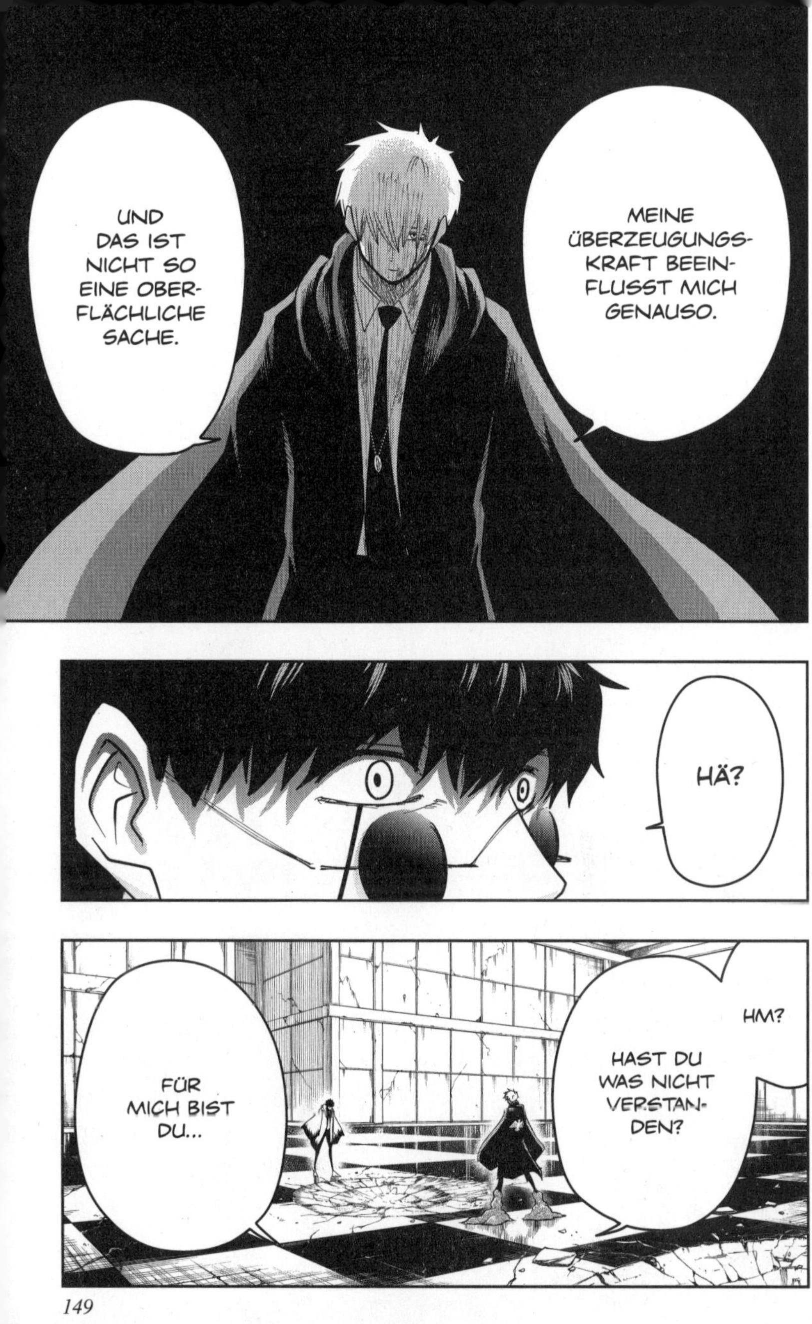
MEINE ÜBERZEUGUNGS-KRAFT BEEIN-FLUSST MICH GENAUSO.
UND DAS IST NICHT SO EINE OBER-FLÄCHLICHE SACHE.
HÄ?
HM?
HAST DU WAS NICHT VERSTAN-DEN?
FÜR MICH BIST DU...

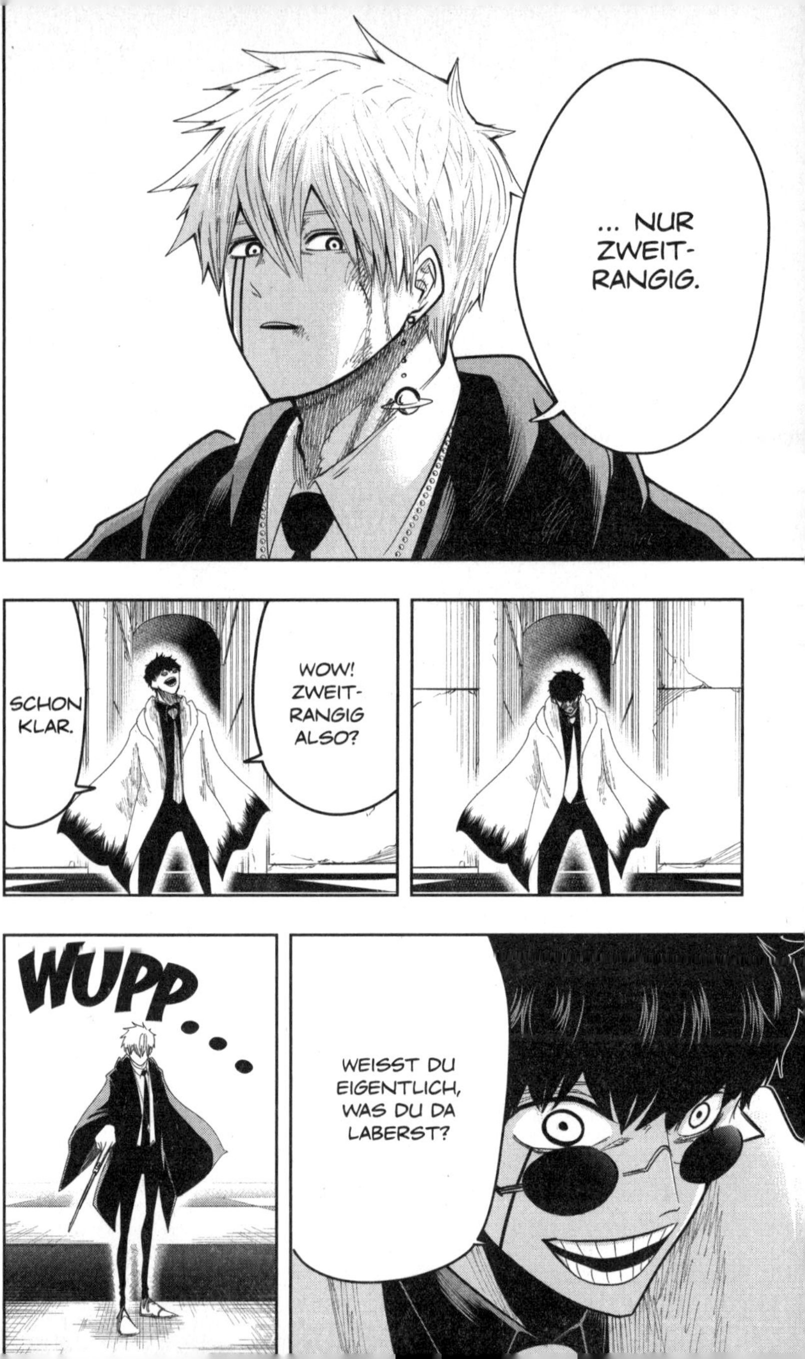
... NUR ZWEIT-RANGIG.
WOW! ZWEIT-RANGIG ALSO?
SCHON KLAR.
WEISST DU EIGENTLICH, WAS DU DA LABERST?
WUPP...

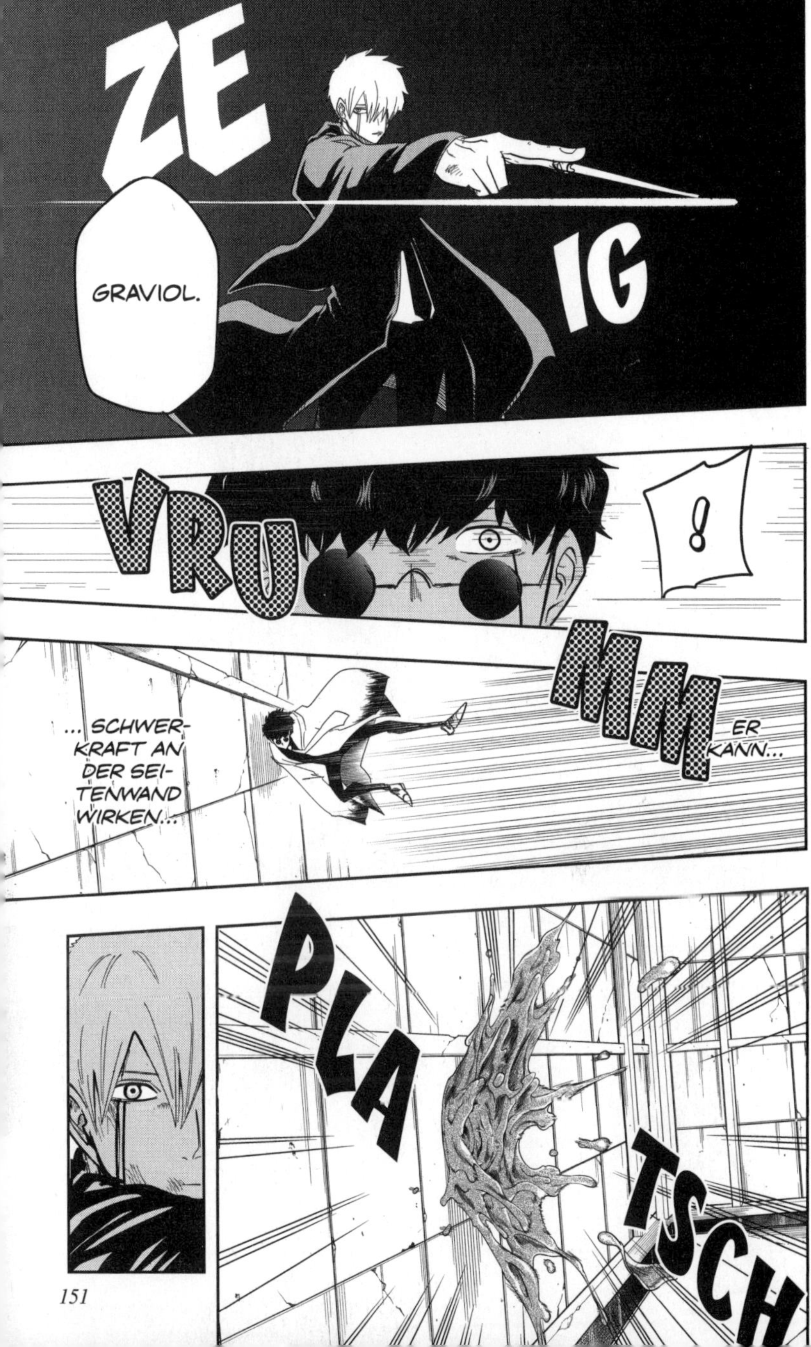
ZE
IG
GRAVIOL.
VRU
MM
!
ER KANN...
... SCHWER-KRAFT AN DER SEI-TENWAND WIRKEN...
PLA
TSCH

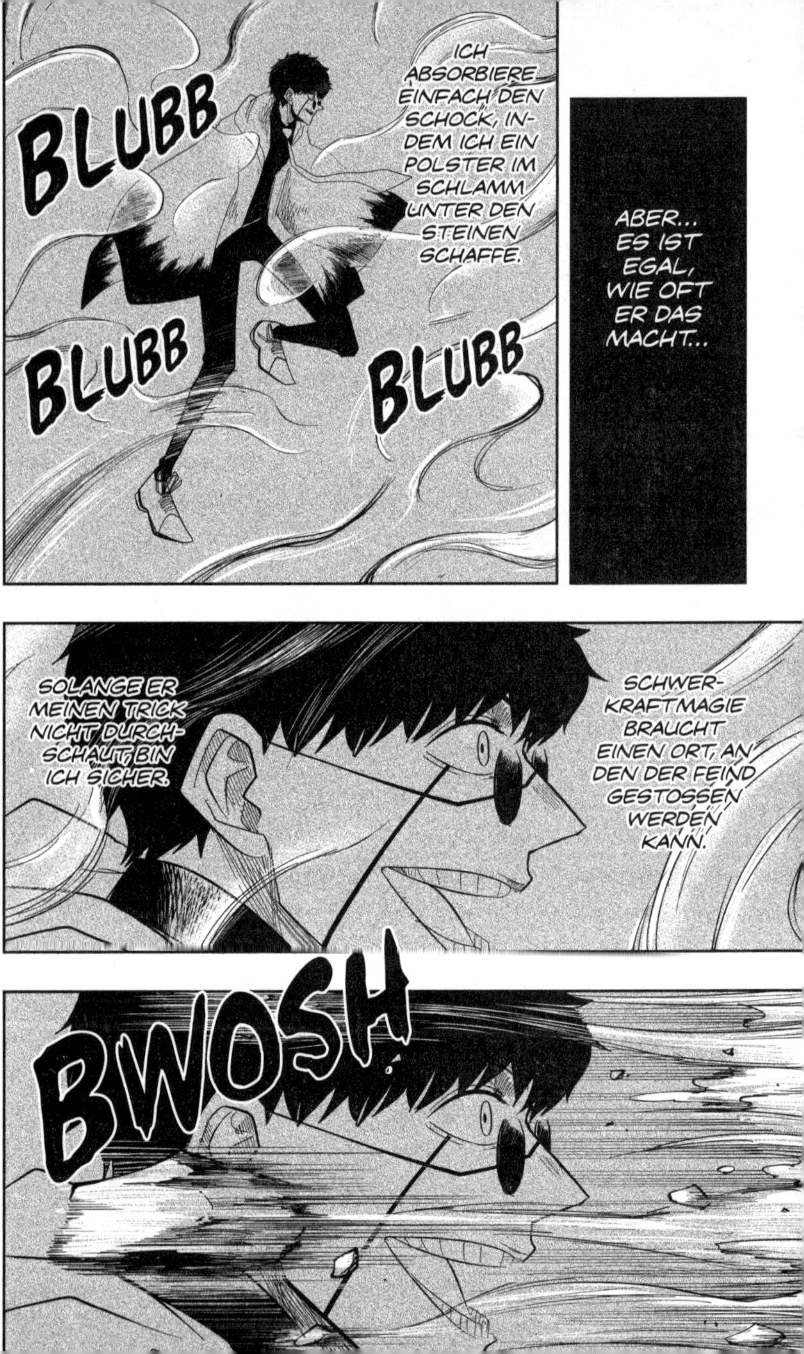
ICH ABSORBIERE EINFACH DEN SCHOCK, INDEM ICH EIN POLSTER IM SCHLAMM UNTER DEN STEINEN SCHAFFE.
BLUBB
BLUBB
BLUBB
ABER... ES IST EGAL, WIE OFT ER DAS MACHT...
SCHWERKRAFTMAGIE BRAUCHT EINEN ORT, AN DEN DER FEIND GESTOSSEN WERDEN KANN.
SOLANGE ER MEINEN TRICK NICHT DURCHSCHAUT, BIN ICH SICHER.
BWOSH

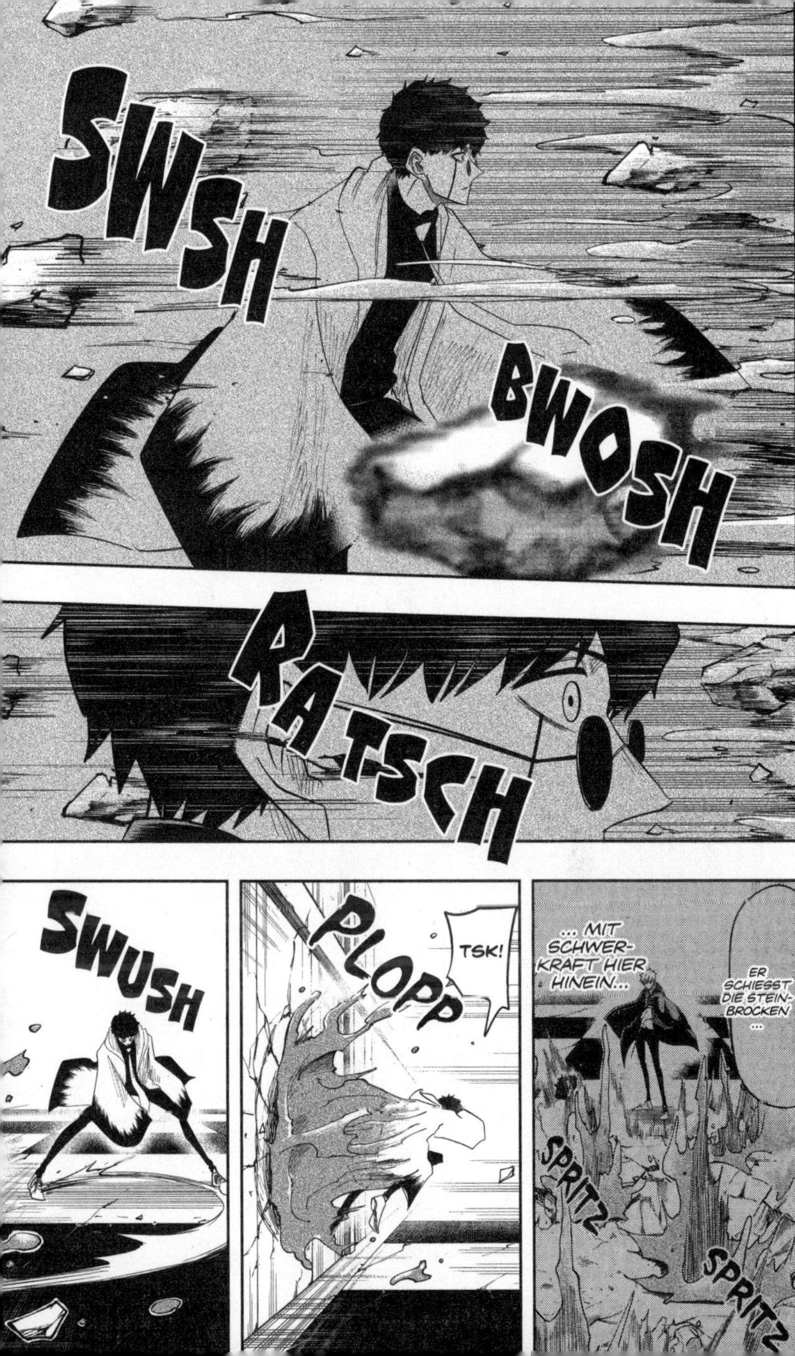
SWSH
BWOSH
RATSCH
ER SCHIESST DIE STEIN-BROCKEN ...
... MIT SCHWER-KRAFT HIER HINEIN...
SPRITZ
SPRITZ
TSK!
PLOPP
SWUSH

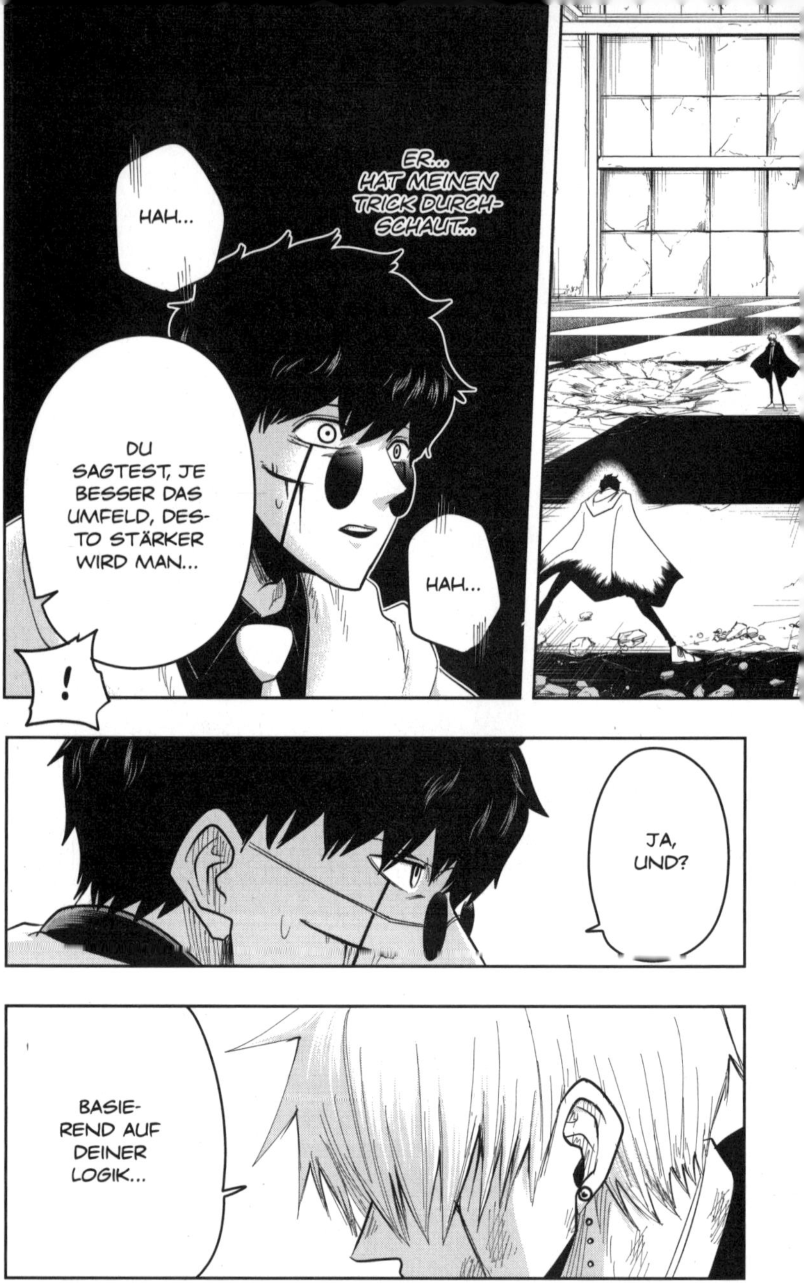
ER... HAT MEINEN TRICK DURCH-SCHAUT...
HAH...
HAH...
DU SAGTEST, JE BESSER DAS UMFELD, DES-TO STÄRKER WIRD MAN...
!
JA, UND?
BASIE-REND AUF DEINER LOGIK...

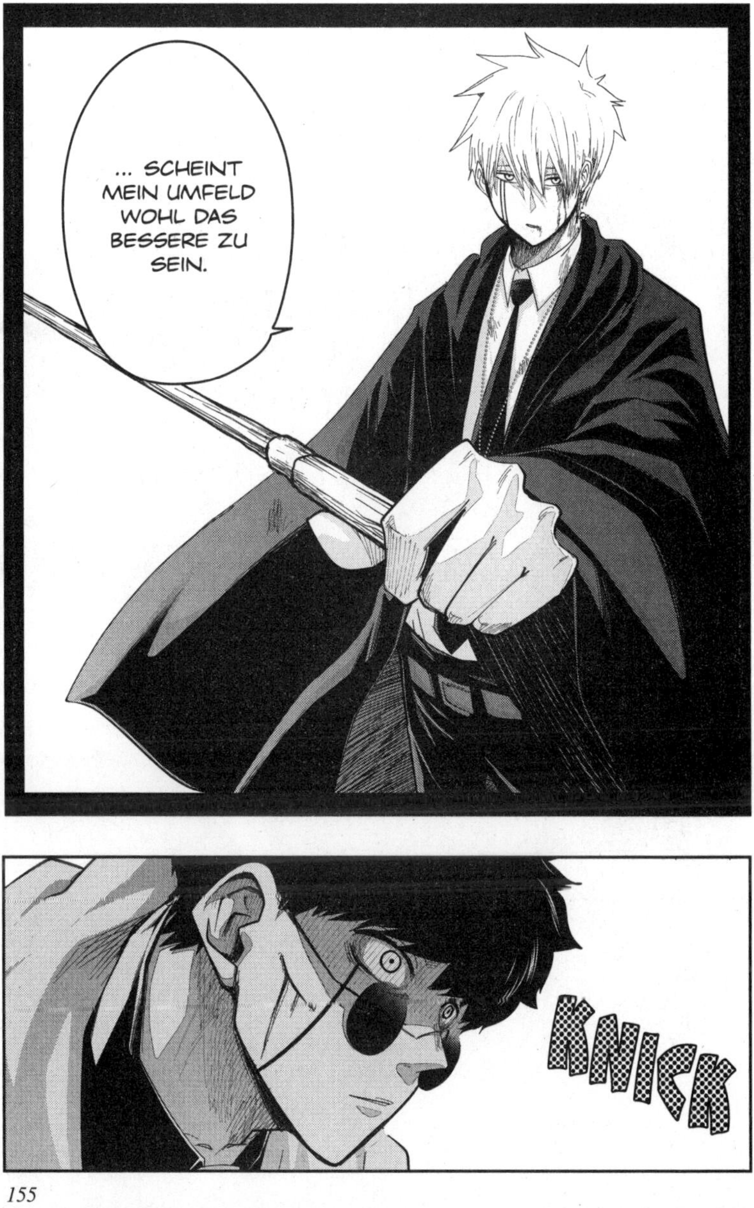
... SCHEINT MEIN UMFELD WOHL DAS BESSERE ZU SEIN.
KNICK

Extra 6

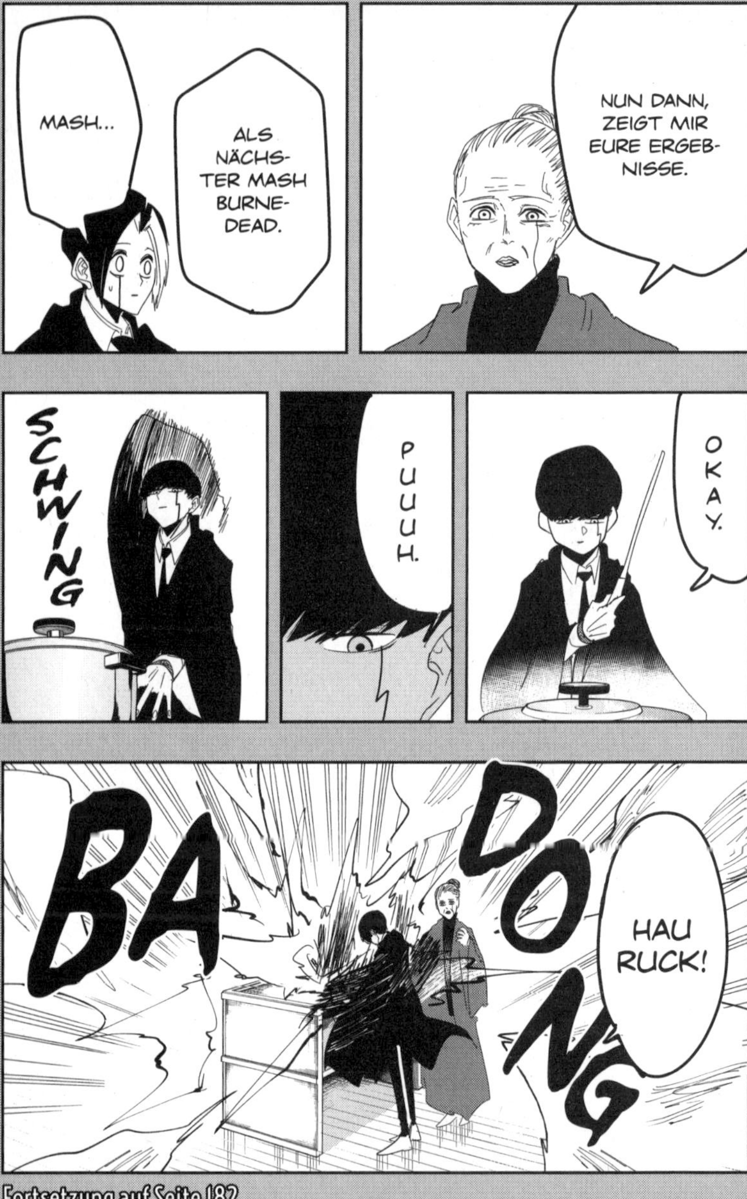

Fortsetzung auf Seite 182

25. Kapitel Lance Crown und die höhere Magie

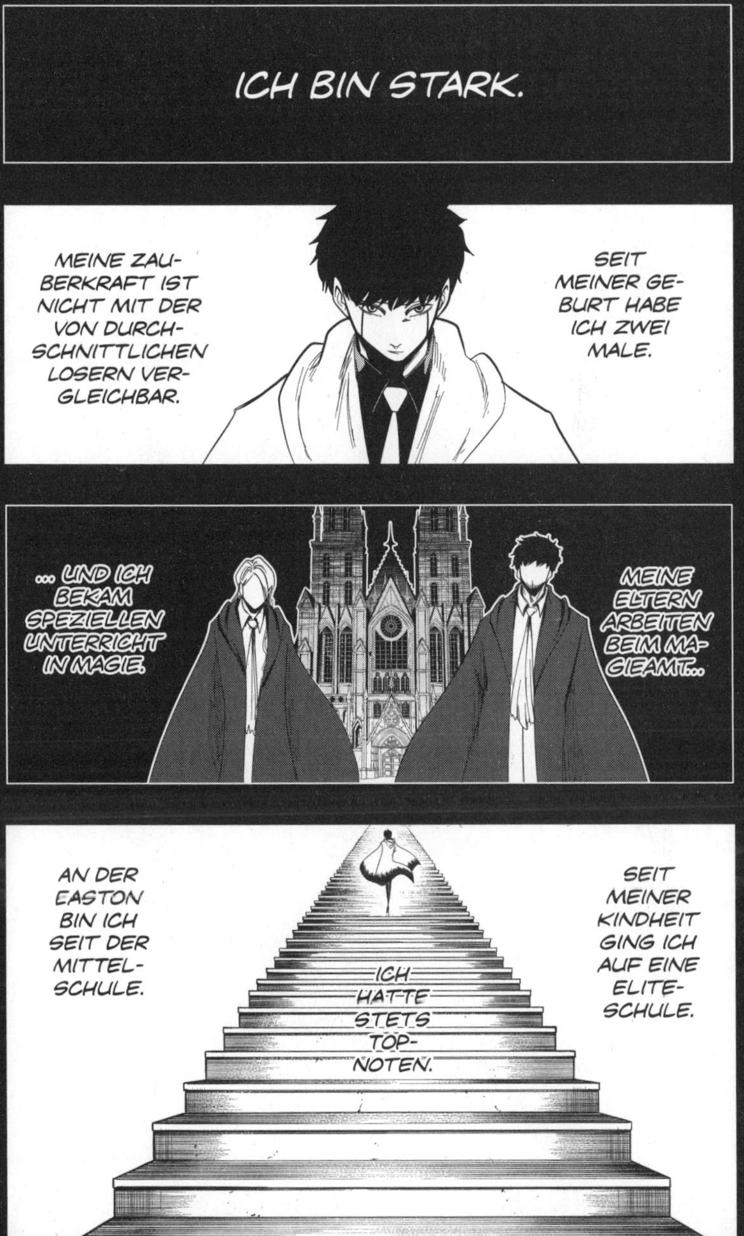

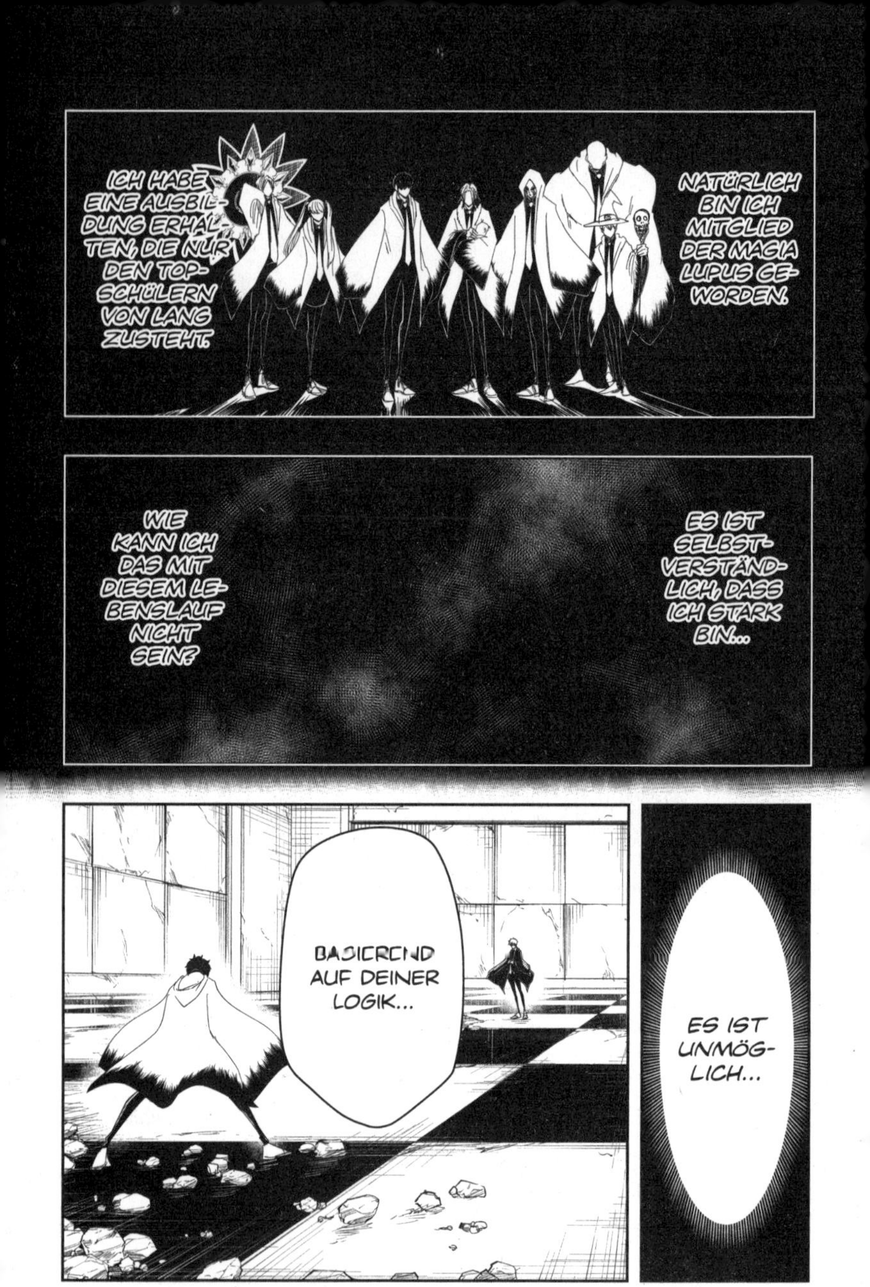
NATÜRLICH BIN ICH MITGLIED DER MAGIA LUPUS GEWORDEN.
ICH HABE EINE AUSBILDUNG ERHALTEN, DIE NUR DEN TOPSCHÜLERN VON LANG ZUSTEHT.
ES IST SELBSTVERSTÄNDLICH, DASS ICH STARK BIN...
WIE KANN ICH DAS MIT DIESEM LEBENSLAUF NICHT SEIN?
ES IST UNMÖGLICH...
BASIEREND AUF DEINER LOGIK...

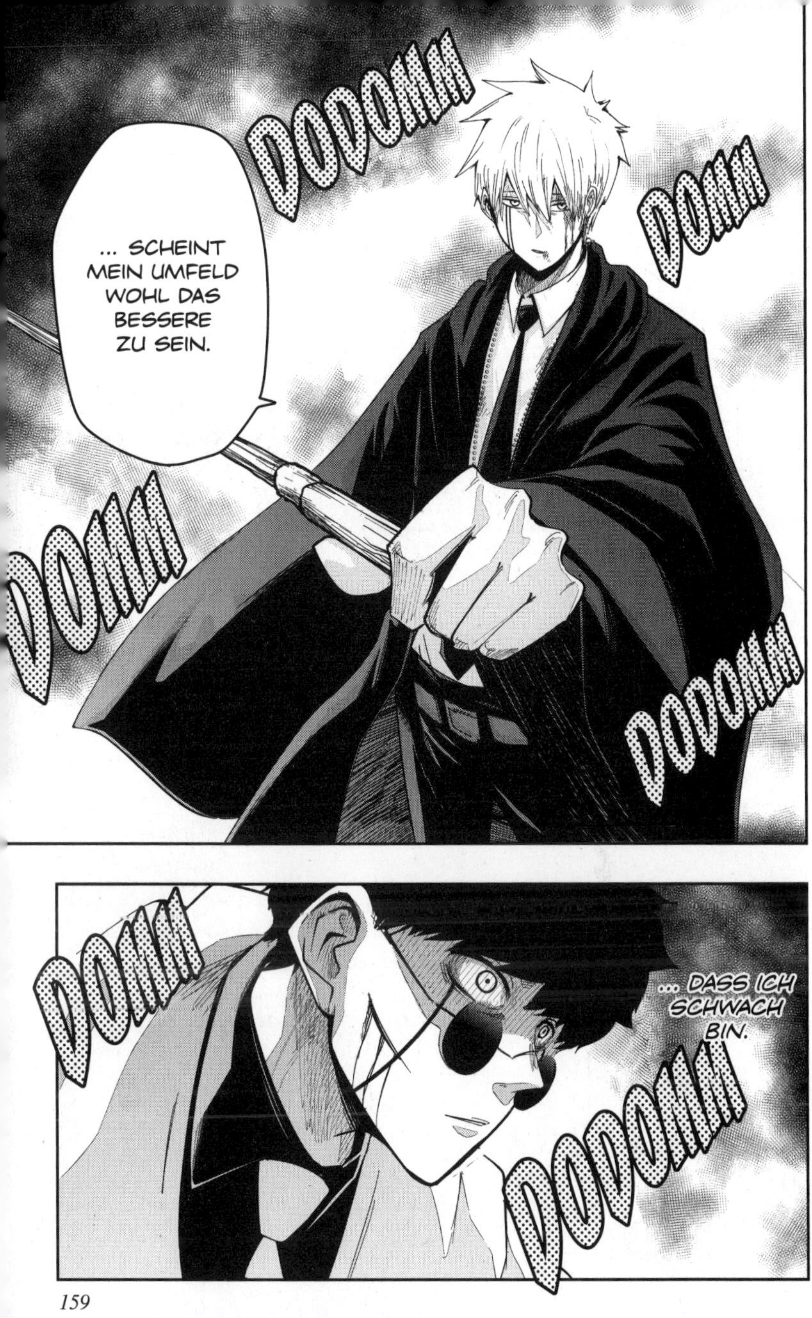
DODOMM
DOMM
... SCHEINT MEIN UMFELD WOHL DAS BESSERE ZU SEIN.
DOMM
DODOMM
... DASS ICH SCHWACH BIN.
DOMM
DODOMM

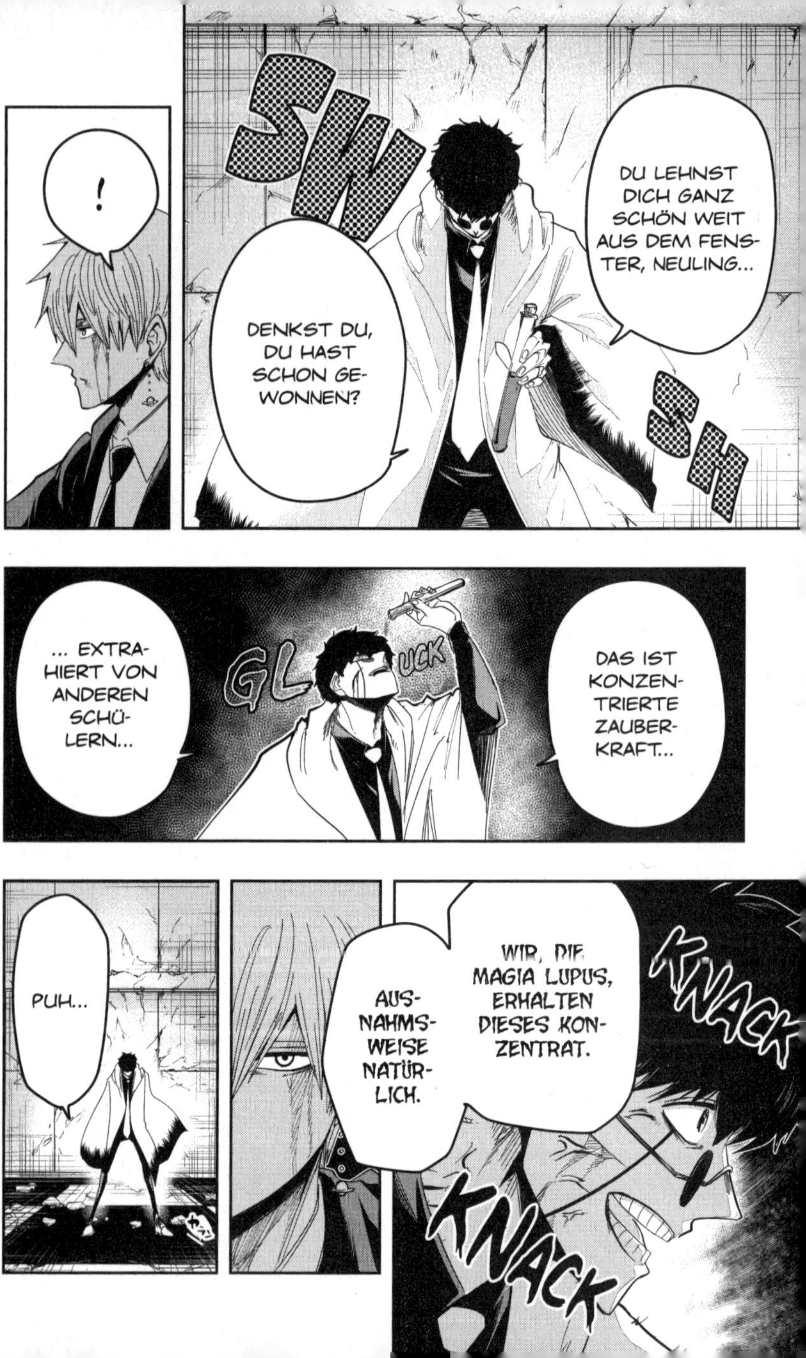
SW
SH
DU LEHNST
DICH GANZ
SCHÖN WEIT
AUS DEM FENS-
TER, NEULING...
DENKST DU,
DU HAST
SCHON GE-
WONNEN?
!
GL
UCK
DAS IST
KONZEN-
TRIERTE
ZAUBER-
KRAFT...
... EXTRA-
HIERT VON
ANDEREN
SCHÜ-
LERN...
KNACK
KNACK
WIR, DIE
MAGIA LUPUS,
ERHALTEN
DIESES KON-
ZENTRAT.
AUS-
NAHMS-
WEISE
NATÜR-
LICH.
PUH...

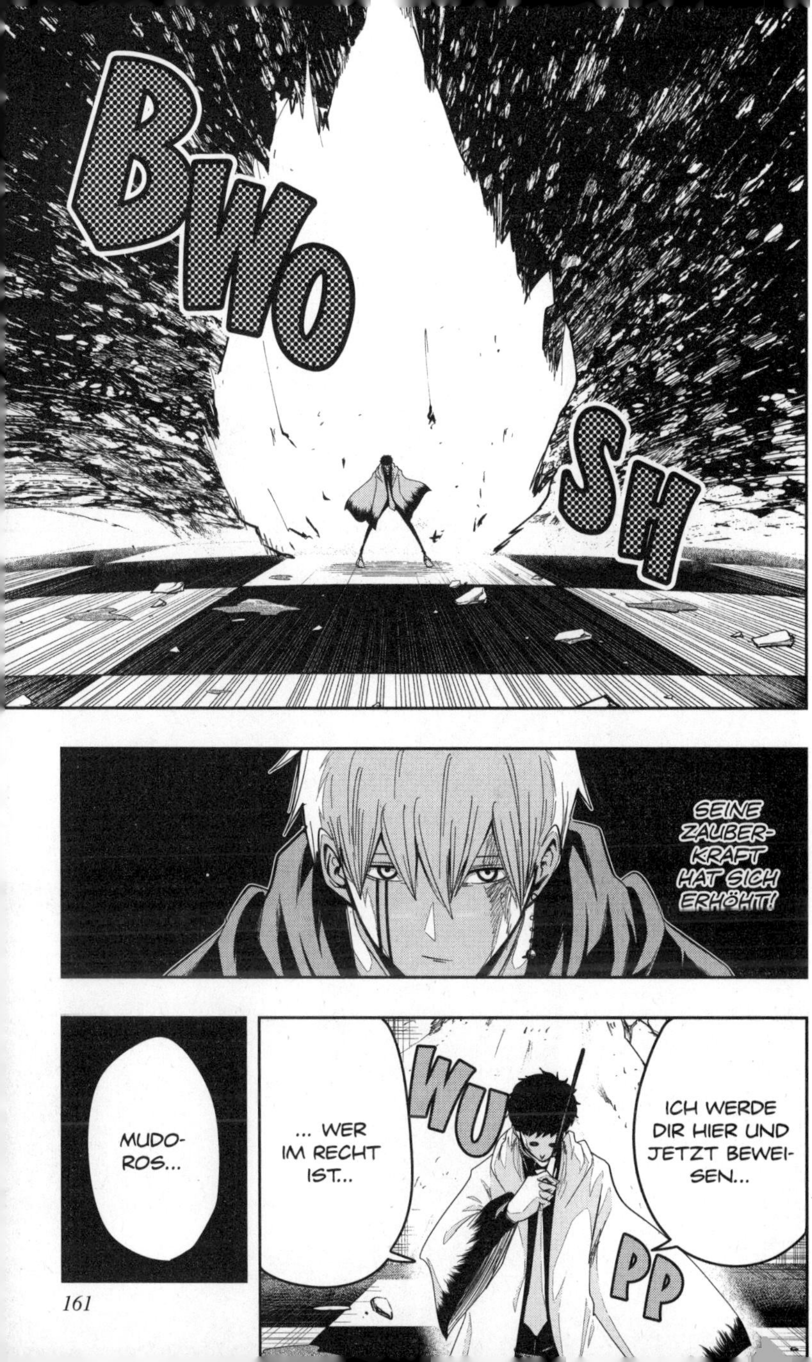
BWOSH
SEINE ZAUBERKRAFT HAT SICH ERHÖHT!
ICH WERDE DIR HIER UND JETZT BEWEISEN...
WUPP
... WER IM RECHT IST...
MUDOROS...

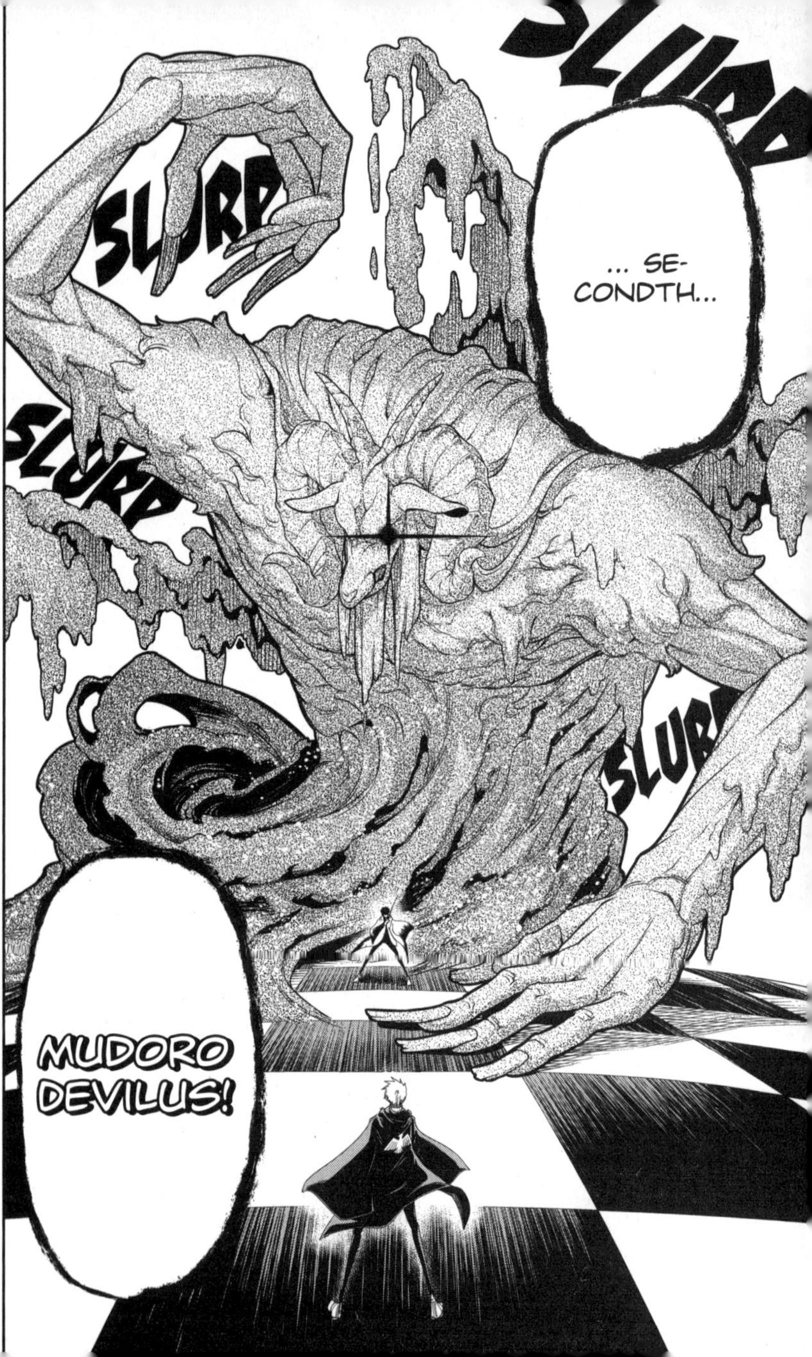
SLURP
... SE-
CONDTH...
SLURP
SLUR
SLURP
MUDORO
DEVILUS!

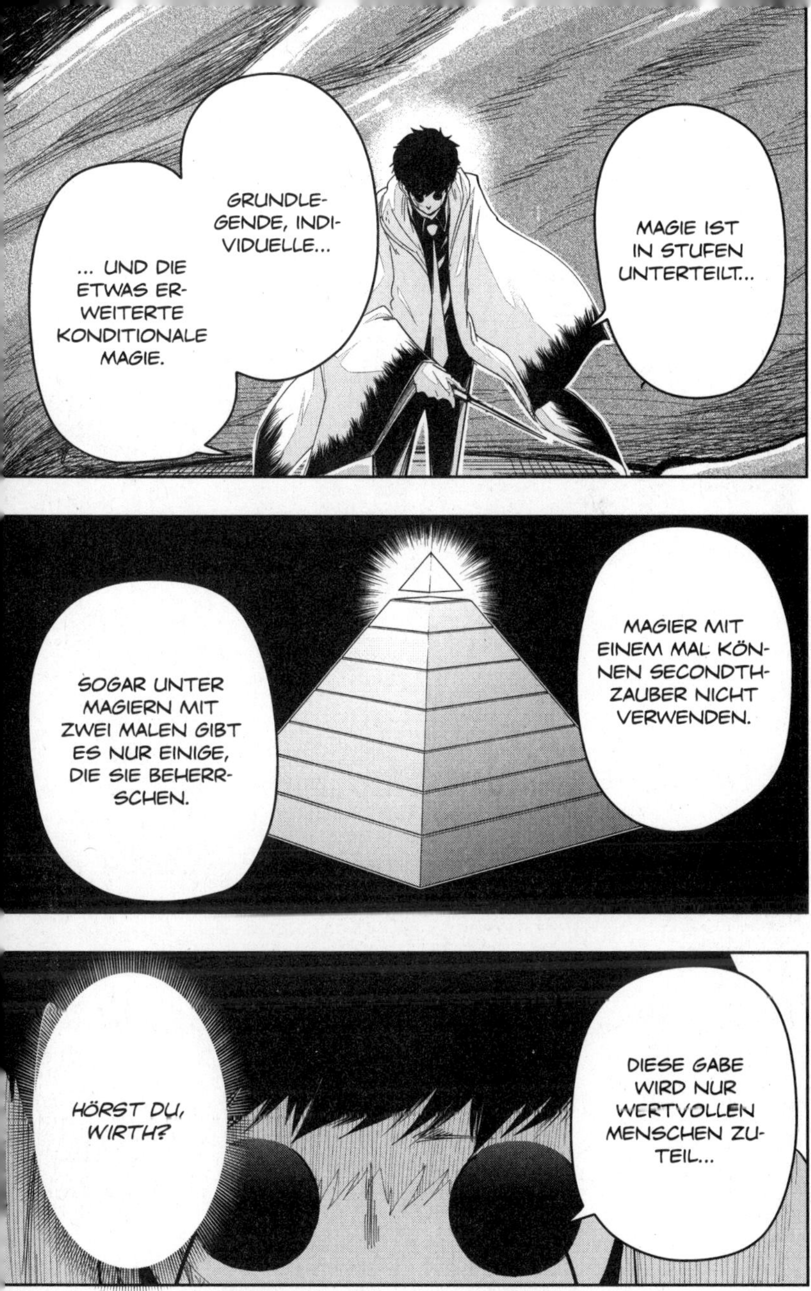
MAGIE IST IN STUFEN UNTERTEILT...
GRUNDLE-GENDE, INDI-VIDUELLE...
... UND DIE ETWAS ER-WEITERTE KONDITIONALE MAGIE.
MAGIER MIT EINEM MAL KÖN-NEN SECONDTH-ZAUBER NICHT VERWENDEN.
SOGAR UNTER MAGIERN MIT ZWEI MALEN GIBT ES NUR EINIGE, DIE SIE BEHERR-SCHEN.
DIESE GABE WIRD NUR WERTVOLLEN MENSCHEN ZU-TEIL...
HÖRST DU, WIRTH?

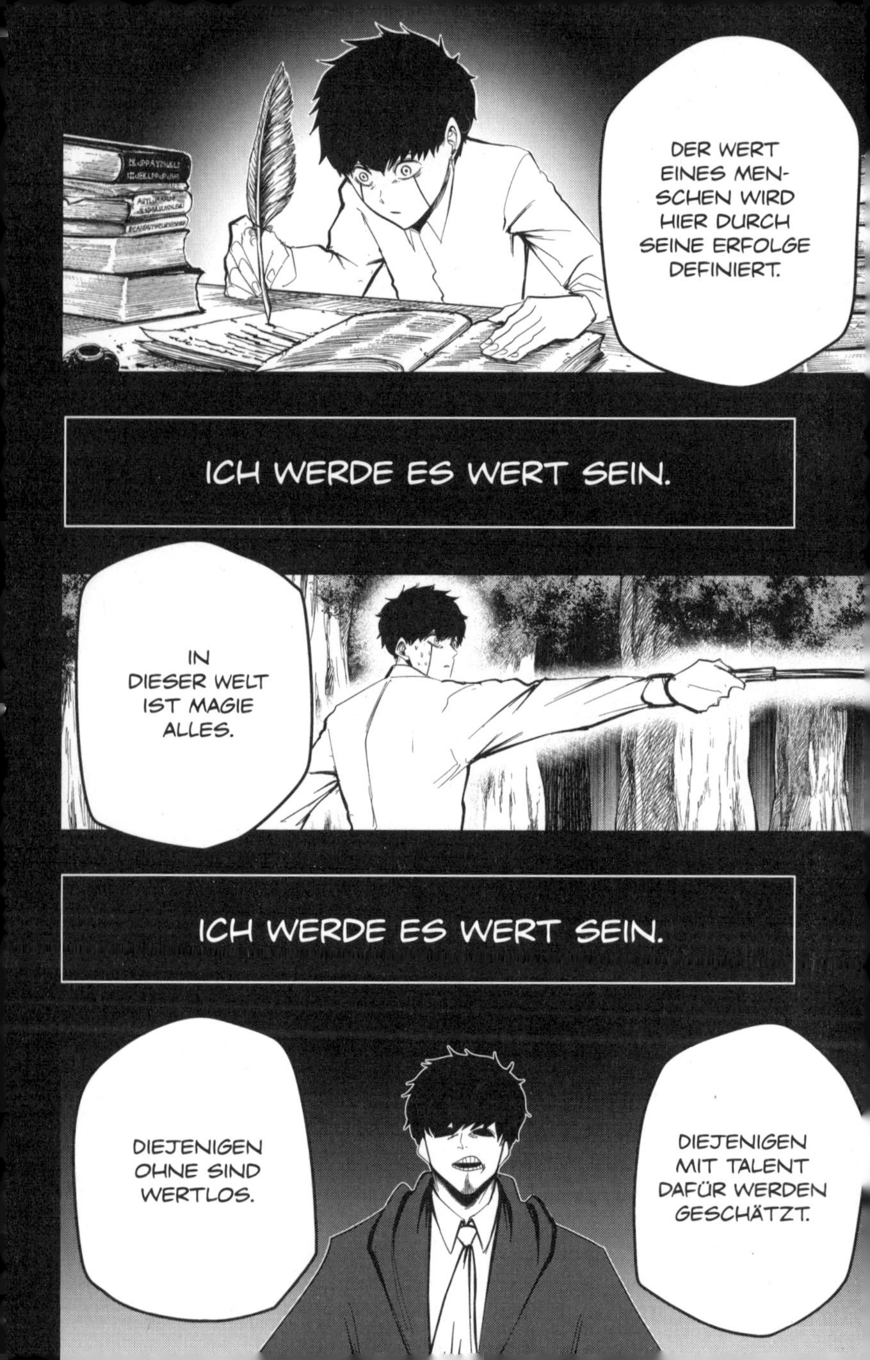
DER WERT EINES MENSCHEN WIRD HIER DURCH SEINE ERFOLGE DEFINIERT.
ICH WERDE ES WERT SEIN.
IN DIESER WELT IST MAGIE ALLES.
ICH WERDE ES WERT SEIN.
DIEJENIGEN MIT TALENT DAFÜR WERDEN GESCHÄTZT.
DIEJENIGEN OHNE SIND WERTLOS.

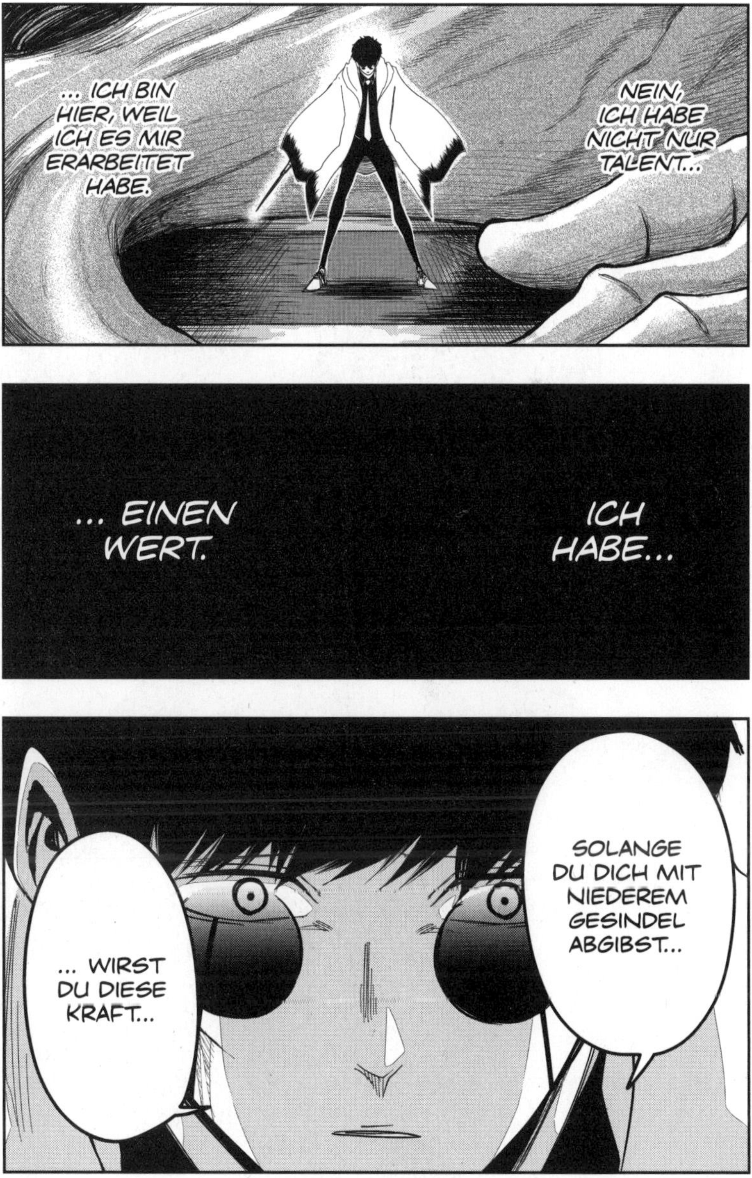
NEIN, ICH HABE NICHT NUR TALENT...
... ICH BIN HIER, WEIL ICH ES MIR ERARBEITET HABE.
ICH HABE...
... EINEN WERT.
SOLANGE DU DICH MIT NIEDEREM GESINDEL ABGIBST...
... WIRST DU DIESE KRAFT...

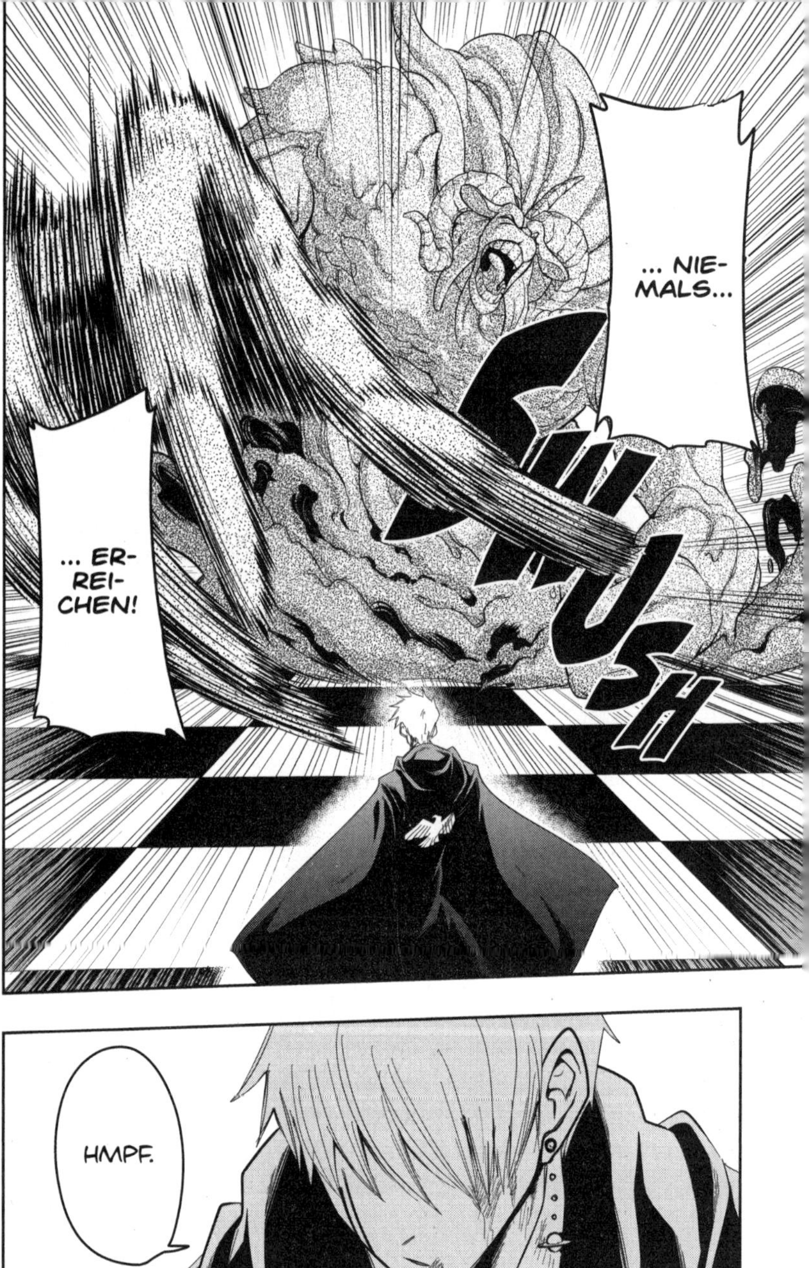
... NIE-
MALS...
SWUSH
... ER-
REI-
CHEN!
HMPF.

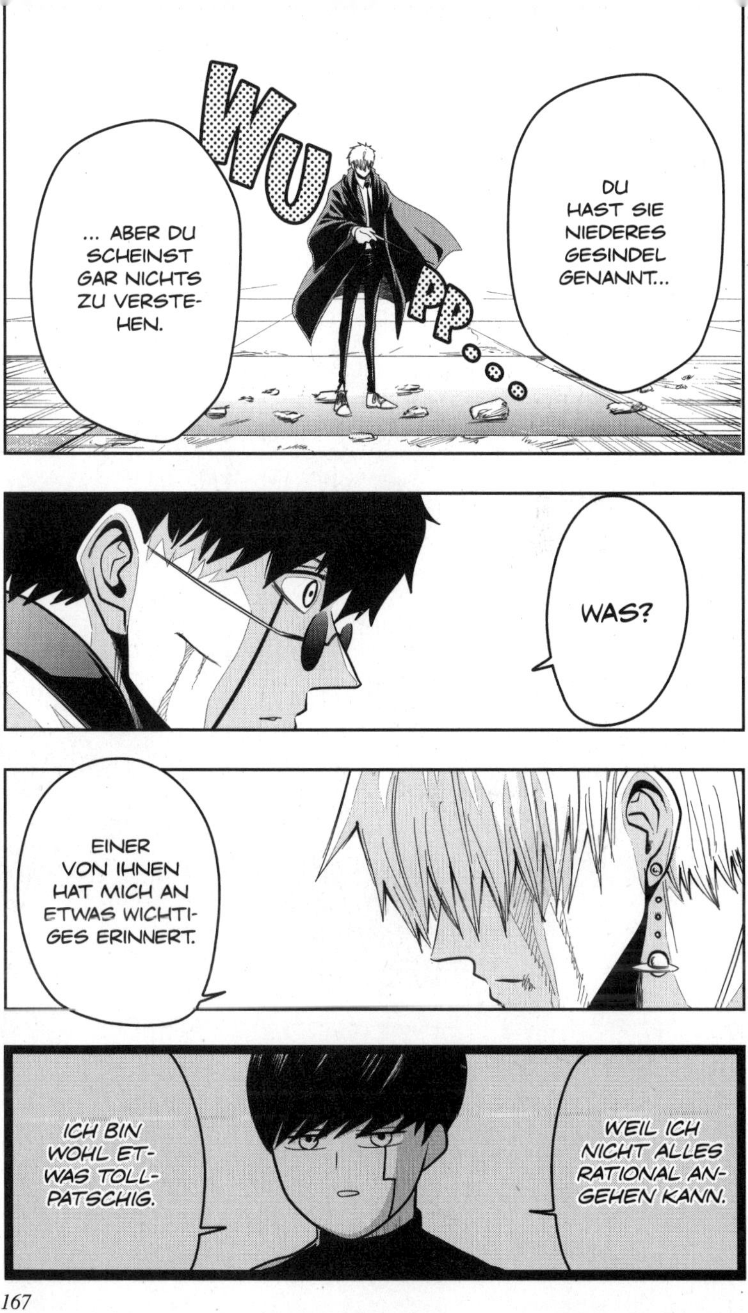
DU HAST SIE NIEDERES GESINDEL GENANNT...
WUPP...
... ABER DU SCHEINST GAR NICHTS ZU VERSTEHEN.
WAS?
EINER VON IHNEN HAT MICH AN ETWAS WICHTIGES ERINNERT.
WEIL ICH NICHT ALLES RATIONAL ANGEHEN KANN.
ICH BIN WOHL ETWAS TOLLPATSCHIG.

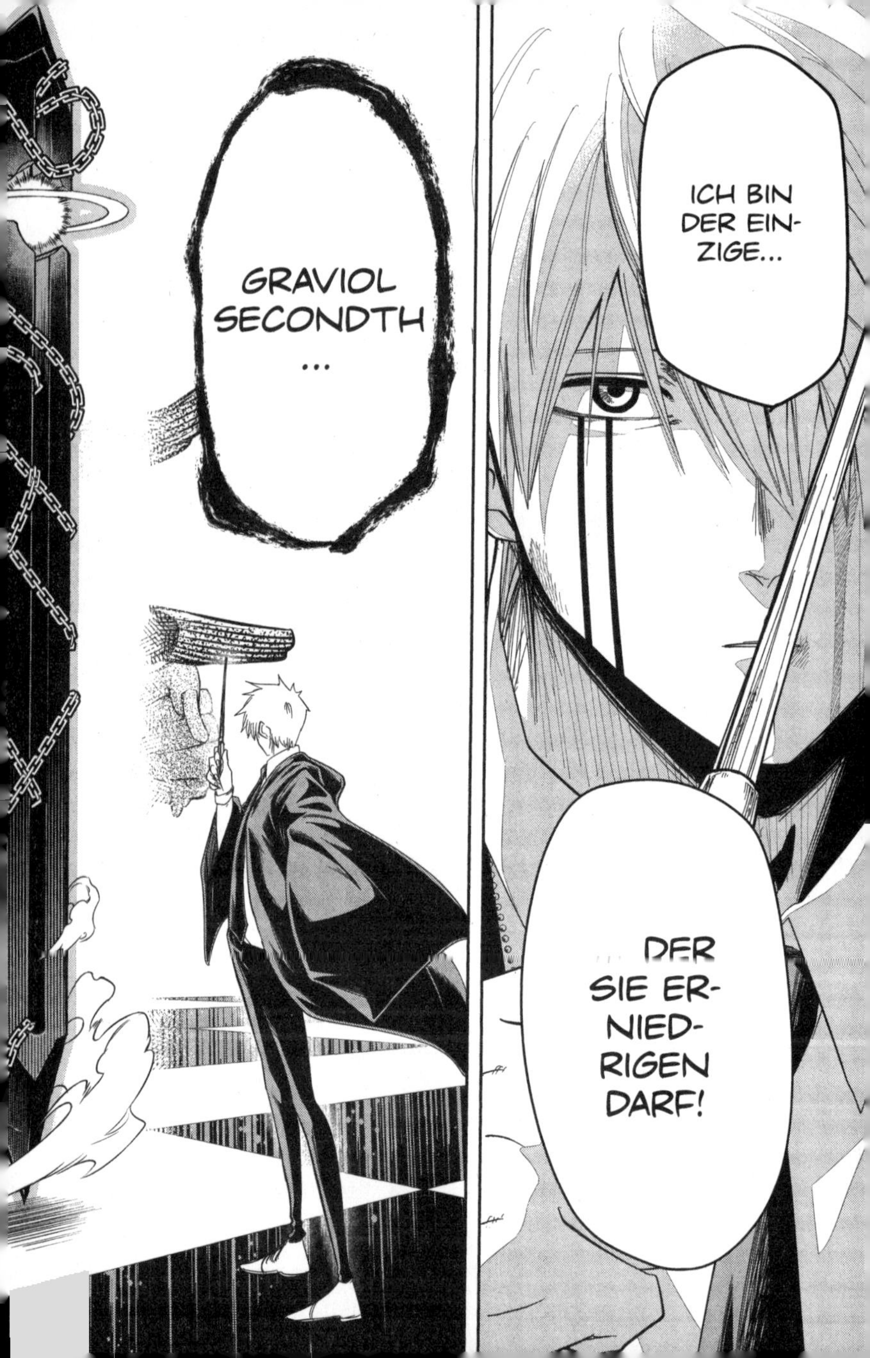
ICH BIN DER EINZIGE...
... DER SIE ERNIEDRIGEN DARF!
GRAVIOL SECONDTH ...

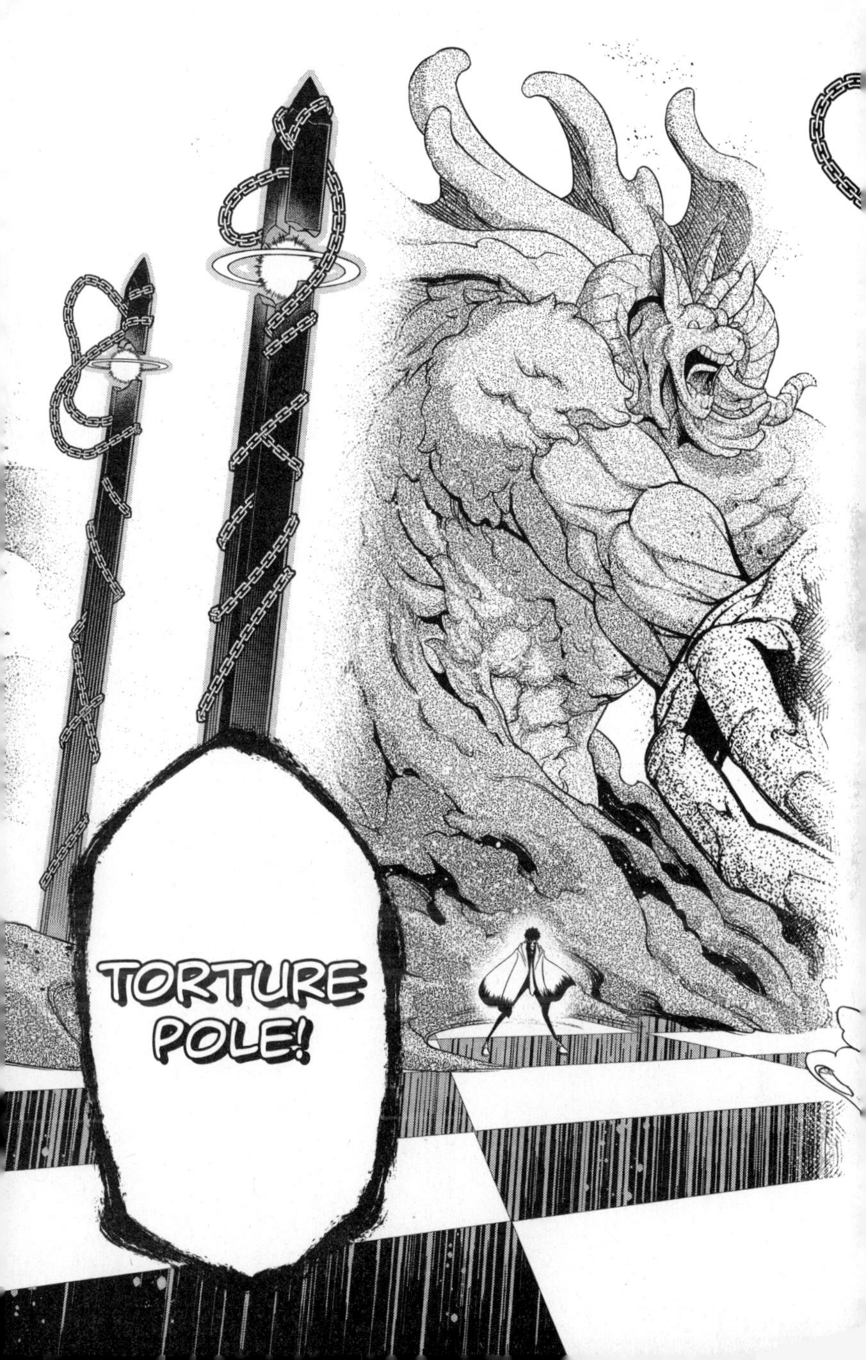
TORTURE POLE!

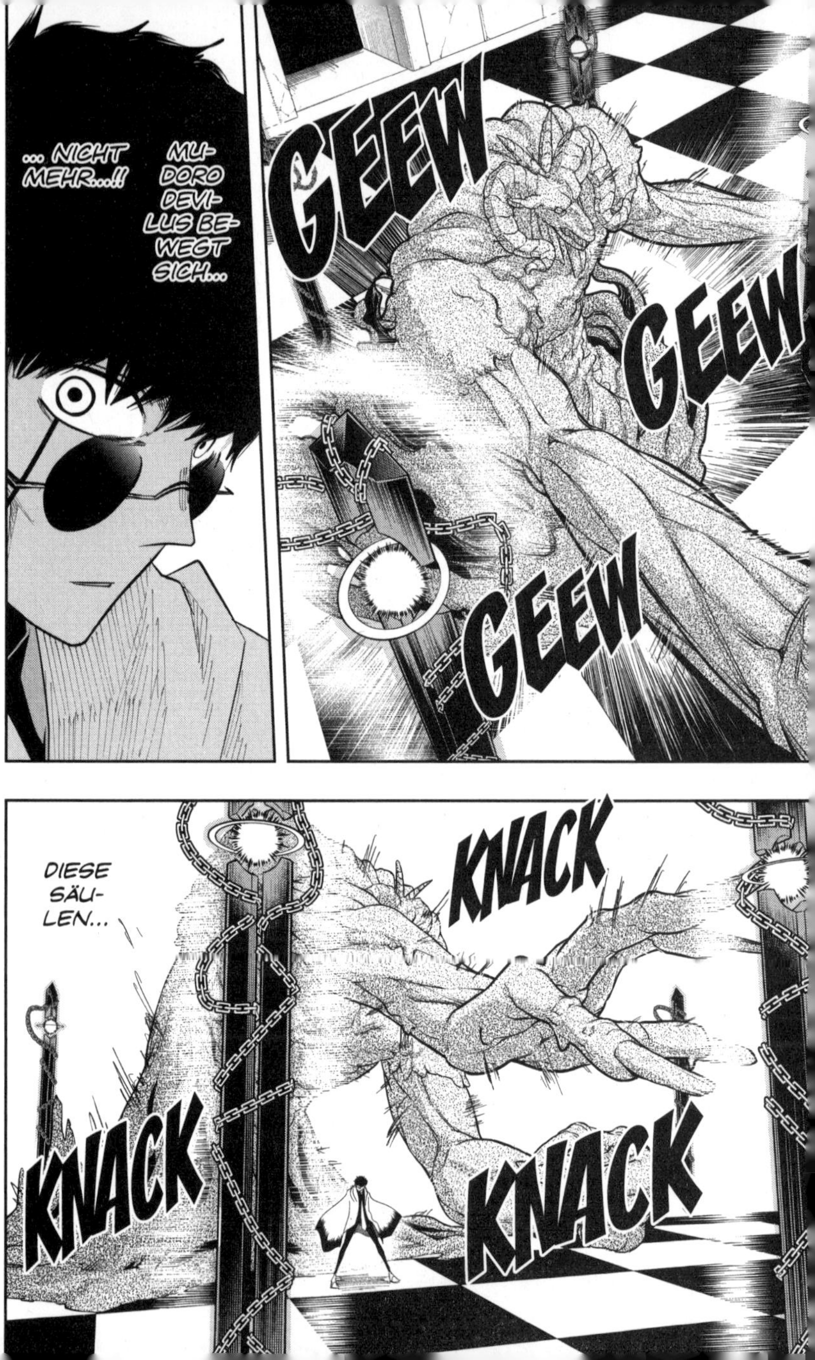
GEEW
GEEW
GEEW
MU-DORO DEVI-LUS BE-WEGT SICH...
... NICHT MEHR...!!
KNACK
DIESE SÄU-LEN...
KNACK
KNACK

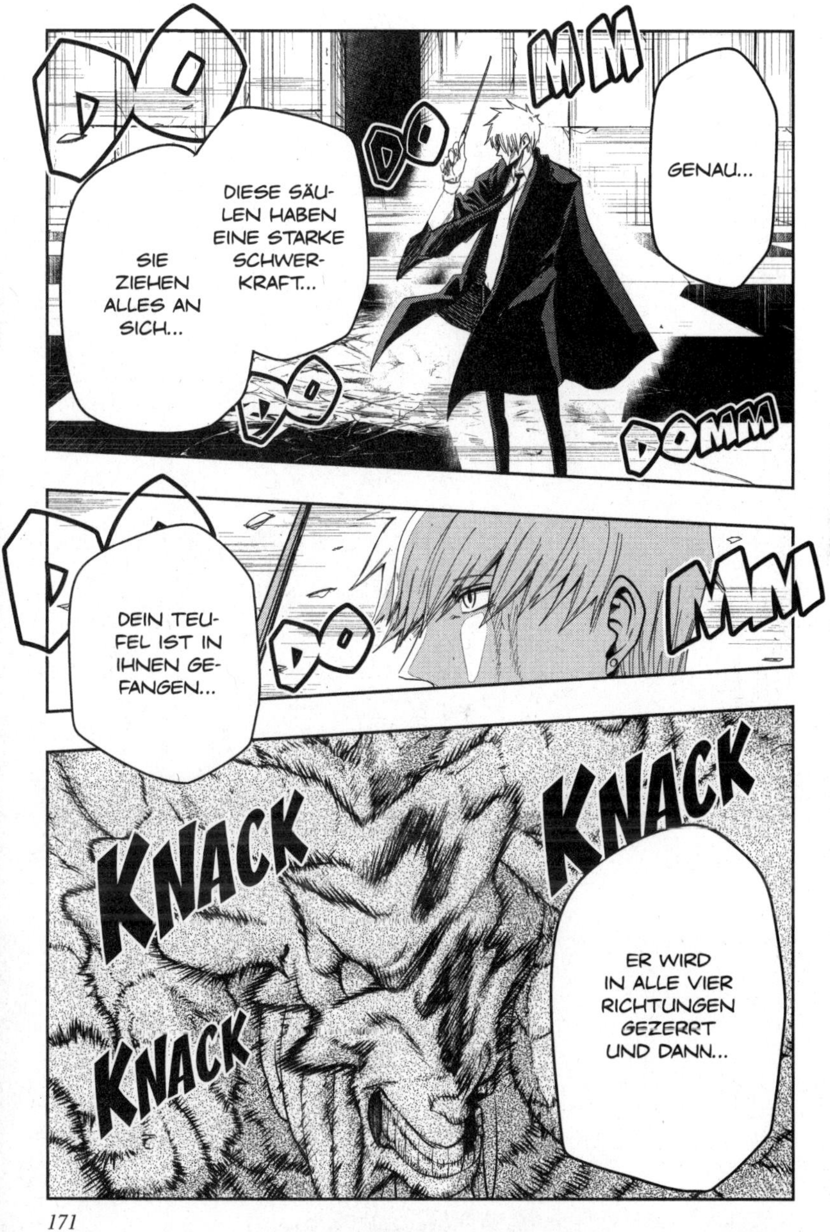
MM
DO
GENAU...
DIESE SÄU-
LEN HABEN
EINE STARKE
SCHWER-
KRAFT...
SIE
ZIEHEN
ALLES AN
SICH...
DOMM
MM
DO
DEIN TEU-
FEL IST IN
IHNEN GE-
FANGEN...
KNACK
ER WIRD
IN ALLE VIER
RICHTUNGEN
GEZERRT
UND DANN...
KNACK
KNACK

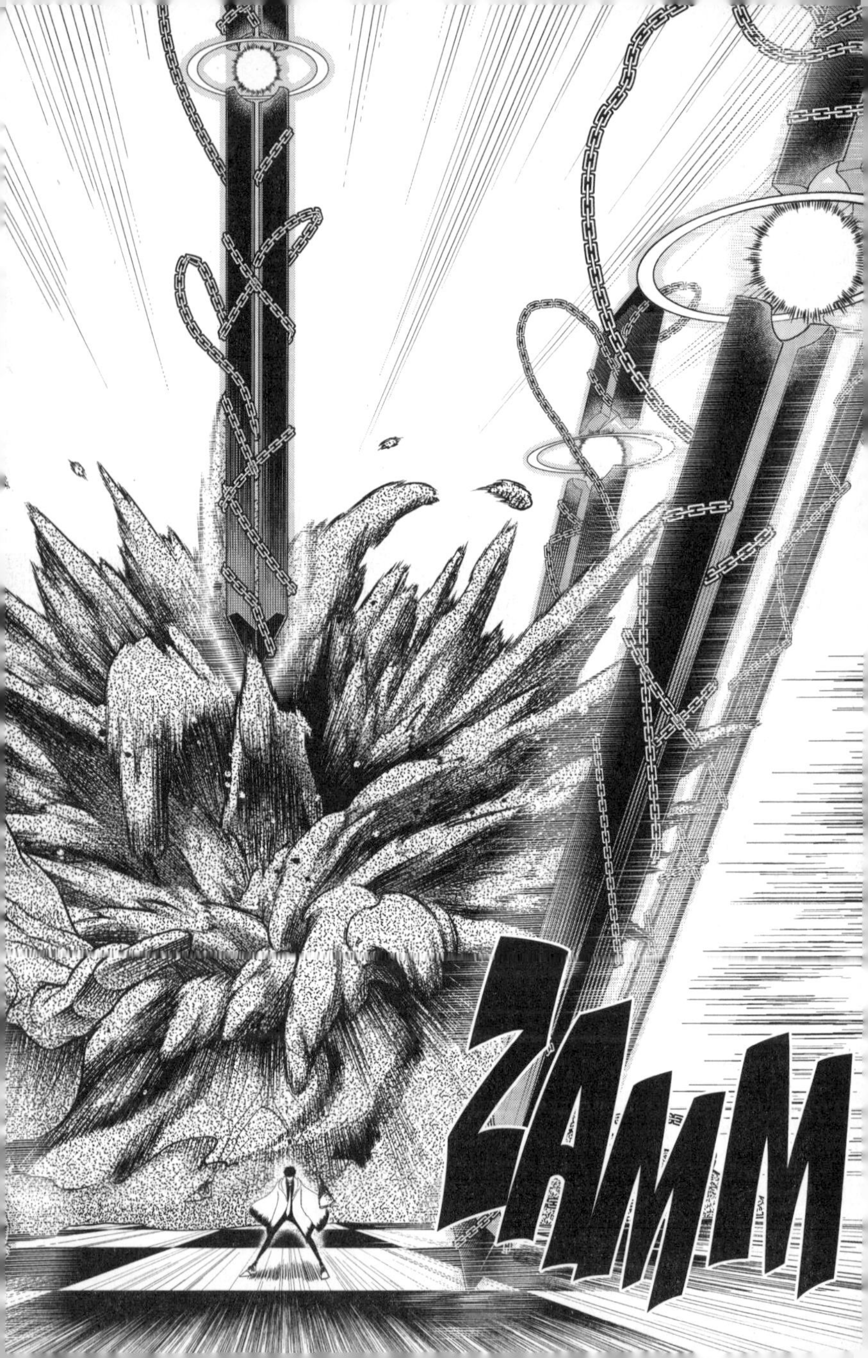
ZAMM

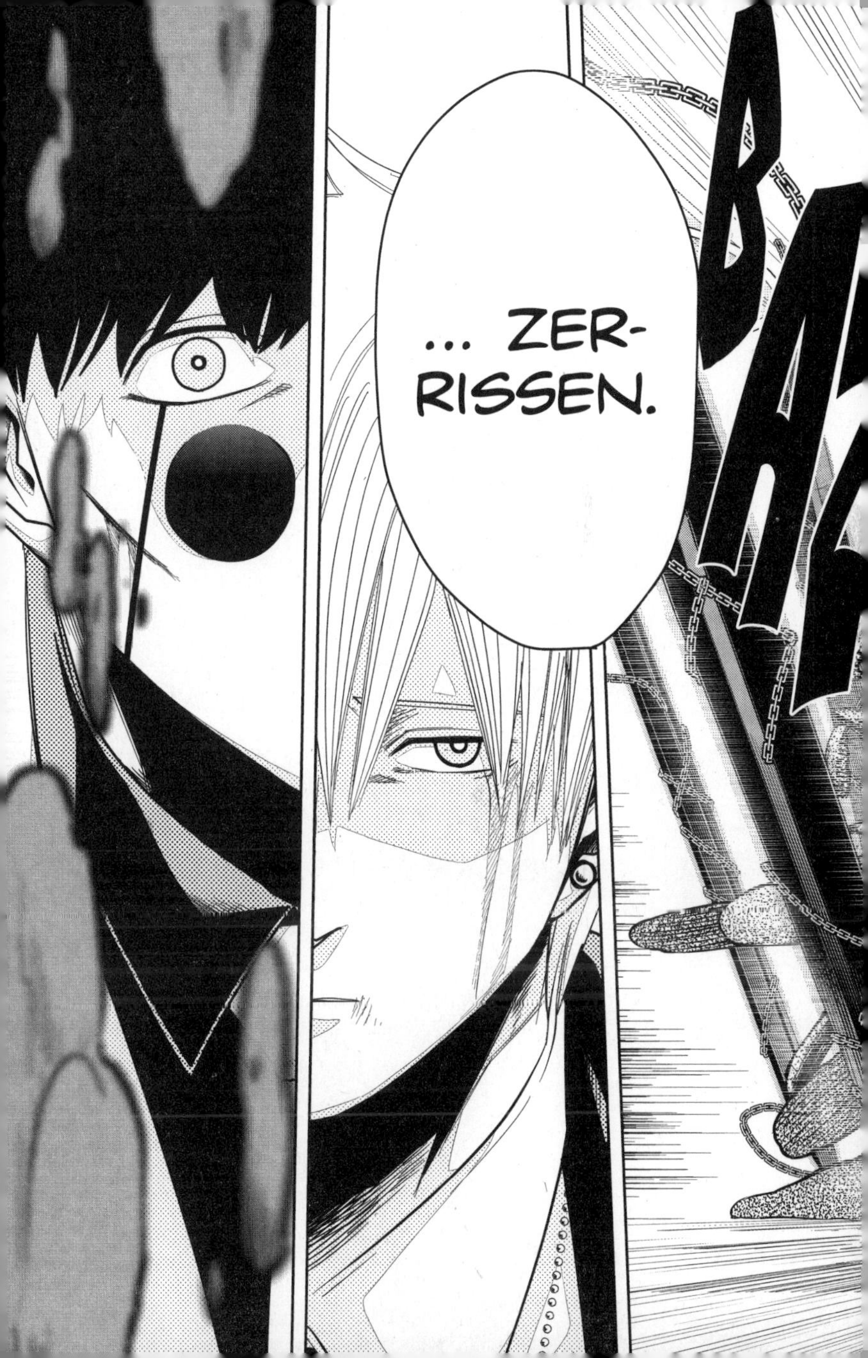
... ZER-
RISSEN.

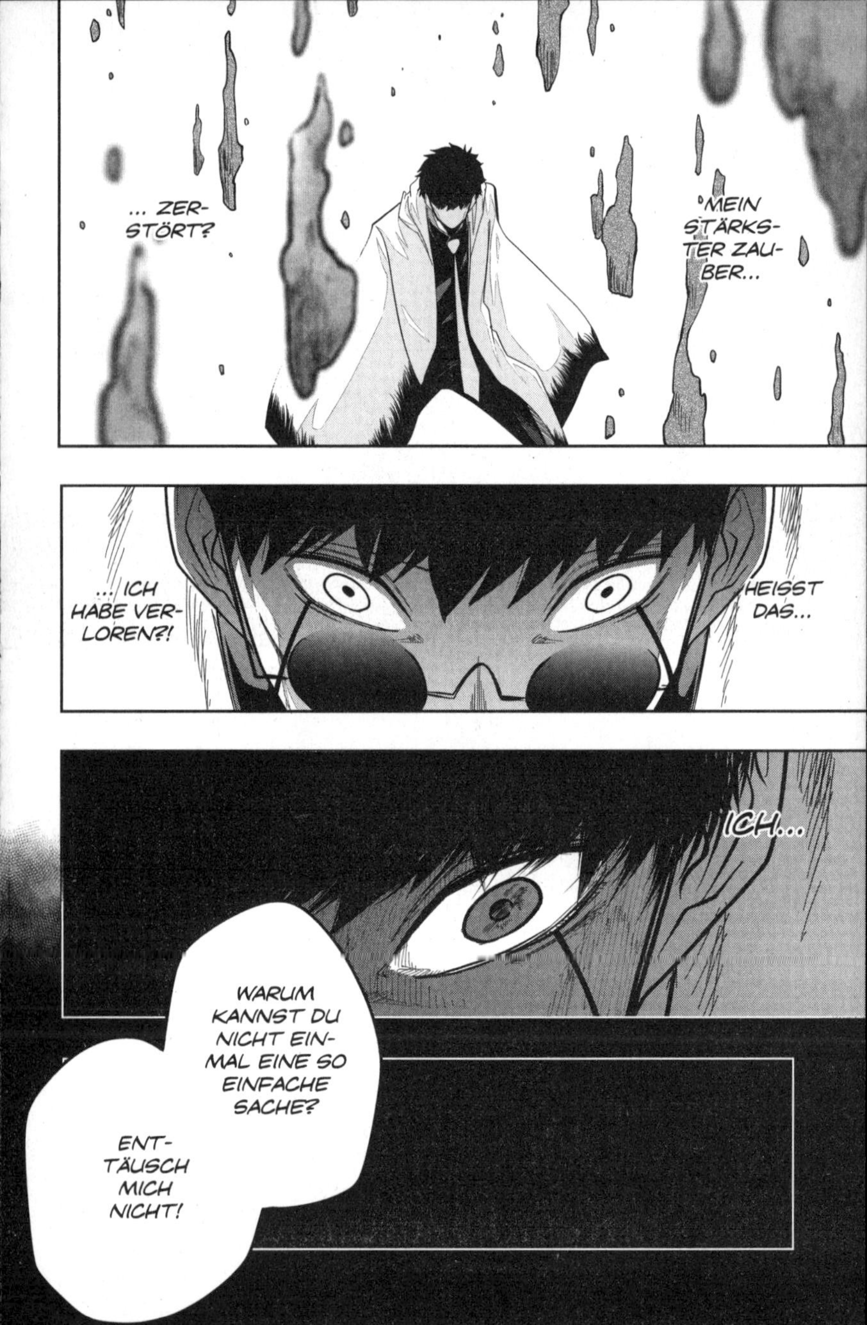
MEIN STÄRKSTER ZAUBER...
... ZERSTÖRT?
HEISST DAS...
... ICH HABE VERLOREN?!
ICH...
WARUM KANNST DU NICHT EINMAL EINE SO EINFACHE SACHE?
ENTTÄUSCH MICH NICHT!

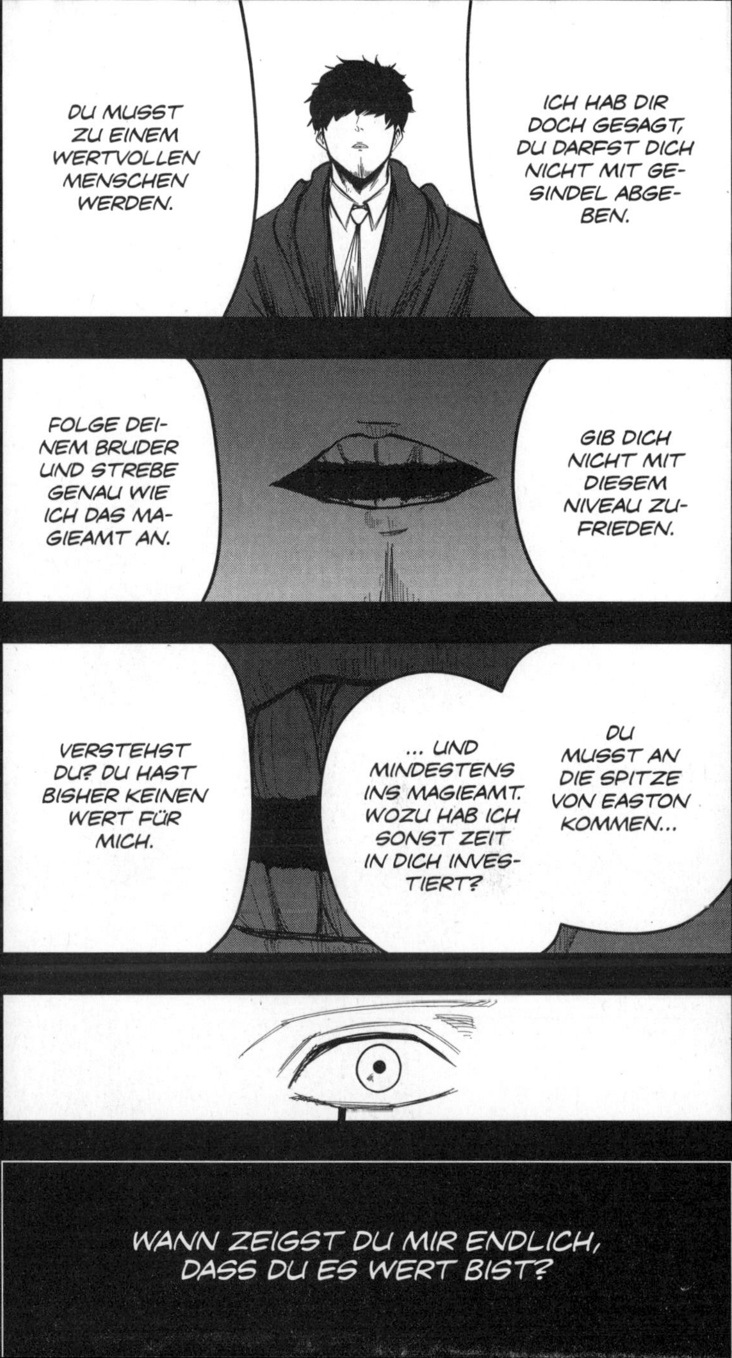
ICH HAB DIR DOCH GESAGT, DU DARFST DICH NICHT MIT GESINDEL ABGEBEN.
DU MUSST ZU EINEM WERTVOLLEN MENSCHEN WERDEN.
GIB DICH NICHT MIT DIESEM NIVEAU ZUFRIEDEN.
FOLGE DEINEM BRUDER UND STREBE GENAU WIE ICH DAS MAGIEAMT AN.
DU MUSST AN DIE SPITZE VON EASTON KOMMEN...
... UND MINDESTENS INS MAGIEAMT. WOZU HAB ICH SONST ZEIT IN DICH INVESTIERT?
VERSTEHST DU? DU HAST BISHER KEINEN WERT FÜR MICH.
WANN ZEIGST DU MIR ENDLICH, DASS DU ES WERT BIST?

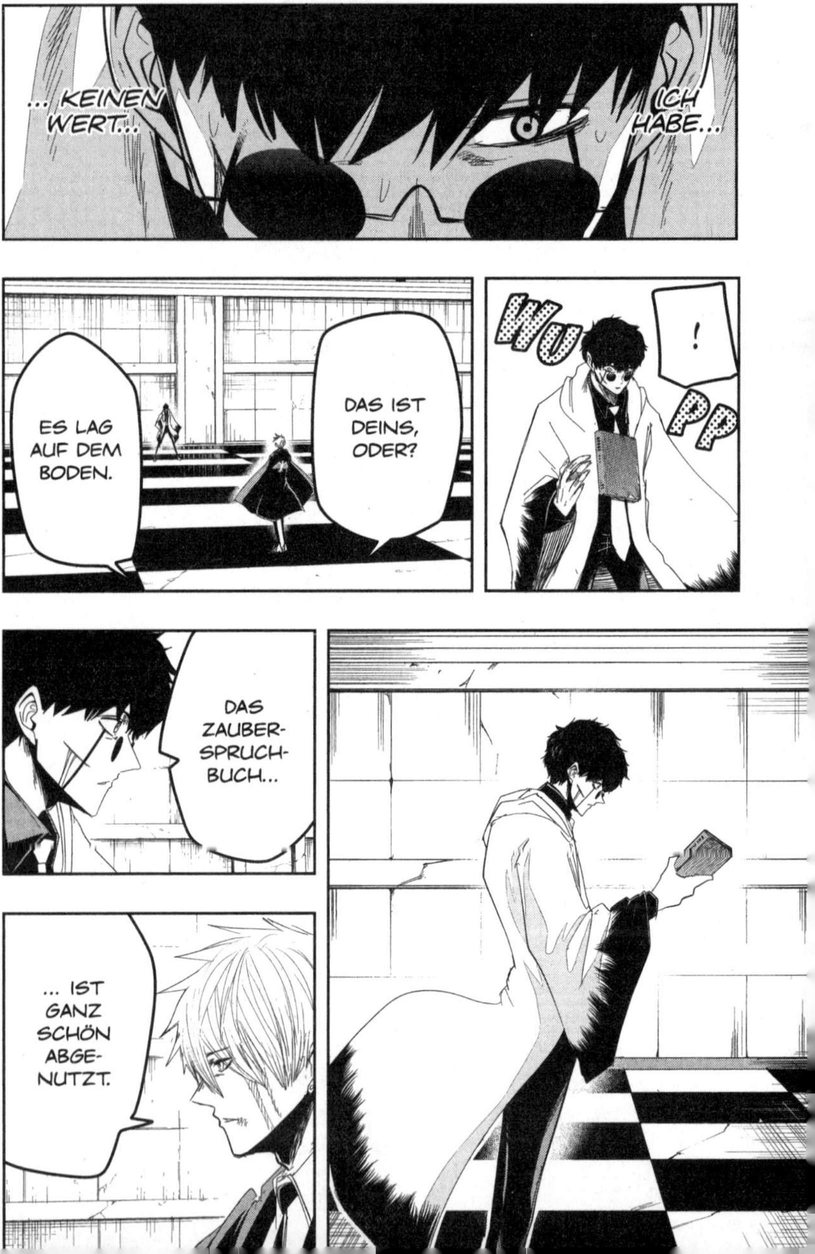
ICH HABE...
... KEINEN WERT...
!
WUPP
DAS IST DEINS, ODER?
ES LAG AUF DEM BODEN.
DAS ZAUBER-SPRUCH-BUCH...
... IST GANZ SCHÖN ABGE-NUTZT.

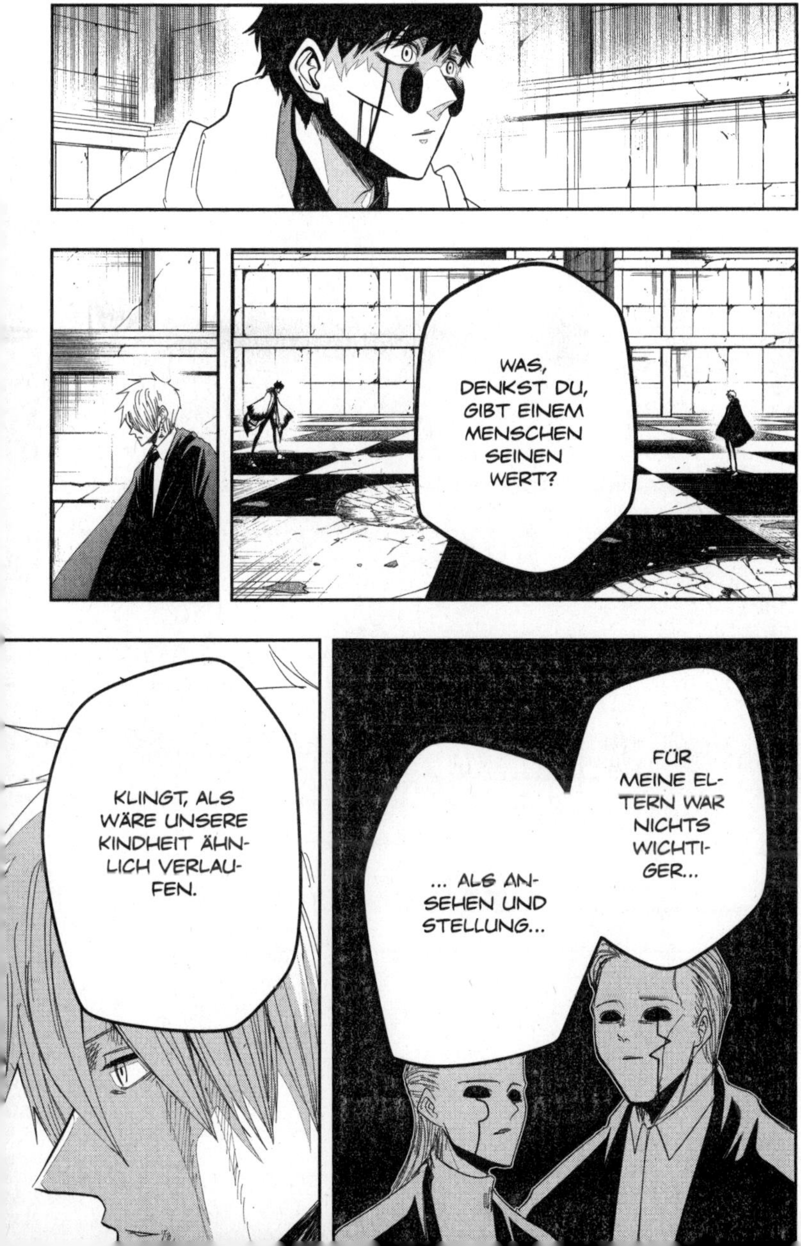
WAS, DENKST DU, GIBT EINEM MENSCHEN SEINEN WERT?
FÜR MEINE EL-TERN WAR NICHTS WICHTI-GER...
... ALS AN-SEHEN UND STELLUNG...
KLINGT, ALS WÄRE UNSERE KINDHEIT ÄHN-LICH VERLAU-FEN.

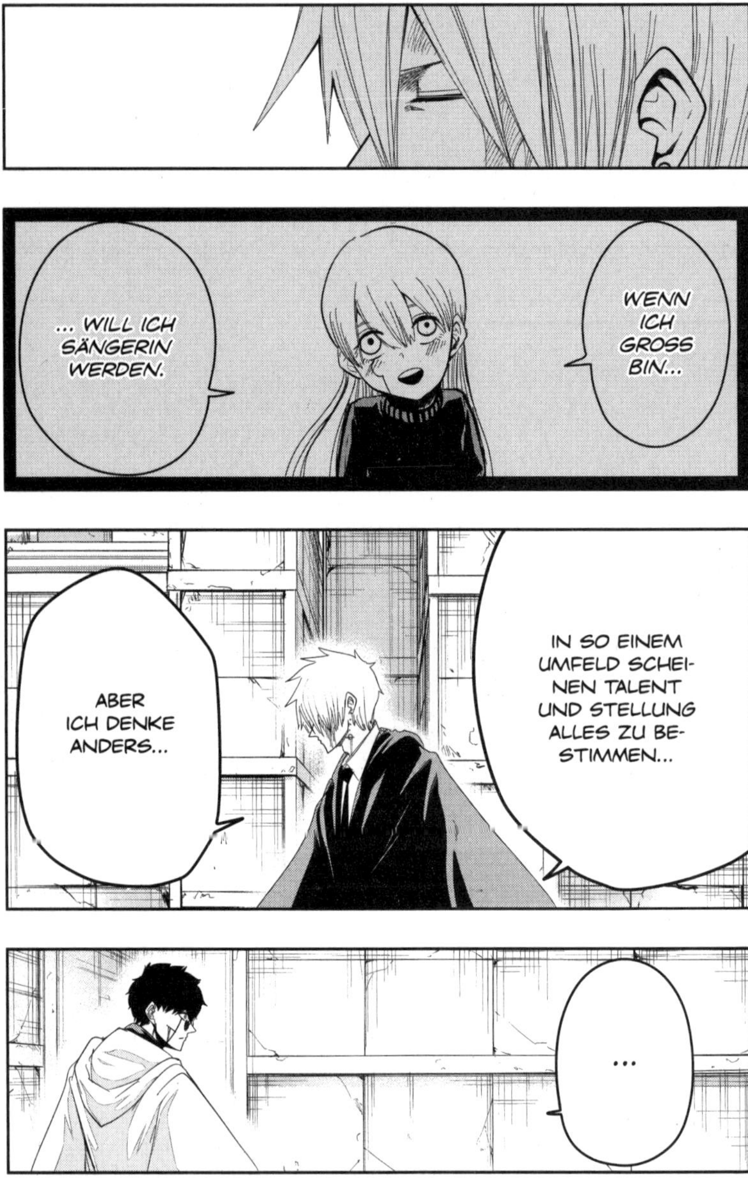
WENN ICH GROSS BIN...
... WILL ICH SÄNGERIN WERDEN.
IN SO EINEM UMFELD SCHEINEN TALENT UND STELLUNG ALLES ZU BESTIMMEN...
ABER ICH DENKE ANDERS...
...

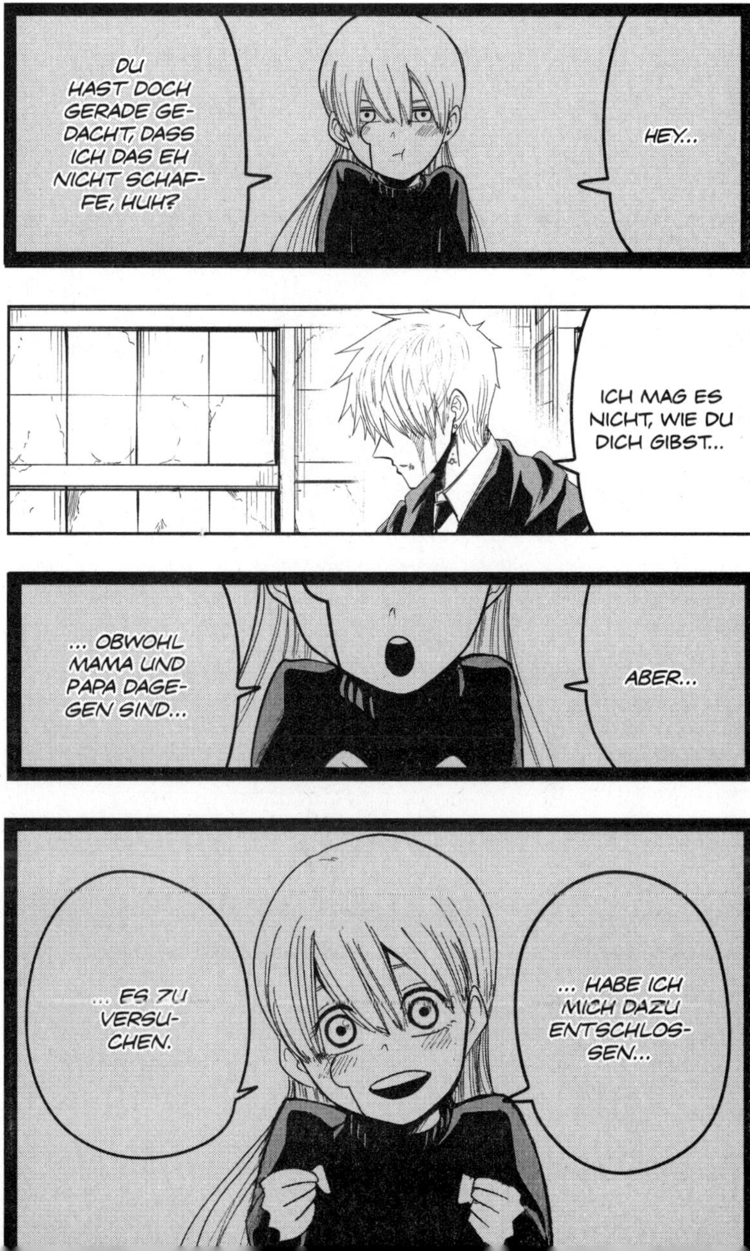
HEY...
DU HAST DOCH GERADE GEDACHT, DASS ICH DAS EH NICHT SCHAFFE, HUH?
ICH MAG ES NICHT, WIE DU DICH GIBST...
ABER...
... OBWOHL MAMA UND PAPA DAGEGEN SIND...
... HABE ICH MICH DAZU ENTSCHLOSSEN...
... ES ZU VERSUCHEN.

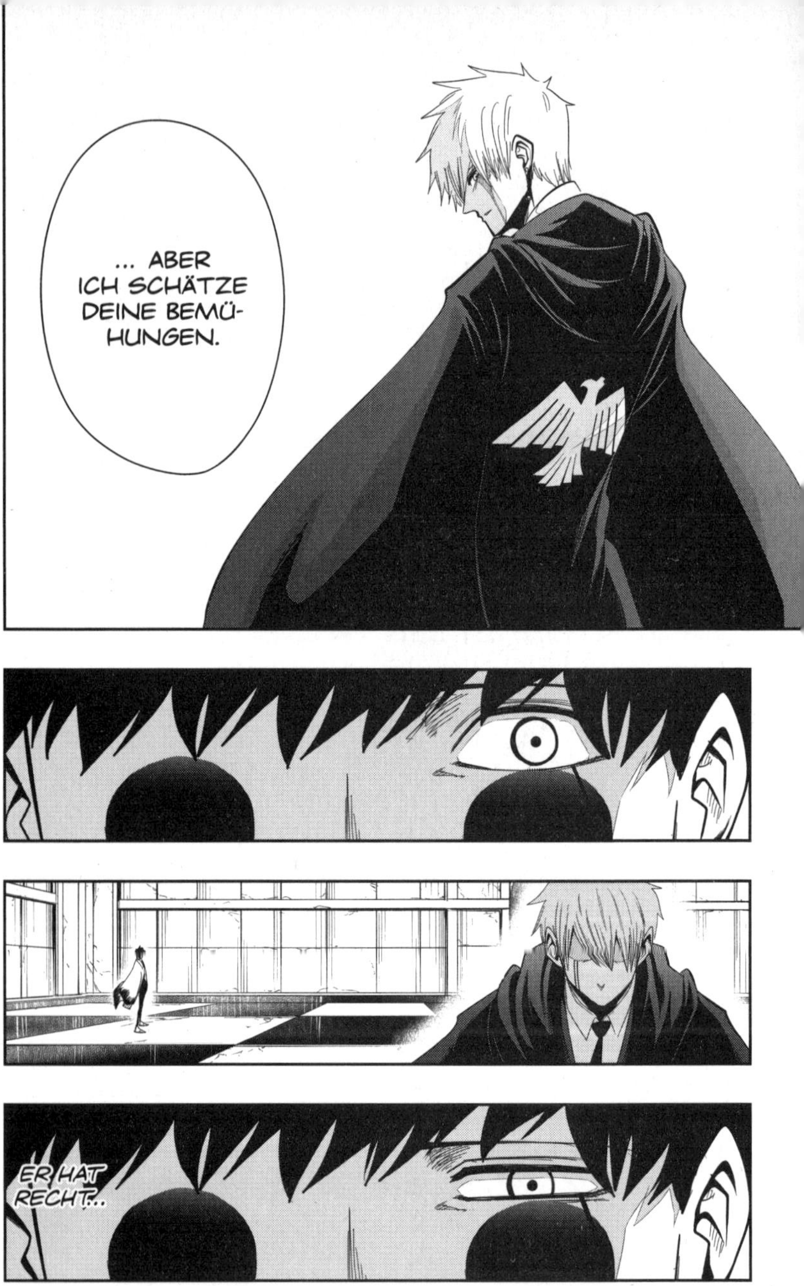
... ABER ICH SCHÄTZE DEINE BEMÜ-HUNGEN.
ER HAT RECHT...

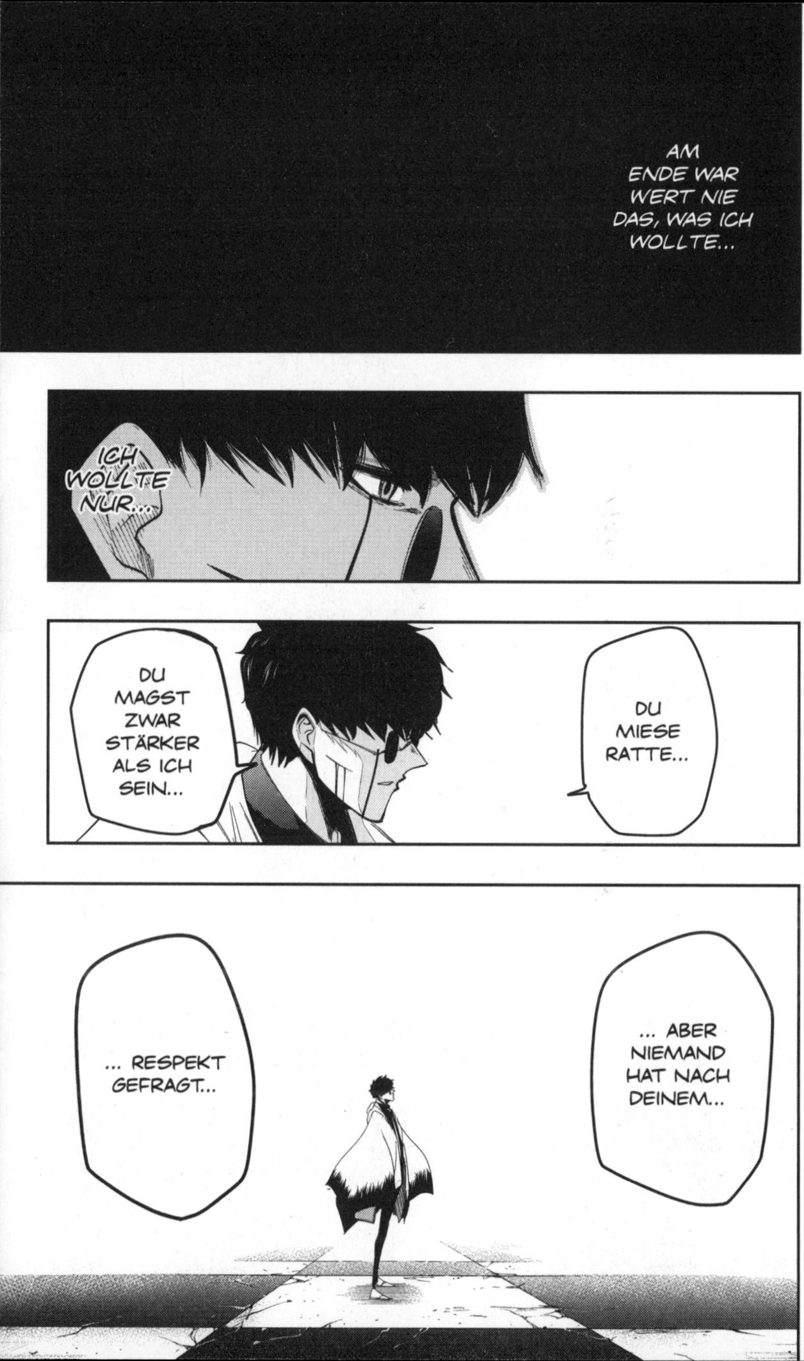
AM ENDE WAR WERT NIE DAS, WAS ICH WOLLTE...
ICH WOLLTE NUR...
DU MIESE RATTE...
DU MAGST ZWAR STÄRKER ALS ICH SEIN...
... ABER NIEMAND HAT NACH DEINEM...
... RESPEKT GEFRAGT...

Extra 7

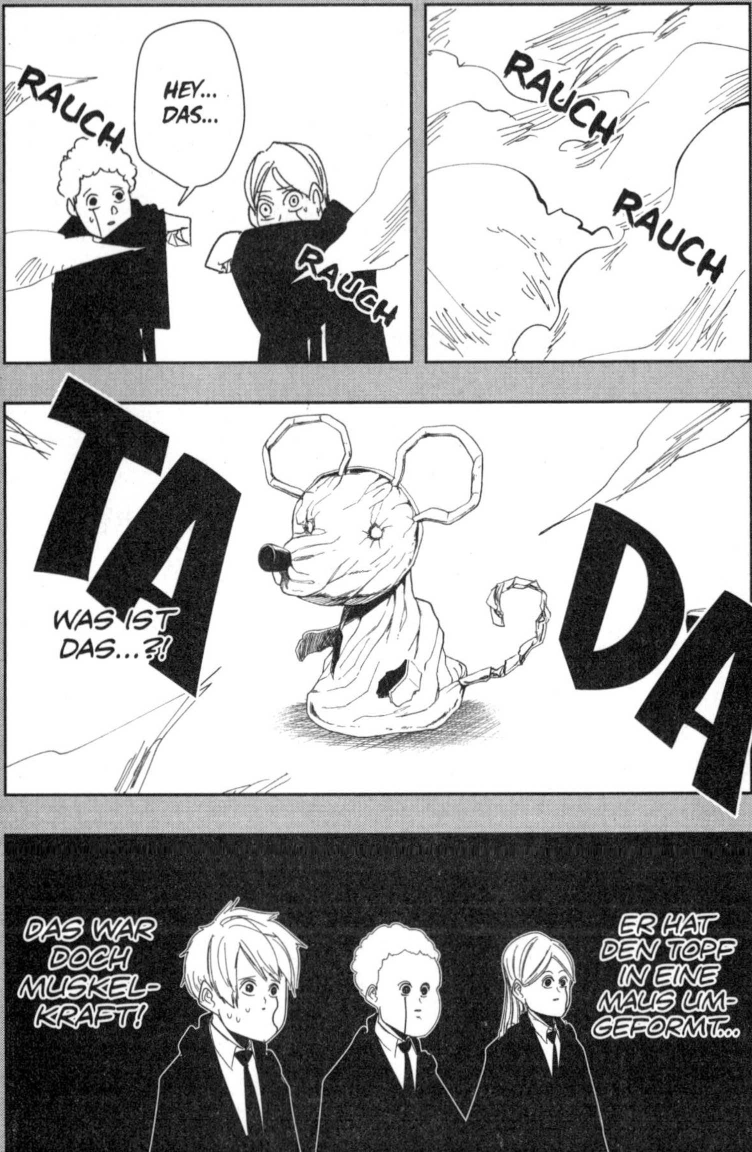

Fortsetzung auf Seite 202

26. Kapitel Mash Burnedead und die beschleunigte Magie

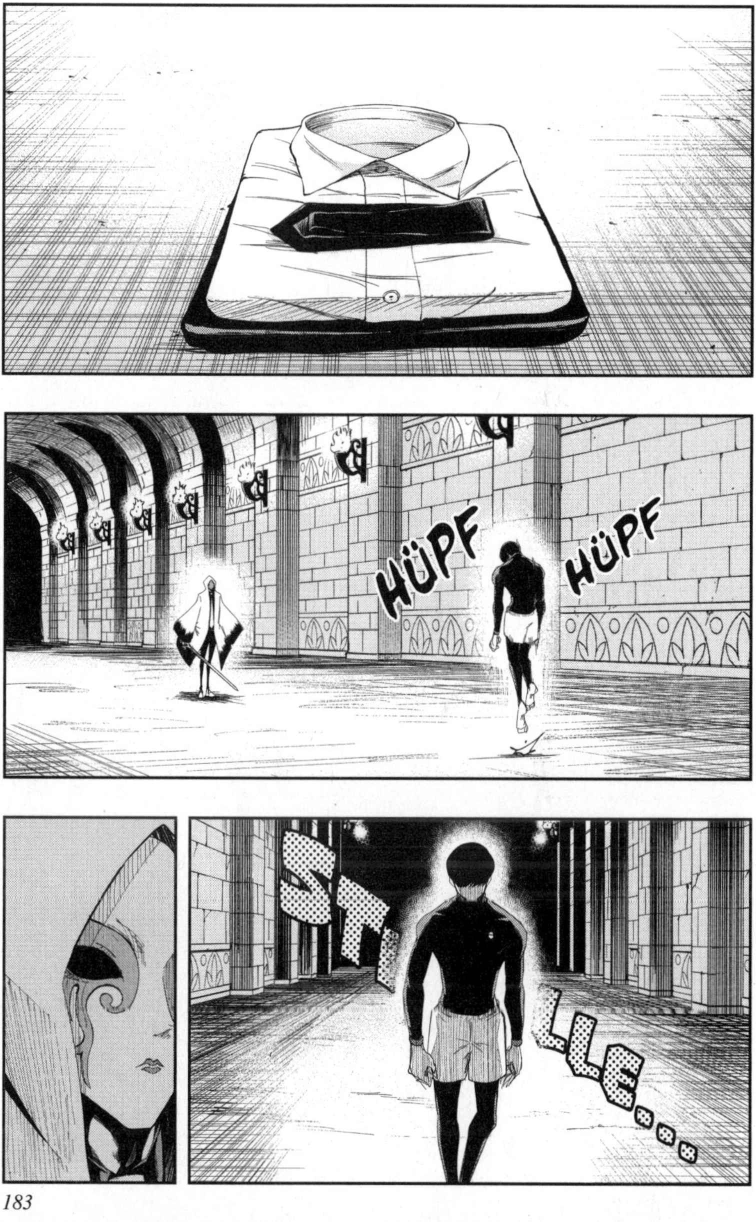

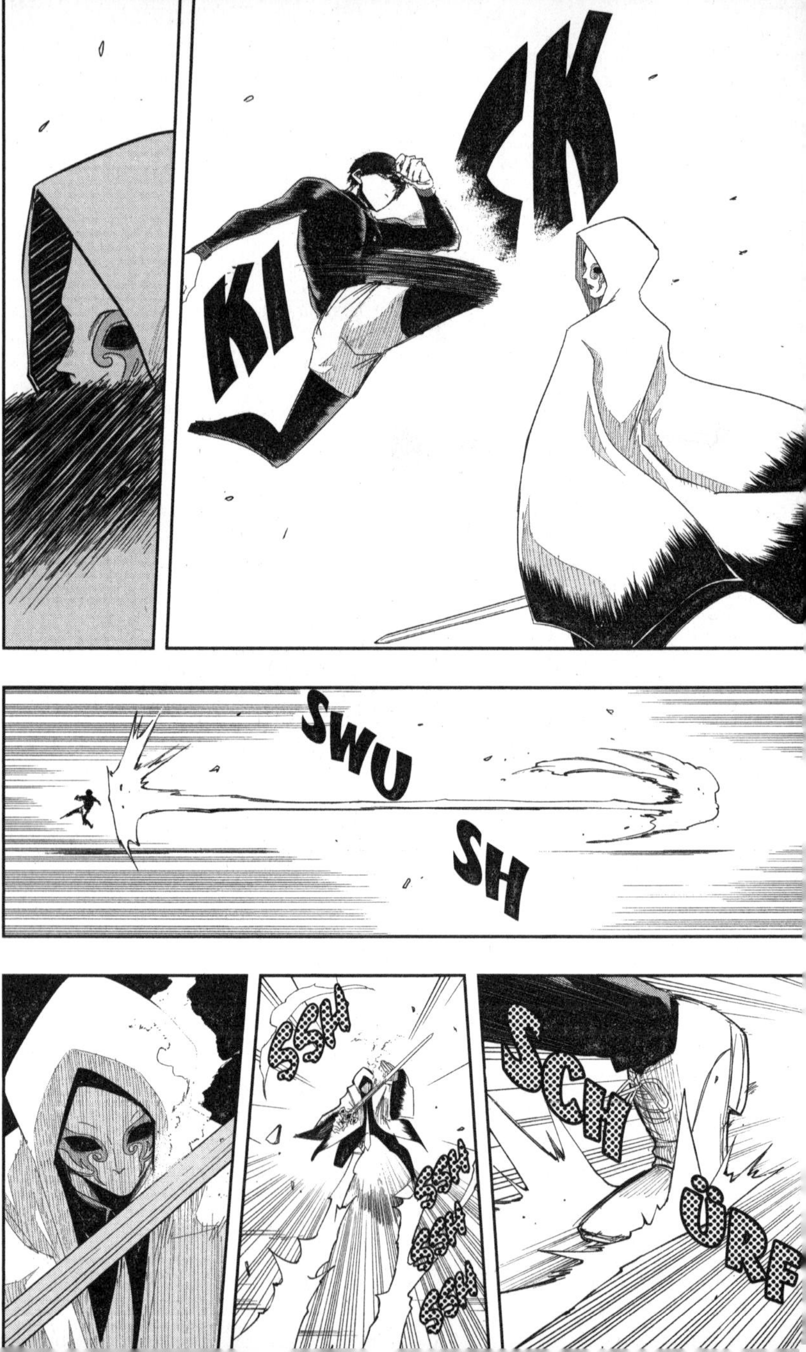
KI
CK
SWU
SH
SSSH
SCH
ÜRF

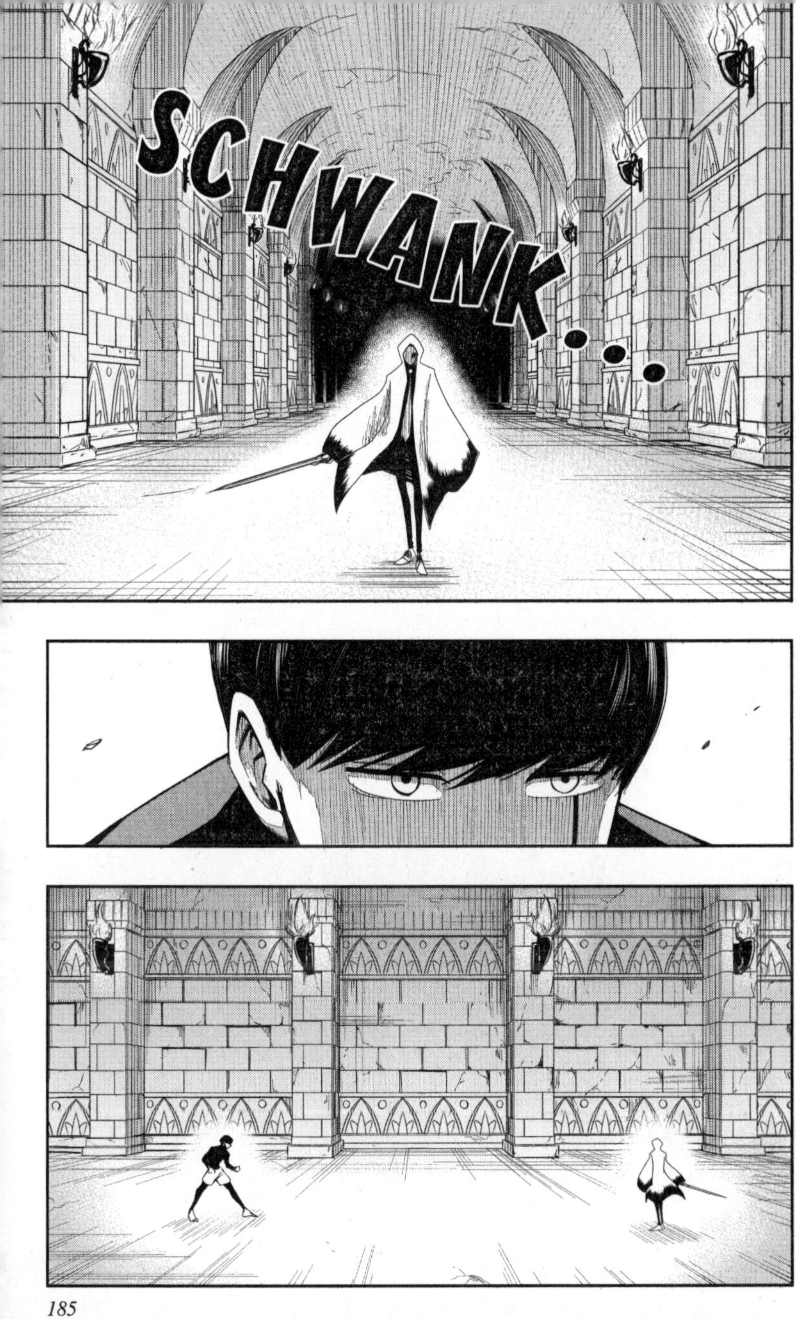
SCHWANK...

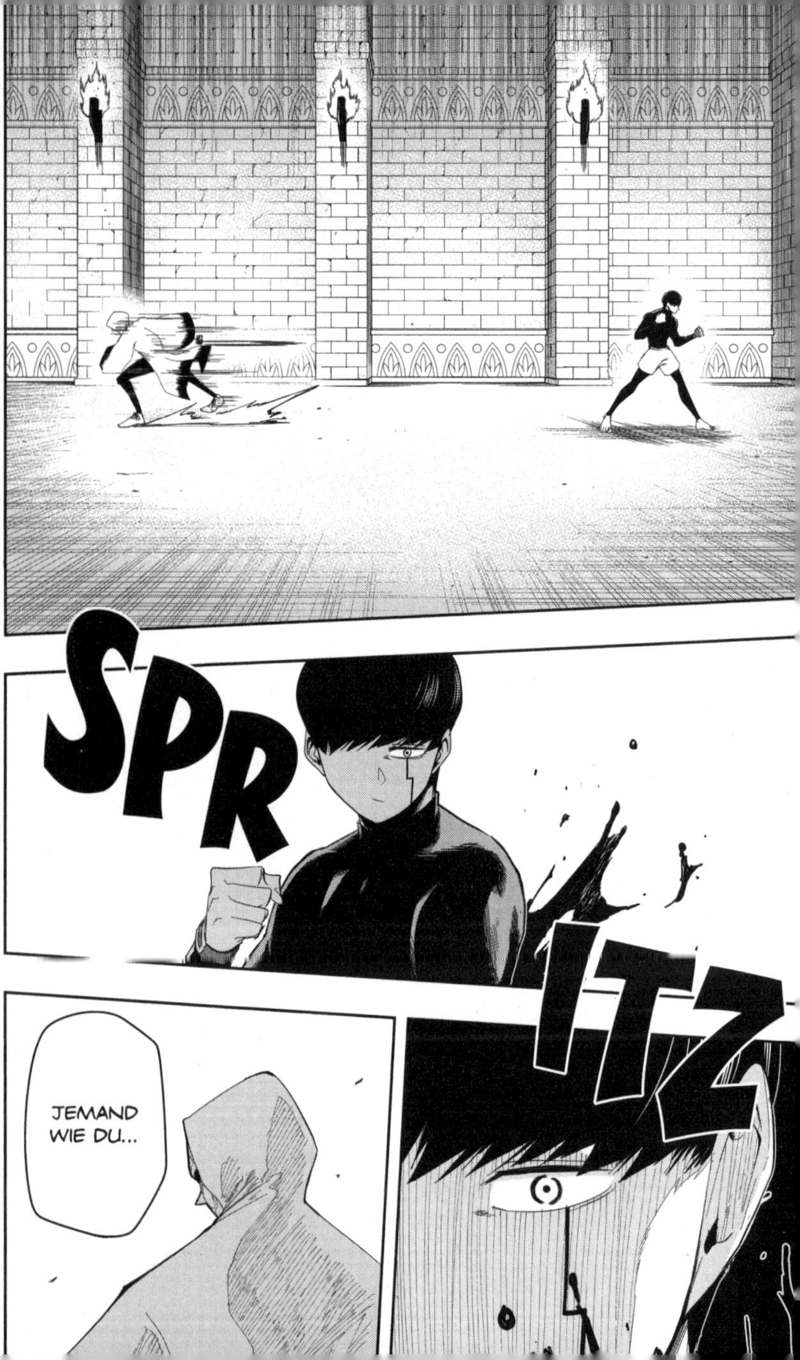
SPRITZ
JEMAND WIE DU...

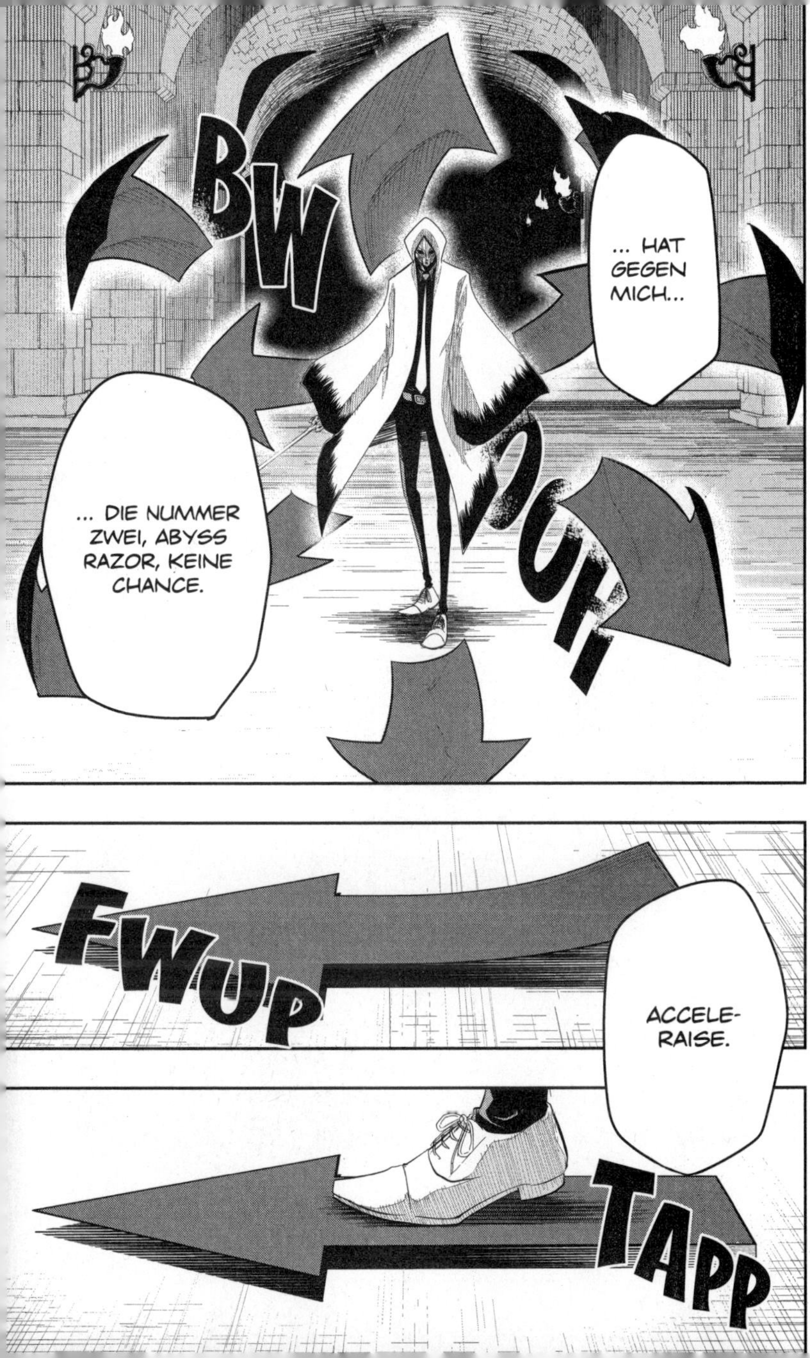
... HAT GEGEN MICH...
... DIE NUMMER ZWEI, ABYSS RAZOR, KEINE CHANCE.
ACCELE-RAISE.
FWUP
TAPP

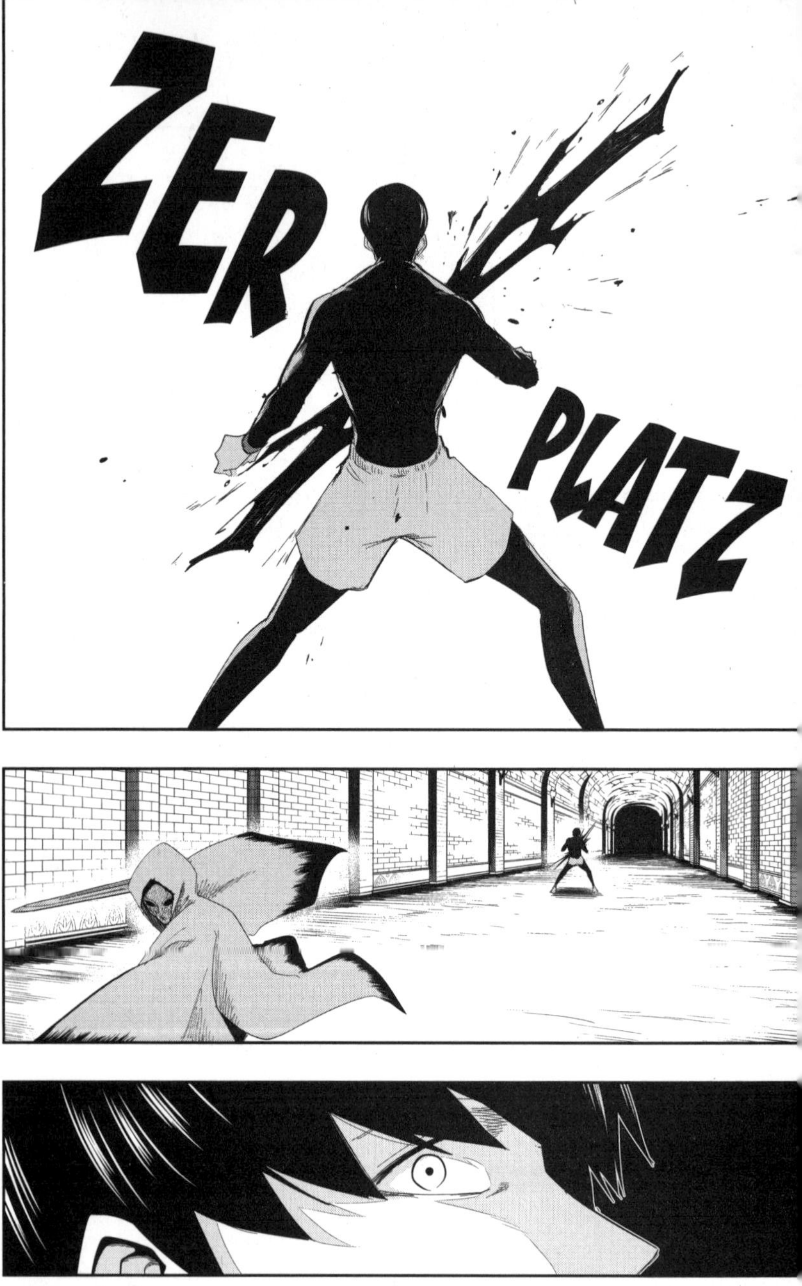
ZER
PLATZ

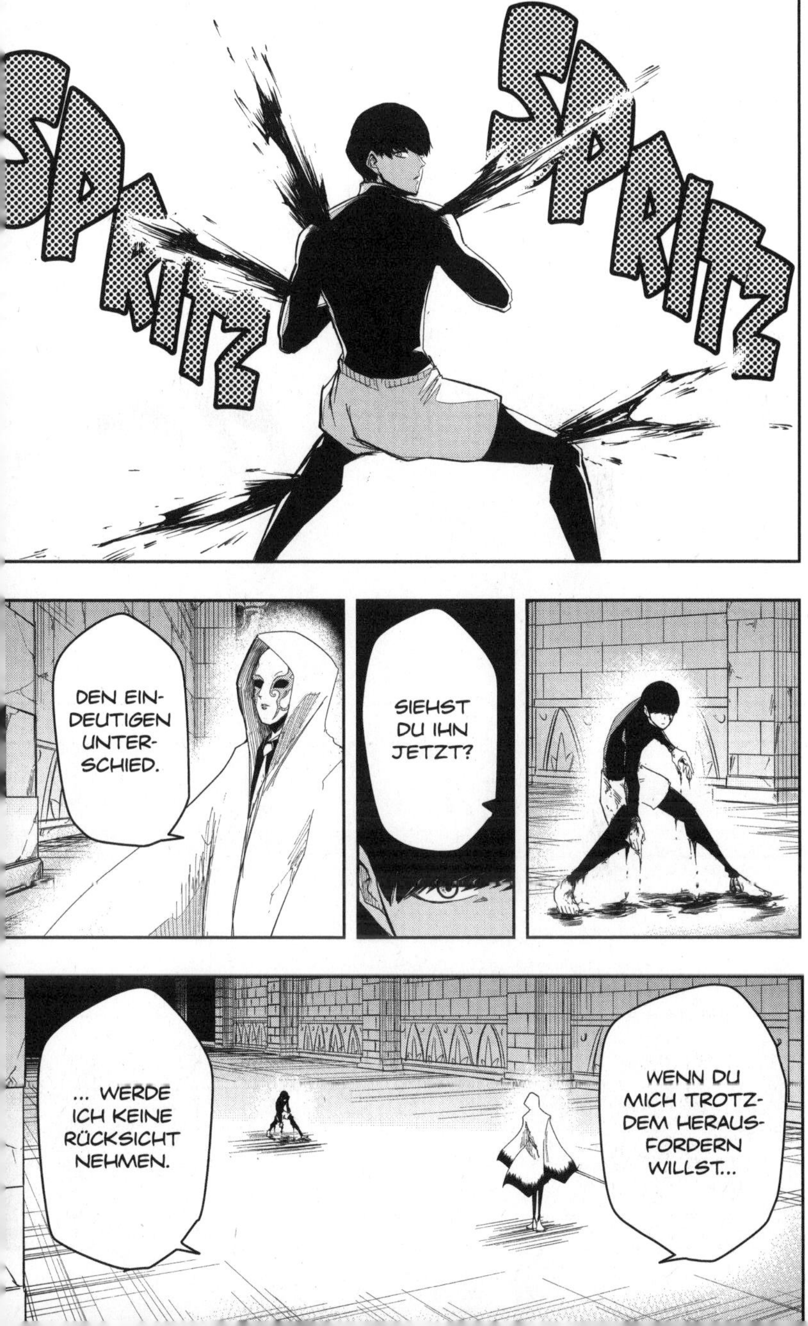
SPRITZ
SPRITZ
SIEHST DU IHN JETZT?
DEN EIN-DEUTIGEN UNTER-SCHIED.
WENN DU MICH TROTZ-DEM HERAUS-FORDERN WILLST...
... WERDE ICH KEINE RÜCKSICHT NEHMEN.

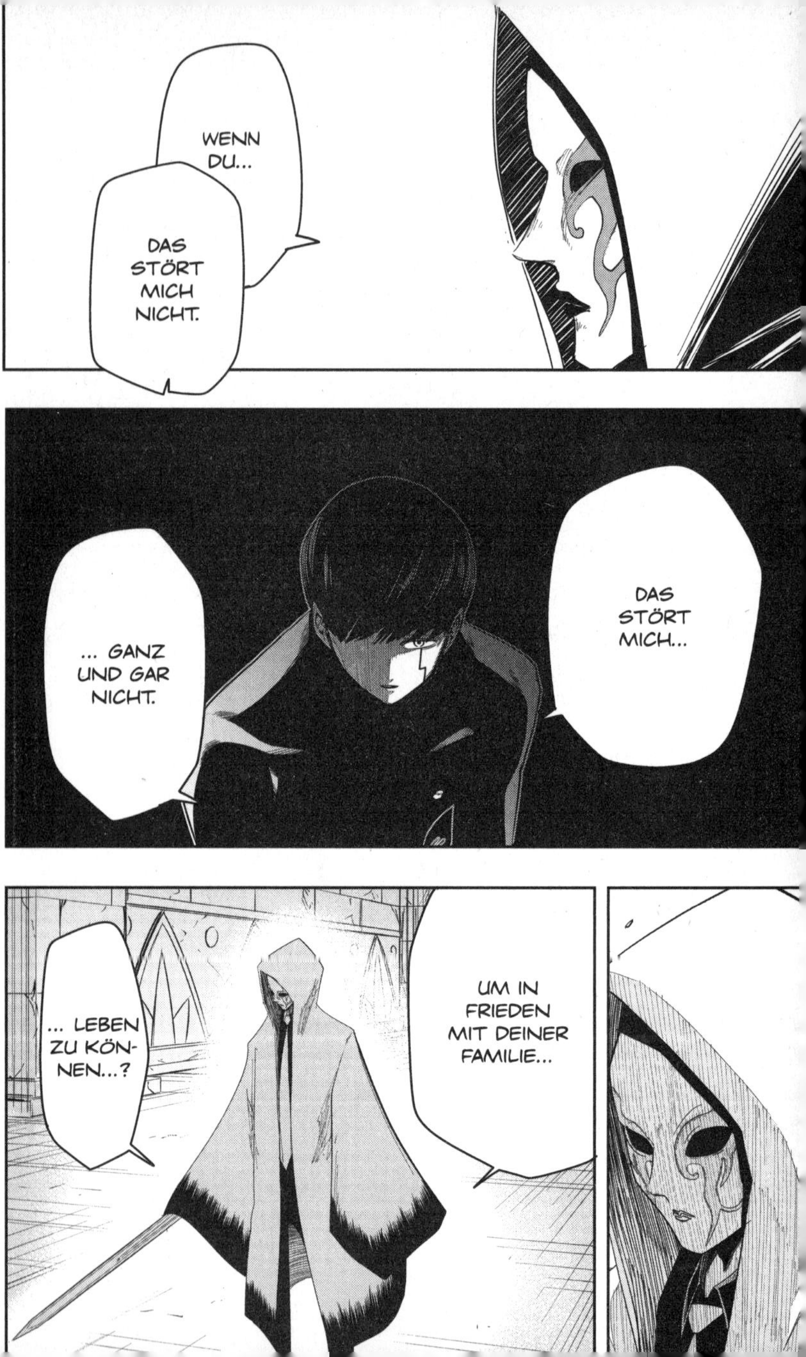
WENN DU...
DAS STÖRT MICH NICHT.
DAS STÖRT MICH...
... GANZ UND GAR NICHT.
UM IN FRIEDEN MIT DEINER FAMILIE...
... LEBEN ZU KÖN-NEN...?

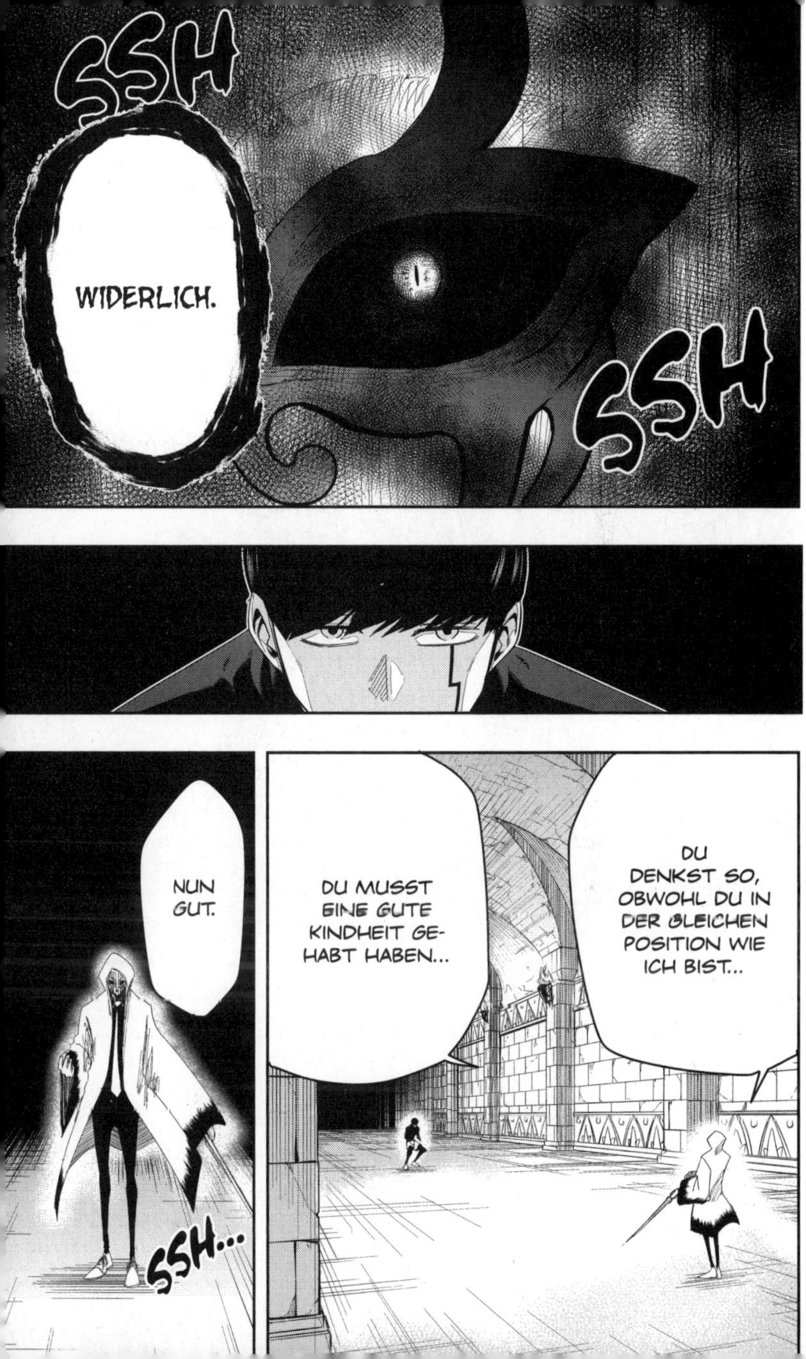
SSH
WIDERLICH.
SSH
DU DENKST SO, OBWOHL DU IN DER GLEICHEN POSITION WIE ICH BIST...
DU MUSST EINE GUTE KINDHEIT GE-HABT HABEN...
NUN GUT.
SSH...

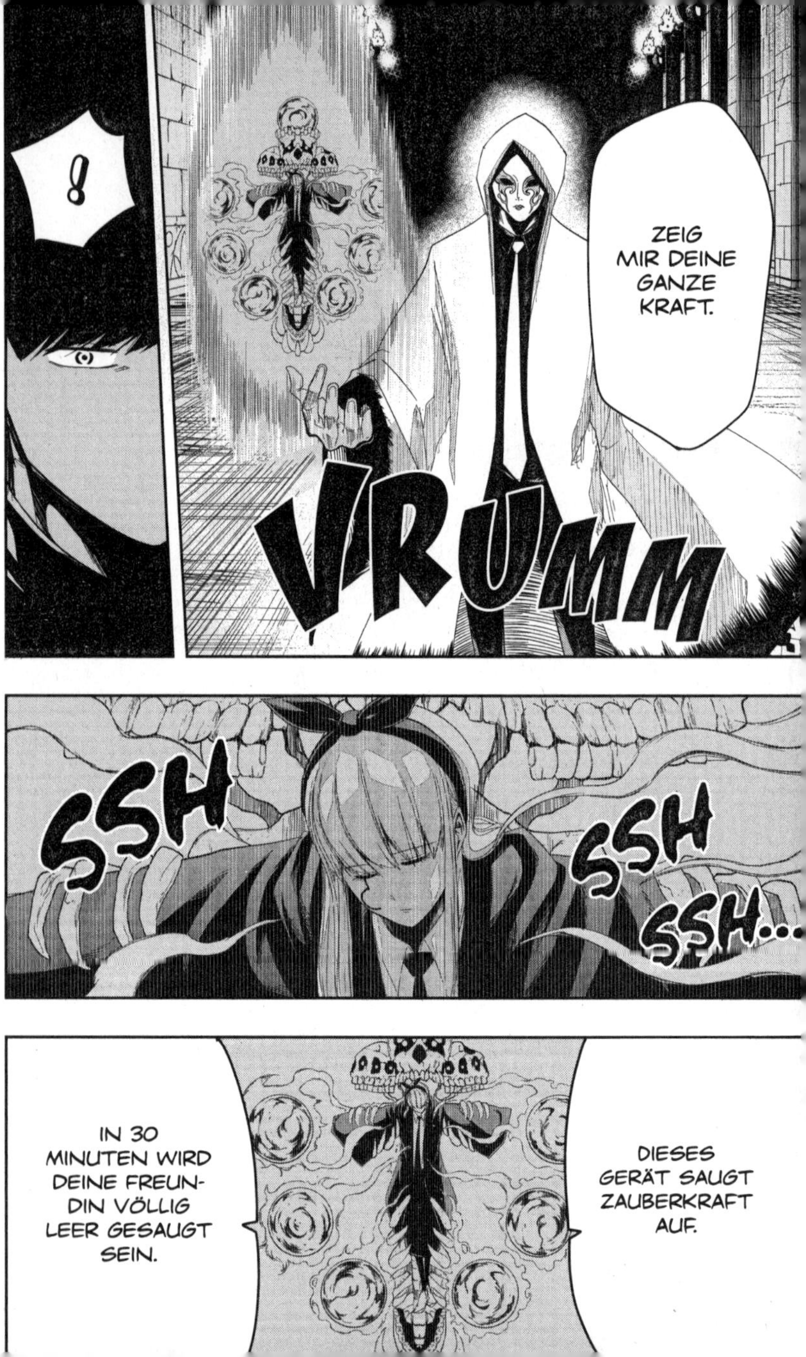
ZEIG MIR DEINE GANZE KRAFT.
!
VRUMM
SSH SSH SSH...
SSH
DIESES GERÄT SAUGT ZAUBERKRAFT AUF.
IN 30 MINUTEN WIRD DEINE FREUN-DIN VÖLLIG LEER GESAUGT SEIN.

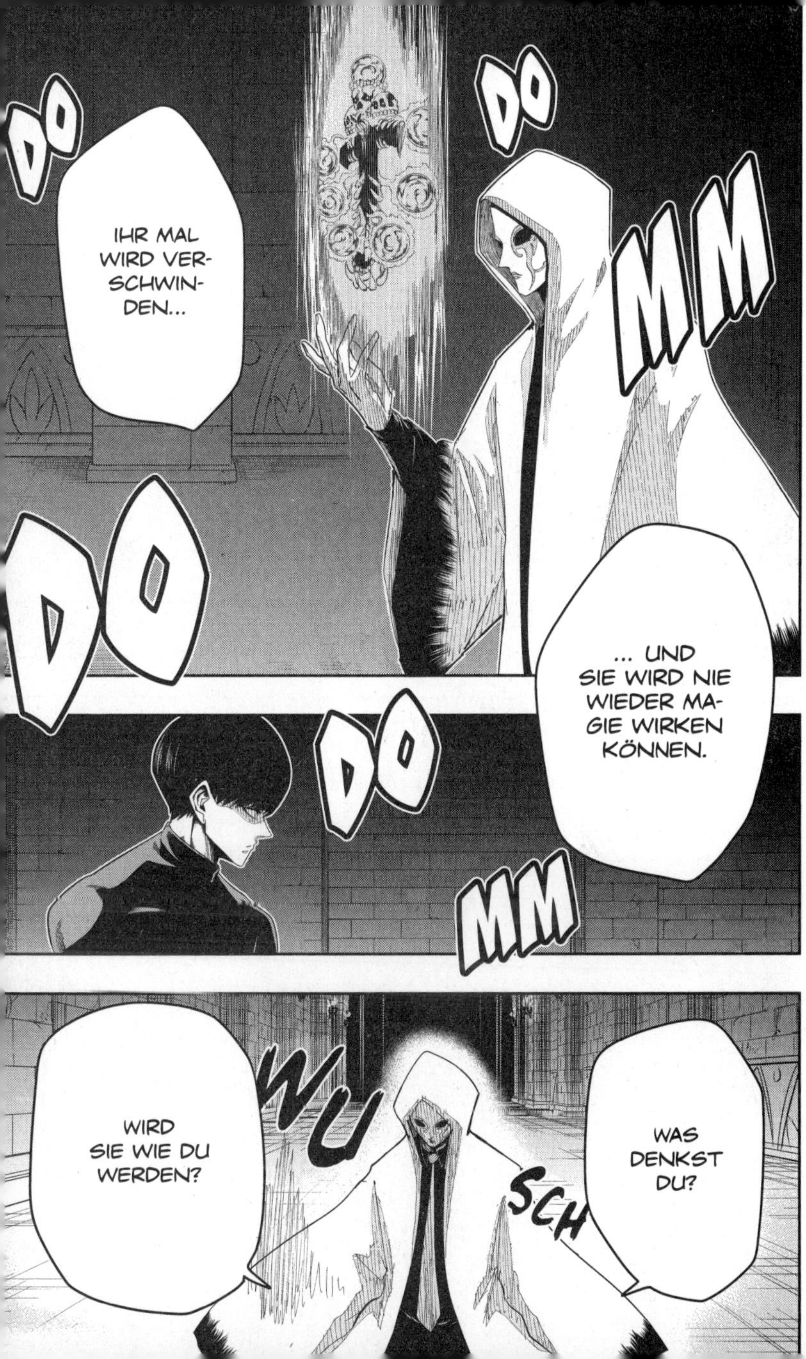

DO
MM
DO
IHR MAL WIRD VER-SCHWIN-DEN...
DO
DO
DO
... UND SIE WIRD NIE WIEDER MA-GIE WIRKEN KÖNNEN.
MM
WAS DENKST DU?
SCH
WU
WIRD SIE WIE DU WERDEN?

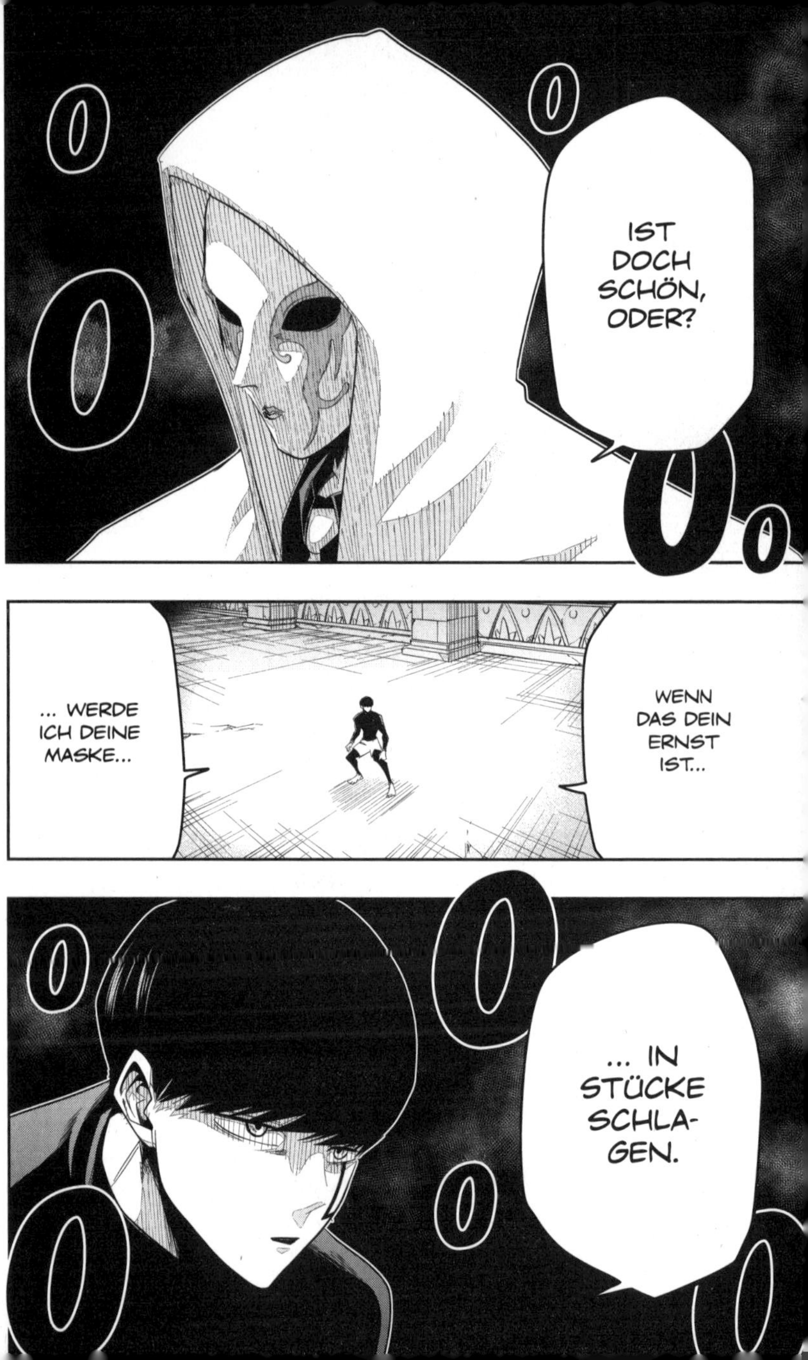
IST DOCH SCHÖN, ODER?
WENN DAS DEIN ERNST IST...
... WERDE ICH DEINE MASKE...
... IN STÜCKE SCHLAGEN.

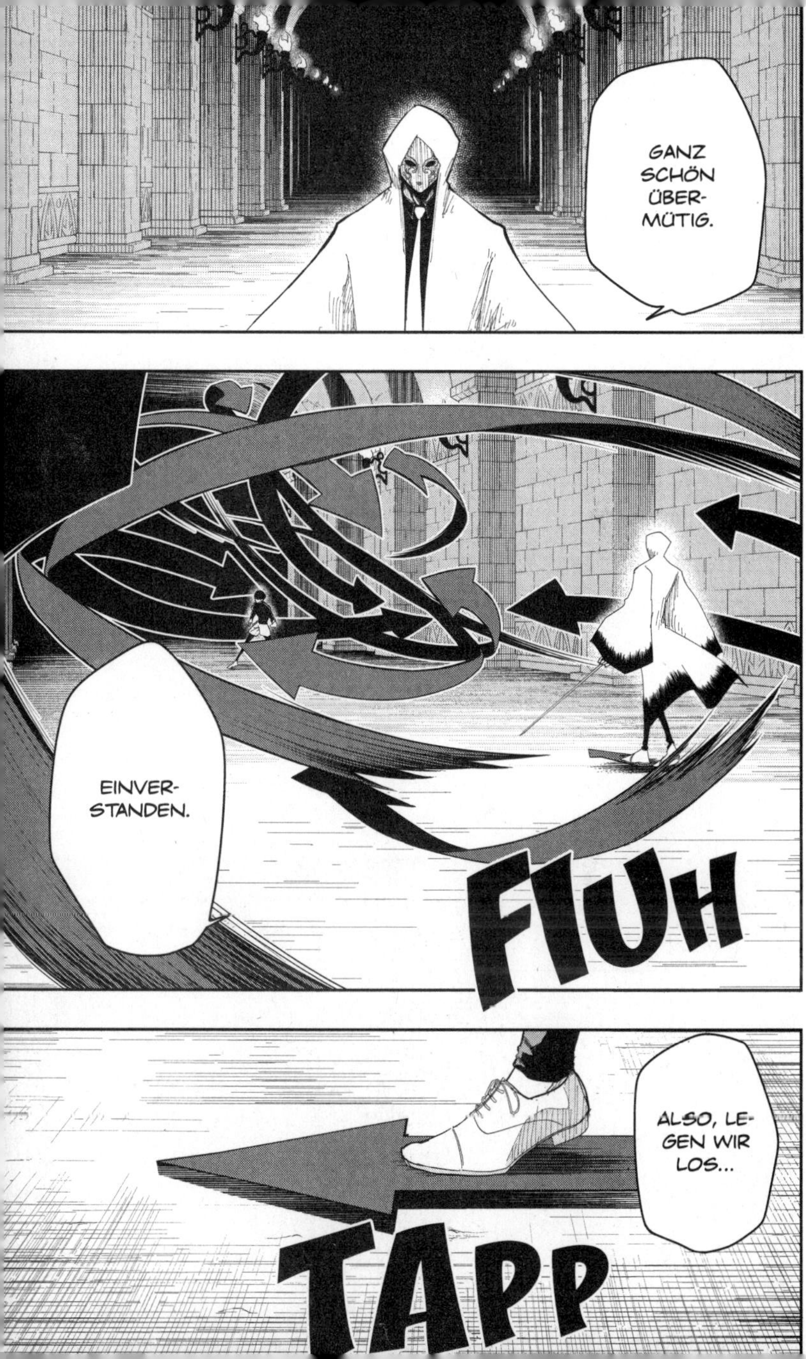

GANZ SCHÖN ÜBER-MÜTIG.
EINVER-STANDEN.
FIUH
ALSO, LE-GEN WIR LOS...
TAPP

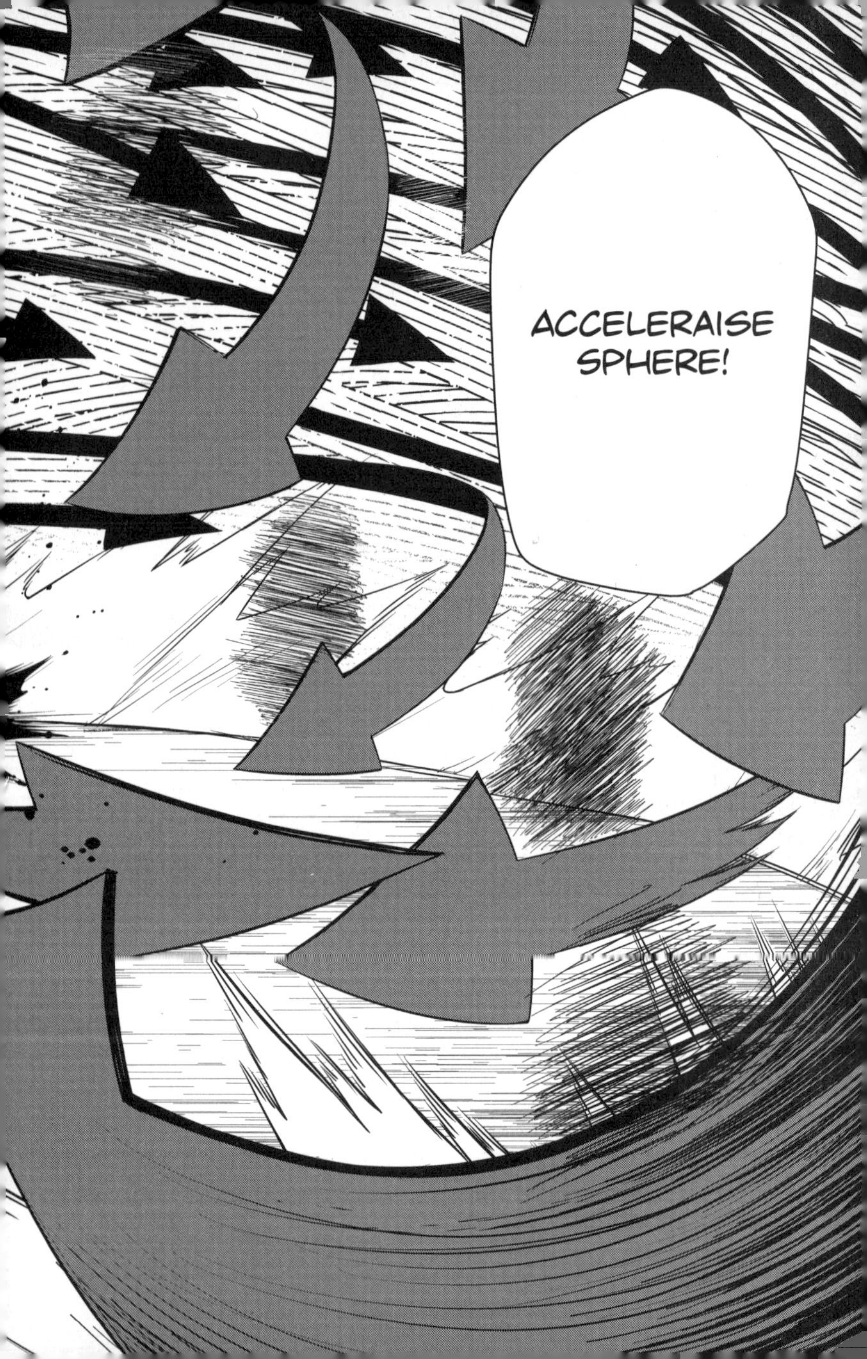
ACCELERAISE SPHERE!

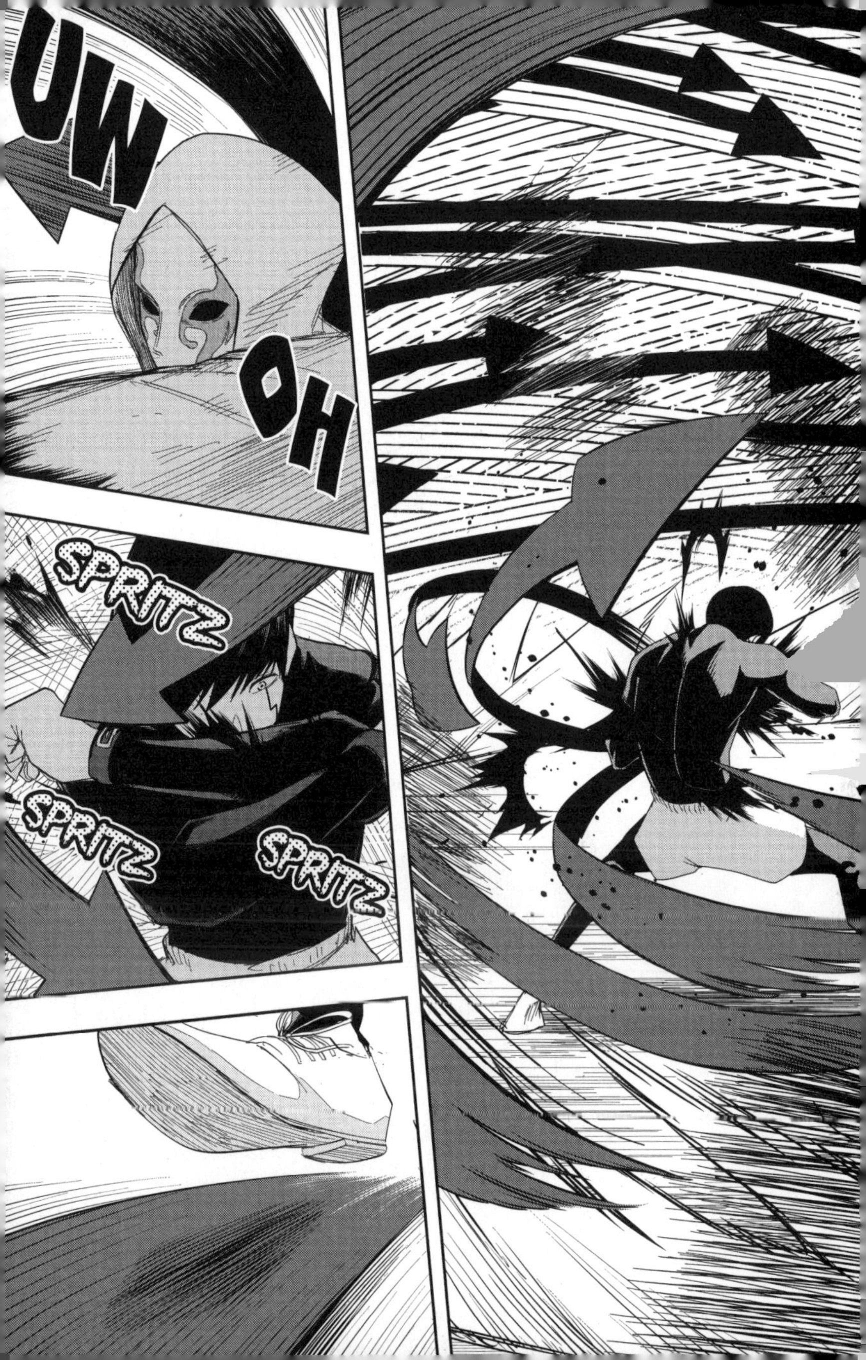
UWOH
SPRITZ
SPRITZ
SPRITZ

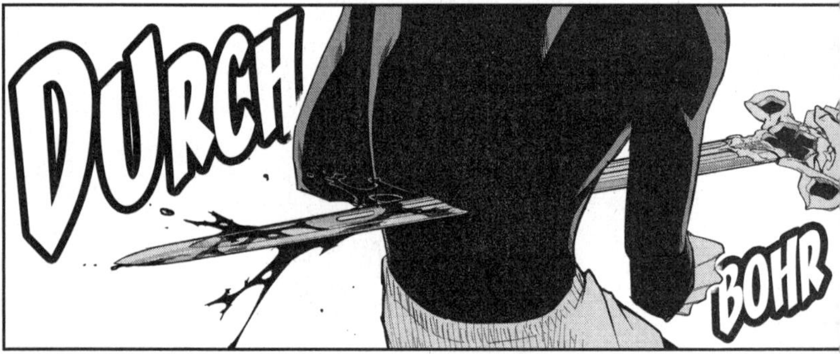
DURCH
BOHR

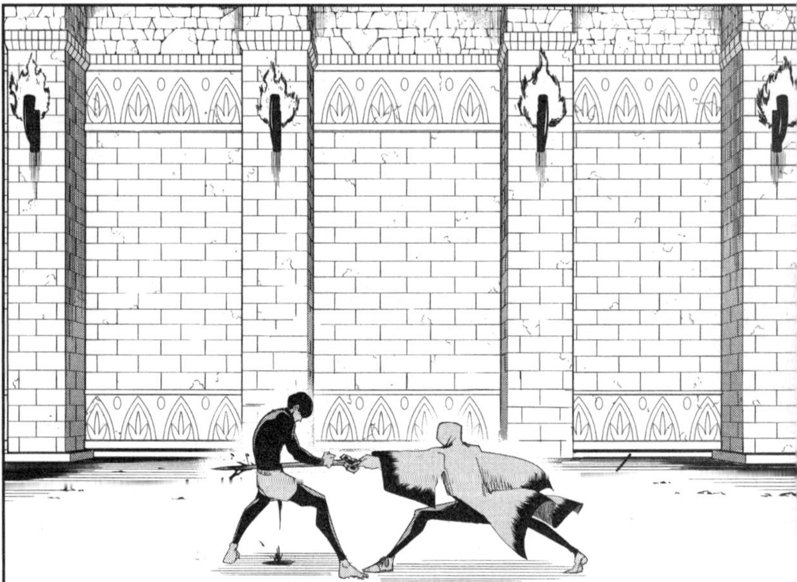
TROPF TROPF

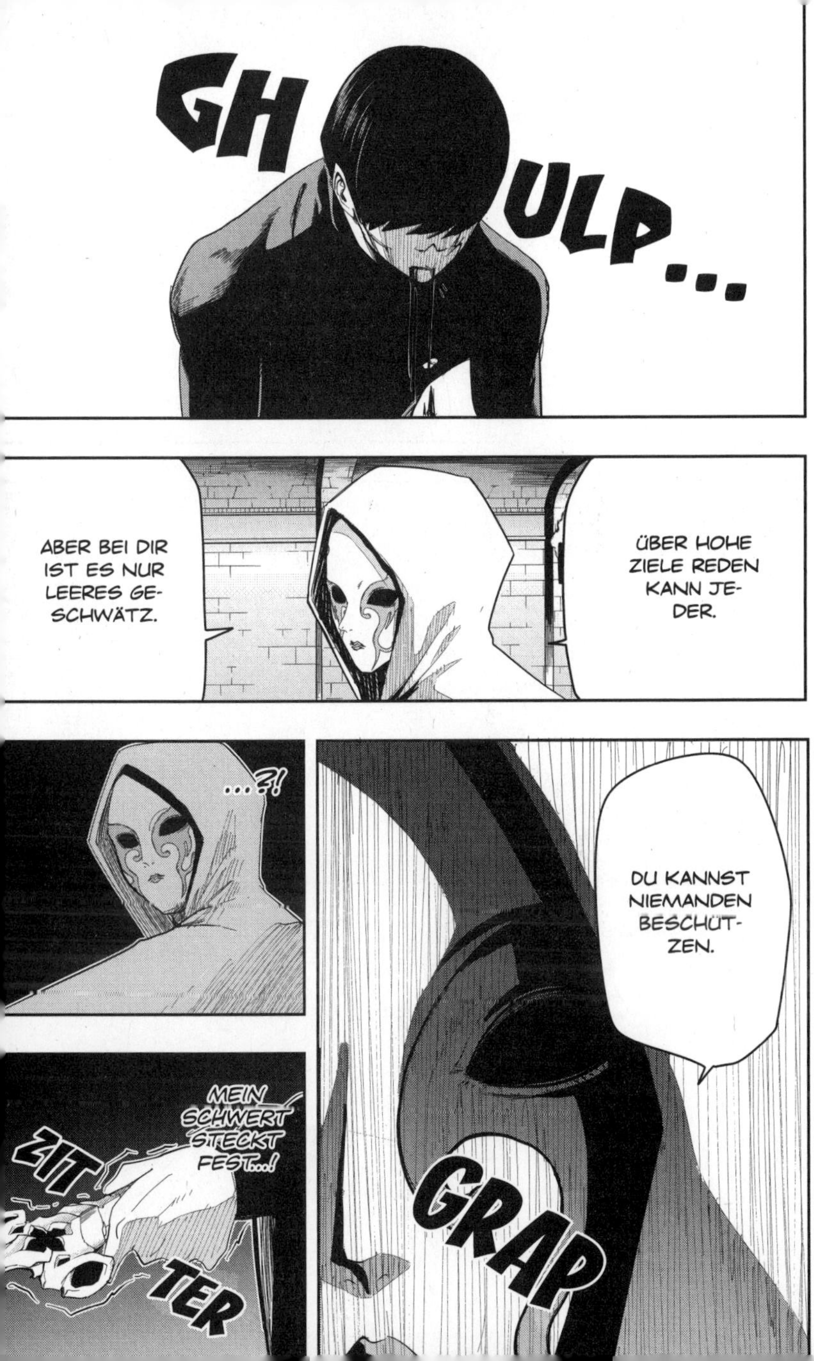
GH
ULP...
ÜBER HOHE ZIELE REDEN KANN JE-DER.
ABER BEI DIR IST ES NUR LEERES GE-SCHWÄTZ.
DU KANNST NIEMANDEN BESCHÜT-ZEN.
GRAP
...?!
MEIN SCHWERT STECKT FEST...!
ZIT-TER

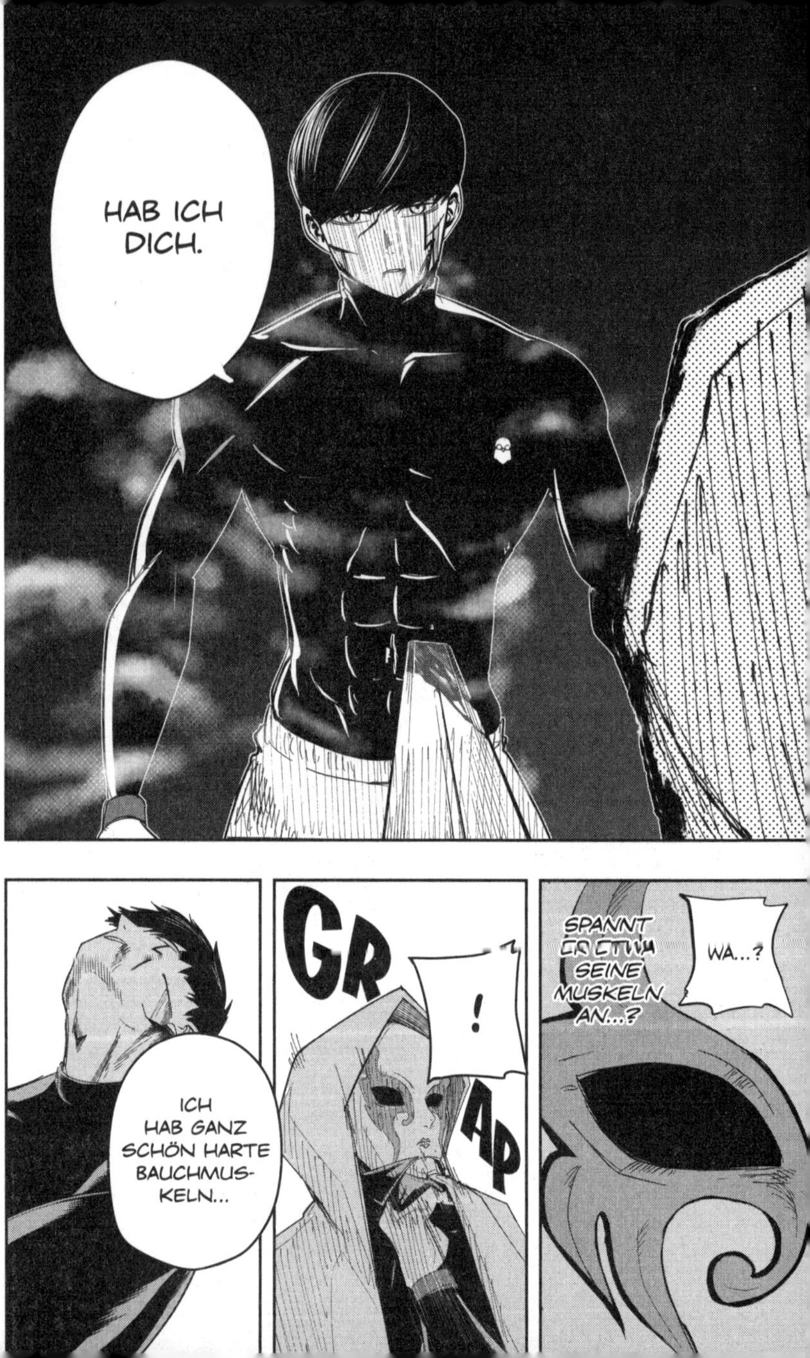
HAB ICH DICH.
WA...?
SPANNT SEINE MUSKELN AN...?
!
GRAP
ICH HAB GANZ SCHÖN HARTE BAUCHMUS-KELN...

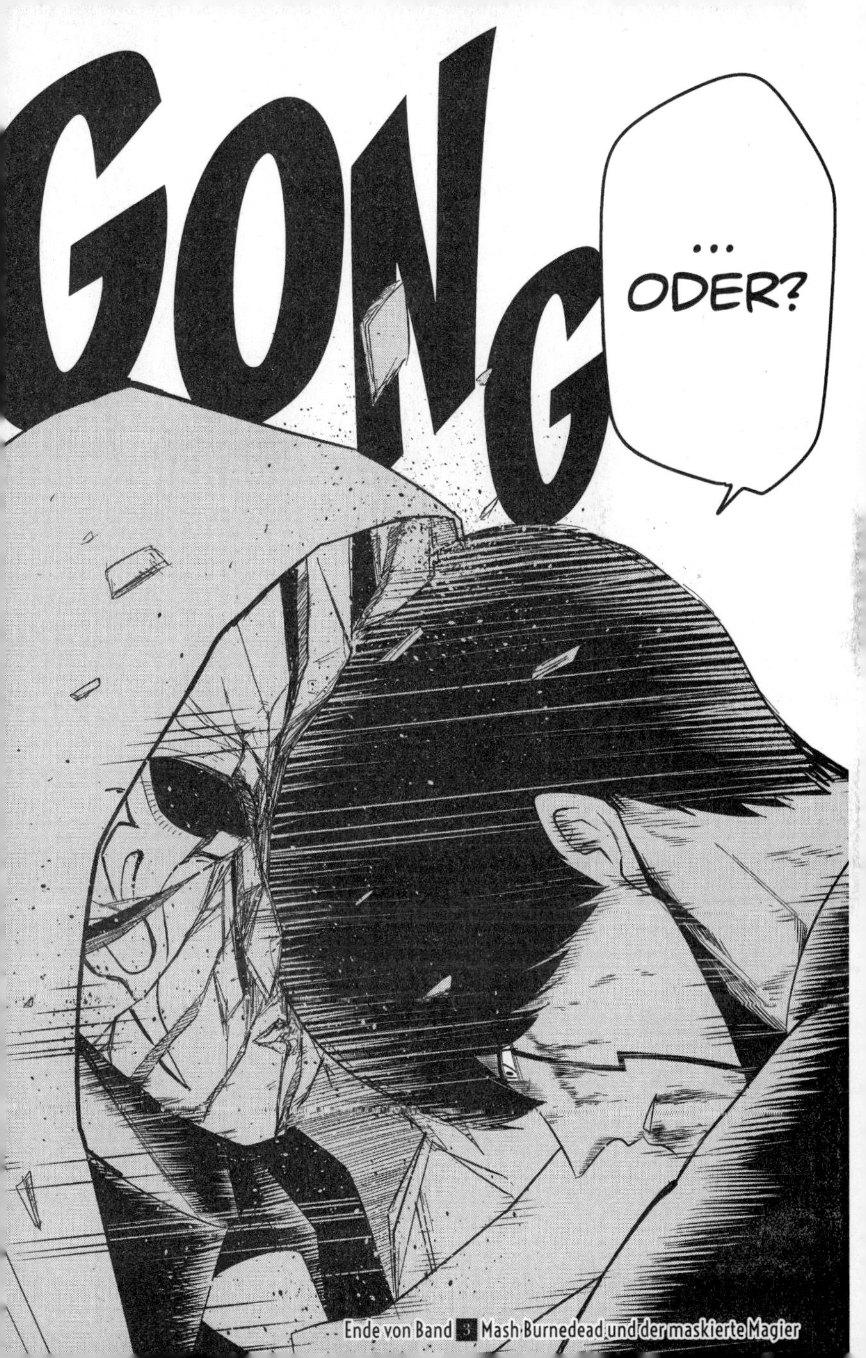

Ende von Band 3 Mash Burnedead und der maskierte Magier

Extra 8

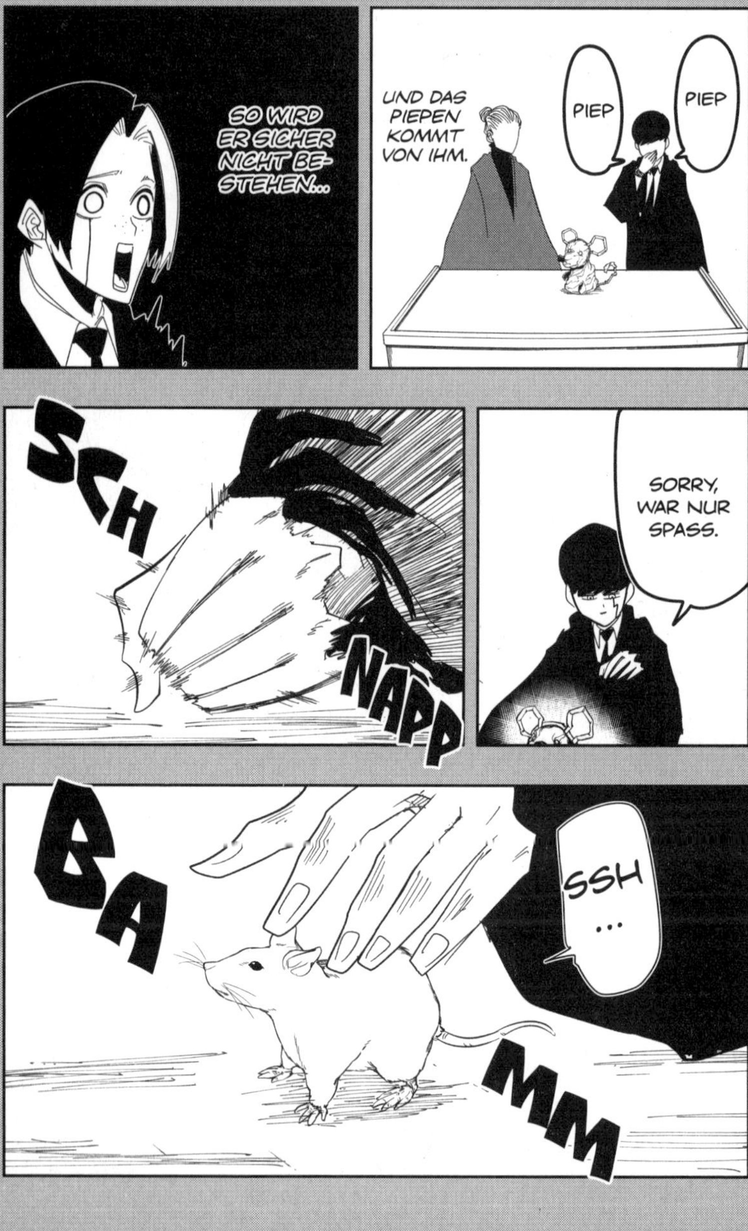
PIEP
PIEP
UND DAS PIEPEN KOMMT VON IHM.
SO WIRD ER SICHER NICHT BE-STEHEN...
SORRY, WAR NUR SPASS.
SCH
NAPP
SSH ...
BA
MM

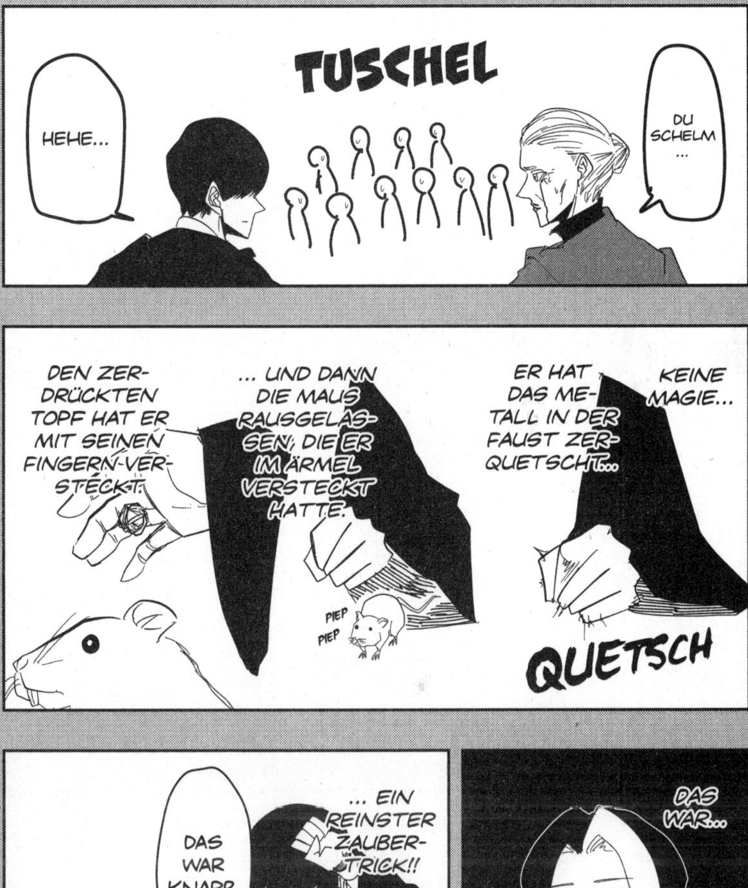

Ende des Extras

Frage-Antwort-Ecke

Q&A

F.1 TOM WURDE SEINER MAGIE BERAUBT.
WIRD ER JEMALS WIEDER ZAUBERN KÖNNEN?

A.1 Ja. Magie wird im Körper produziert.
Nach einer Weile ist er wieder der Alte.

F.2 WAS FÜR EINE WINDBEUTELFÜLLUNG MAG MASH?
VANILLEPUDDING, SAHNE ODER WAS ANDERES?

A.2 Er mag alle. Außerdem mag er eine
knusprige Kruste.

F.3 WIE SIND DIE EINZELNEN CHARAKTERE
MORGENS DRAUF?

A.3

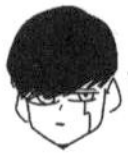
Dreht sich gerne noch mal um

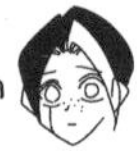
Verschläft manchmal

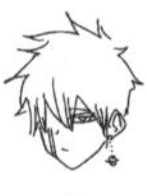
Sofort im Kampfmodus

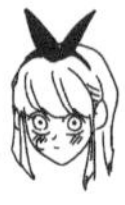
Extrem schlecht gelaunt

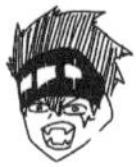
Total normal

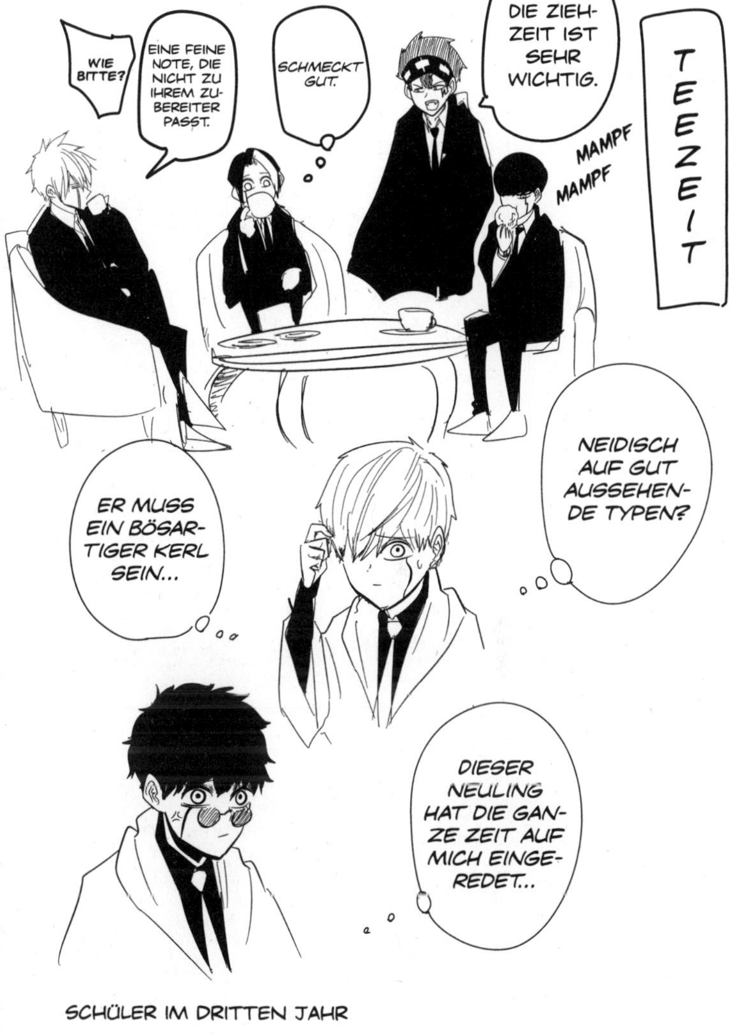

SCHÜLER IM DRITTEN JAHR

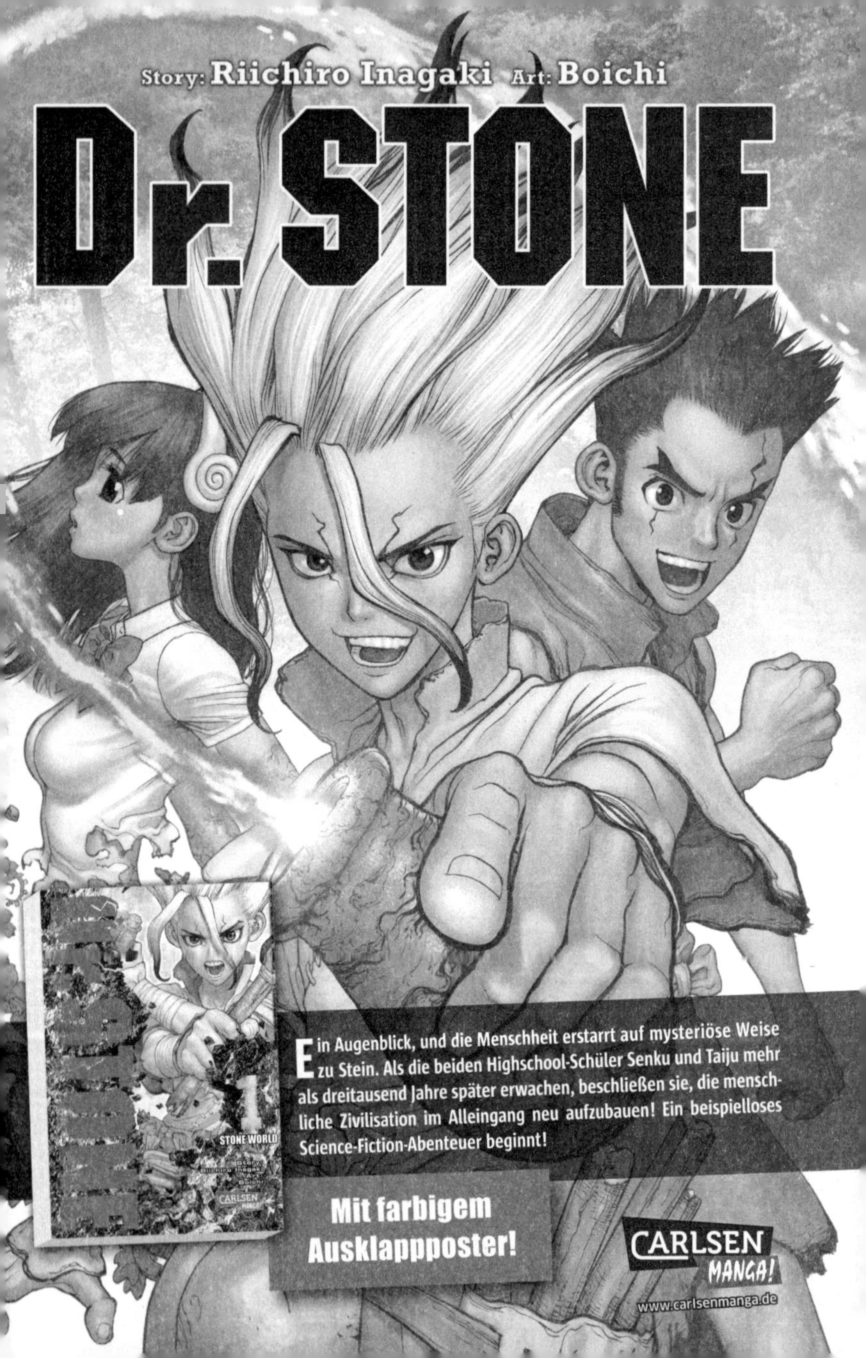

Story: Riichiro Inagaki Art: Boichi
Dr. STONE
STONE WORLD
Ein Augenblick, und die Menschheit erstarrt auf mysteriöse Weise zu Stein. Als die beiden Highschool-Schüler Senku und Taiju mehr als dreitausend Jahre später erwachen, beschließen sie, die menschliche Zivilisation im Alleingang neu aufzubauen! Ein beispielloses Science-Fiction-Abenteuer beginnt!
Mit farbigem Ausklappposter!
CARLSEN MANGA!
www.carlsenmanga.de

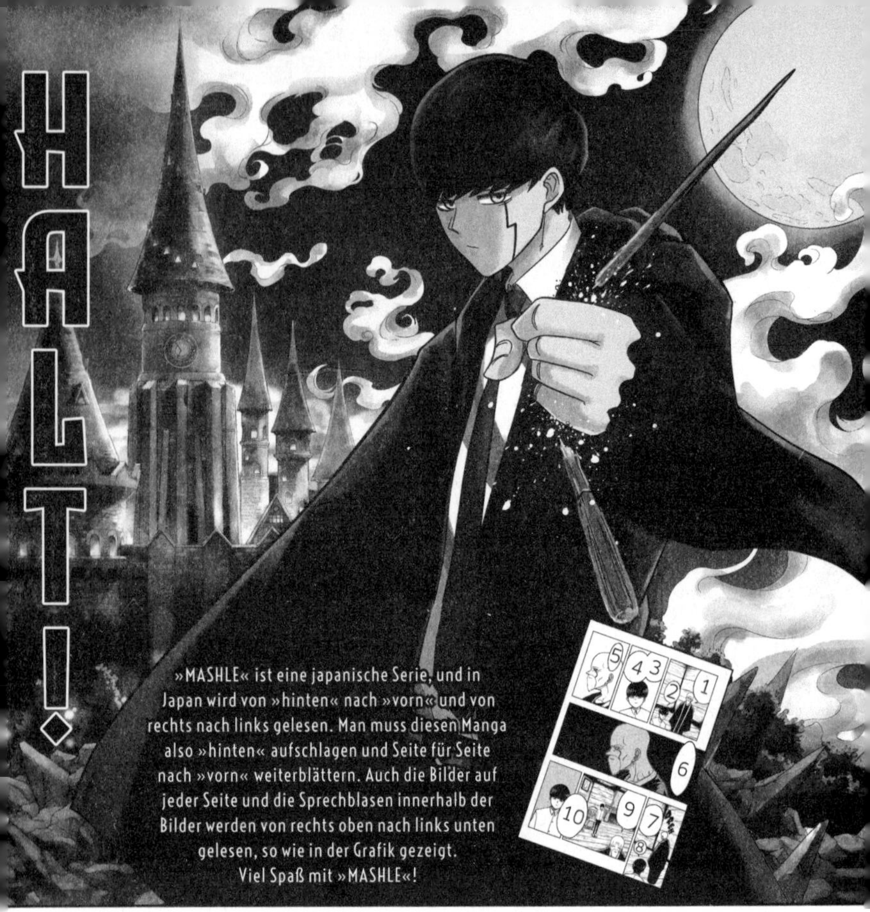

»MASHLE« ist eine japanische Serie, und in Japan wird von »hinten« nach »vorn« und von rechts nach links gelesen. Man muss diesen Manga also »hinten« aufschlagen und Seite für Seite nach »vorn« weiterblättern. Auch die Bilder auf jeder Seite und die Sprechblasen innerhalb der Bilder werden von rechts oben nach links unten gelesen, so wie in der Grafik gezeigt.
Viel Spaß mit »MASHLE«!

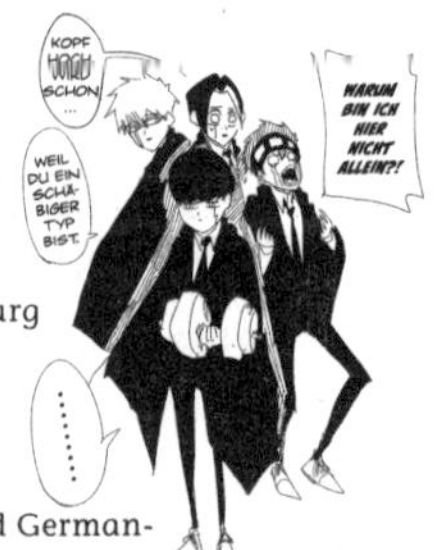

CARLSEN MANGA
Deutsche Ausgabe/German Edition

Aus dem Japanischen von Katrin Stamm

First published in Japan in 2020 by SHUEISHA Inc., Tokyo.
German translation rights in Germany, Austria, Luxembourg and German-speaking Switzerland arranged by SHUEISHA Inc. through VME PLB SAS, France.
Redaktion: Philipp Nakata
Textbearbeitung: Steffi Korda
Herstellung: Tobias Hametner

ISBN: 978-3-551-02476-3